_____'s 100 Days Reading Challenge

매일 영어책을 읽고 하루 한 칸씩 색칠하거나 스티커를 붙여보세요.
100일 후면 큰 성취감과 함께 좋은 독서 습관을 갖게 될 거예요.

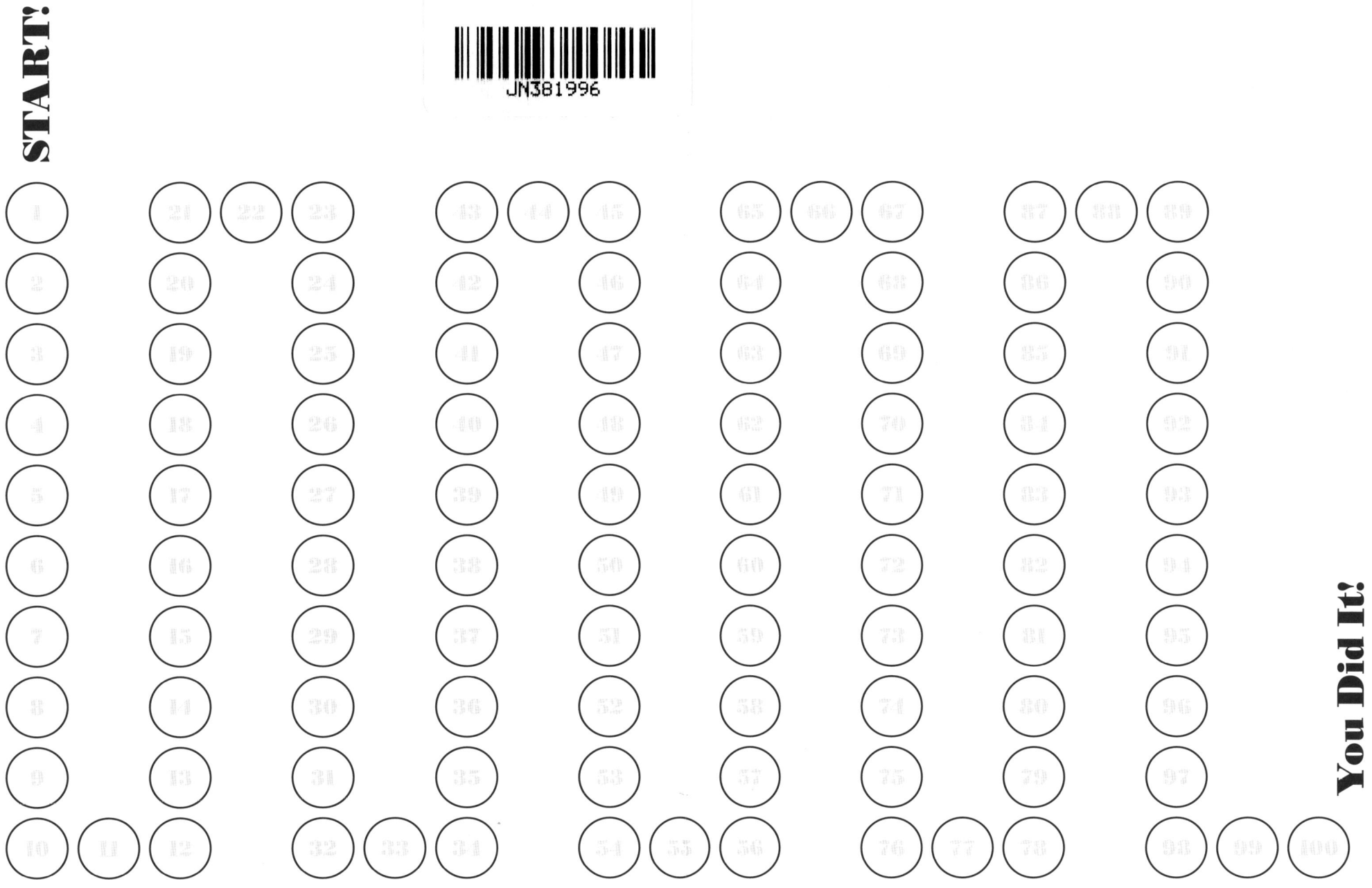

_____'s 100 Days Reading Challenge

매일 영어책을 읽고 하루 한 칸씩 색칠하거나 스티커를 붙여보세요.
100일 후면 큰 성취감과 함께 좋은 독서 습관을 갖게 될 거예요.

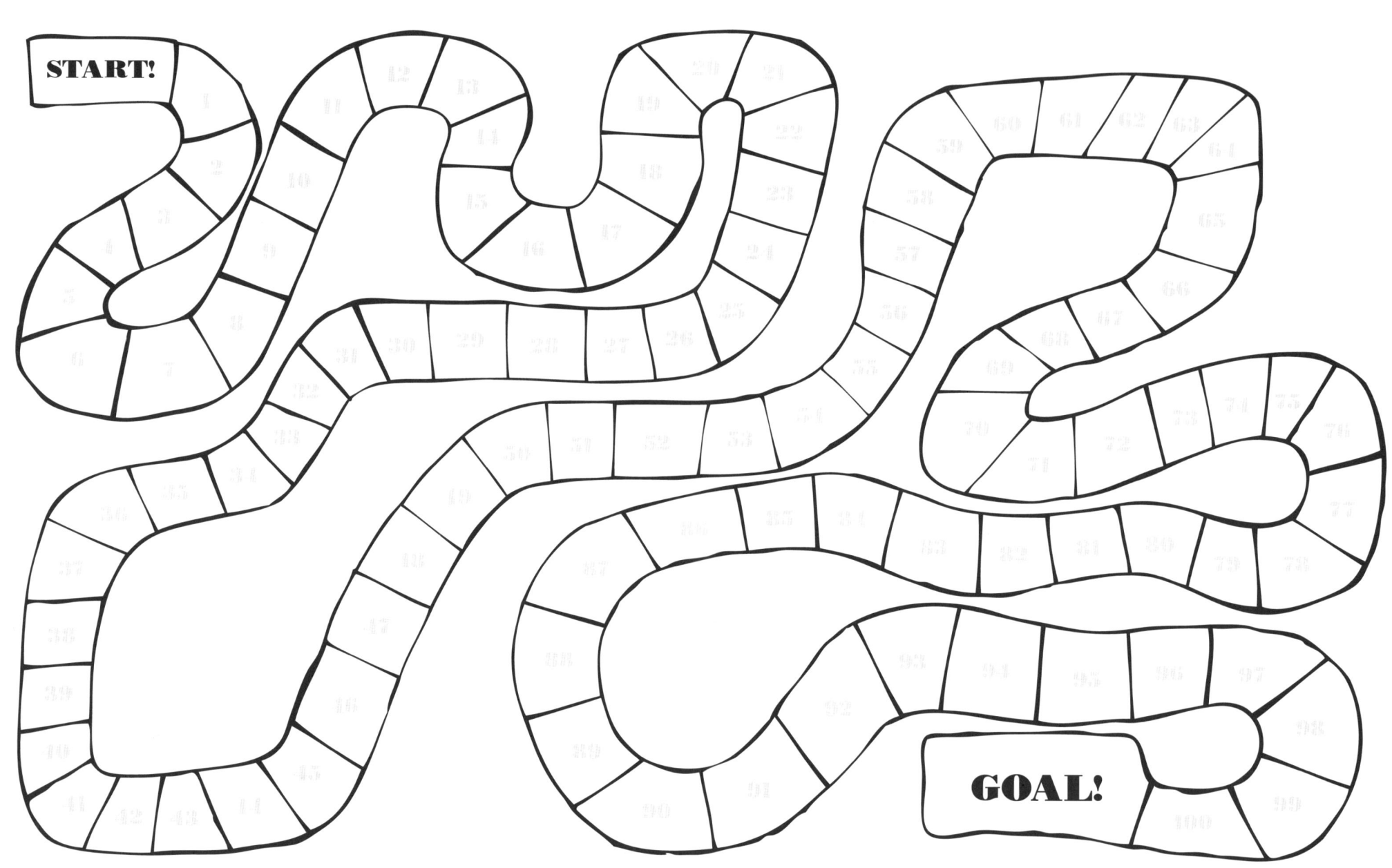

초등 완성 매일 영어책 읽기 습관

영어 자신감과 성적을 가장 확실하게 잡는

4단계 영어 공부법

초등 완성
매일 영어책
읽기 습관

이은경 지음

○ 프롤로그

엄마표든 학원표든
영어 독서가 정답입니다

　엄마라고 다 똑같은 엄마는 아니더라고요. '엄마'라는 글자 앞에 몇 글자를 더하는 일이 트렌드인가 싶습니다. 10년 넘는 육아의 시간 동안 저를 지나갔던 별명을 돌이켜보자면 '교사맘', '직장맘', '휴직맘', '전업맘', '프리랜서맘', '아들맘', '아들둘맘', '연년생맘', '초등맘', '예비중등맘' 정도겠네요. (쓰고 보니 참 다사다난했습니다.)
　그간 대한민국 초등 엄마들을 슬그머니 갈라서게 만든 최대

이슈는 전업맘이냐, 직장맘이냐의 문제였어요. 어느 편에 서느냐에 따라 아이 공부부터 학교생활, 친구 관계, 입시 전략까지 구석구석 차이가 났고, 그래서 서로를 친구도 적도 아닌 어정쩡한 존재로 바라보며 견제해오고 있는 중이었죠.

그러던 엄마들 사이에 언제부터인가 또 하나의 미묘한 경계가 생겼습니다. 주범은 영어입니다. (사실 영어는 늘 문제의 주범입니다.) 초등 영어의 속도 경쟁이 가속화되면서 대한민국 초등 엄마들을 구분 짓게 만든 '엄마표 영어'라는 개념이 새로운 경계가 되었습니다. 학원 한 번 가지 않은 아이가 오직 엄마표 영어로 원어민 같은 발음을 구사하고 〈해리포터〉를 줄줄 읽는 모습을 보면서 엄마들 사이에는 전보다 훨씬 미묘하고 무거운 감정이 오가기 시작했습니다.

초등 아이를 동네 어학원에 등록시키는 것이 최고의 영어 공부 방법인 줄만 알고 생활비를 아끼던 엄마들은 허탈함에 멍해졌고, 전업맘이면서 엄마표 영어를 하지 않는 엄마들은 직무유기죄라도 저지른 것처럼 불편해졌고, 직장에 매여 엄마표가 불가능한 엄마들은 생계를 위해 직장에 나가야 하는 팍팍한 현실을 원망하기 시작했어요. 한때는 부의 상징이던 영어 학원에 등록하는 것이 게으름과 무지함의 상징인 것처럼 느껴지기도 하니 참으로 아이러니한 현실입니다. 핵심은 엄마표냐, 아니냐가 아닌데 말이죠.

저는 엄마표 영어가 자식에 대한 진정한 사랑과 헌신, 자녀교육에의 열정, 부모의 의무, 열심히 끌어모은 정보, 독하고 대단한 엄마의 상징이 되어버린 요즘 분위기에 반론을 제기하고 싶습니다.

엄마표냐 아니냐를 은근히 구분 지으며 무엇이 정답인지를 확인하고 싶어 하는 조급함과 불안함에서 자유로워지고 싶습니다. 엄마표든 학원표든 초등의 아이에게는 영어 독서가 정답이기 때문입니다.

영어 실력을 확인하는 방법은 다양하지만 대한민국 입시 현실에서 아이의 영어 실력은 아이가 읽는 영어책의 수준과 상당히 정확하게 일치합니다. 영어책을 잘 읽으면 영어 글쓰기, 독해, 문법, 단어, 회화 등 영어의 전 분야에 능통해져 원하는 점수를 받을 수 있습니다. 영어책을 읽는 것만으로 높은 점수를 얻을 수 있다고 하면 쉽게 믿기 어렵겠지만 이미 많은 사례가 이를 증명하고 있습니다.

다양한 길 중 하나를 골라야 하는데 시간과 비용이 적게 들고 아이가 덜 힘들면서도 더 큰 효과를 볼 수 있다면 선택지는 명확합니다.

초등 영어 공부의 정답은 영어 독서입니다.

그래서 엄마표 영어 교육 과정의 핵심이 영어 독서이고, 학원에서 영어를 배우고 있는 아이도 가정에서 반드시 영어 독서를 병행해야 합니다. 사교육 정도, 부모의 관심, 아이의 호기심 등에 따라 시작 시기와 방법은 제각각이겠지만 아이가 중학생이 되면 〈해리포터〉 수준의 원서를 읽어낼 수 있는 영어를 목표로 동행했으면 합니다. 그 실력을 바탕으로 중·고등 입시를 조금 더 편안하게 겪어낼 수 있기를, 덕분에 취업도 유학도 수월하고 매끄럽기를 바랍니다.

오해하지 마세요, 영어 학원은 나쁜 곳이 아니에요. 엄마표는 모든 상황에서의 정답이 될 수 없습니다. 학원에서 더 잘 배우고, 더 쑥쑥 성장하는 아이도 있고 무리한 상황에서 엄마표를 고집하다가 마음의 상처를 주고받는 경우도 많습니다. 제가 우려하는 상황은 초등 입학에 맞추어 당연하다는 듯 동네 영어 학원에 등록하고, 남들이 보내니까 뒤처지지 않기 위해 대형 어학원에 보내는 것입니다.

적어도 초등 시기만큼은 학원이 아이의 영어를 결정하지 않게 해야 합니다. 다들 보내니까 안 보낼 수 없어서 아이의 의지와 상관없이 무조건 보내는 학원만큼 아이를 멍들게 하는 곳은 없습니다. 그럴 때의 학원은 아이에게도 엄마에게도 나쁜 곳, 맞습니다. 마찬가지로 우려하는 상황은 악다구니를 써 가며 끝내 엄마표를 고집하면서 이것만이 정답인 것처럼 아이를 궁지에 모는 모습입니다. 필요에 따라 학원과 엄마표라는 방법을 선택하고 있을 뿐 결국 결정과 책임은 부모의 몫입니다.

10년이 훌쩍 넘는 오랜 시간 동안 교실에서 초등 아이들을 만나왔습니다. 쉬는 시간에 마음껏 놀지 못하고 책상에 앉아 있는 아이가 있어 가만 들여다보니 영어 학원 숙제를 하느라 숨이 가빴습니다. 수업이 끝나도 무거운 표정으로 꿈쩍 않고 앉아 있는 아이들은 영어 학원 늦게 가고 싶다며 남아서 교실 정리를 시켜달라고 담임인 제게 부탁했습니다. 체육 시간에 몸이 좋지 않다는 아이를 한쪽에 앉아 쉬라고 했더니 챙겨 나온 영어 교재의 지문을 외우고 있었습니다. 아픈 게 아니라 오늘 학원 시험 준비를 못 해 혼날까 봐 겁이 난 거라고 털어놓는 걸 듣고 있자니 속이 답답해져 왔습니다.

아이가 잘되길, 행복하길 바라며 영어 학원을 보낸 것인데 그

때문에 아이들은 바쁘고, 두렵고, 거짓말을 합니다. 그런 아이들에게 영어를 가르쳐야 하는 어른이고 선생이고 엄마인 저의 고민은 깊어졌습니다.

'학원만이 영어의 유일한 방법일까?'

'한참 해 아래서 강아지처럼 달리다가 동화책을 빠져들어 읽어야 할 초등 시기에 학원을 대신할 영어 공부법은 없을까?'

매일 밤, 영어 학원 숙제 때문에 늦게 잠들고 아침이면 피곤한 몸으로 등교하는 아이들을 위한 위로가 아닌 대안을 찾아주고 싶었습니다. 오래 걸렸지만 긴 고민의 답을 찾았고 공유하려 합니다.

영어 잘하는 아이로 키우는 것이 목표인 제가 초등 교실에서 영어를 가르치고, TESOL 과정을 통해 영어 교수법을 배우고, 제 아이들에게 직접 시도했던 과정에서 얻게 된 모든 방법을 공유하고 싶었습니다. 그래서 '학원 영어'도 '엄마표 영어'도 아닌 '영어 독서를 통한 초등 영어 공부법'을 정리했습니다.

외국어로서의 영어를 배우는 대한민국 초등 아이라면 누구나 영어책을 읽으면서 실력을 높여가야 합니다. 영어 문제집을 풀지 않고 학원에 다니지 않는 아이는 있어도, 영어책 안 읽는 아이는 없어야 합니다. 엄마표 영어를 시도하지 못하고 영어 학원에 보내지 못하는 엄마는 있어도, 영어책 안 읽히는 엄마는 없어야 합니다.

초등 6년 동안 더 필요하고 중요한 것부터 해야 한다면 영어책을 선택하세요. 그게 맞습니다. 초등 시기의 아이에게 가장 필요한 건 하루에 100개씩 단어를 외우고 독해 문제를 30개씩 풀고 영문법을 달달 외우는 일이 아니라는 점을 기억해야 합니다.

영어 노출의 시작부터 두꺼운 영어 소설을 읽어내기까지의 전 과정을 정리했습니다. 알파벳을 구별하는 것으로 시작하여 파닉스, 그림책, 리더스북, 챕터북, 소설책까지 영어 독서의 과정을 단계별로 알아보려 합니다. 영어만큼은 학년이 아닌 아이의 수준에 맞춰 진행해야 하며 속도 역시 아이마다 다를 것입니다. 현재 아이의 수준을 진단하고 그 단계에서 시작하여 이후 어떻게 진행해가면 좋을지에 대해 영어 독서의 교과서와 같은 지침서를 선물하려고 합니다.

때로 사교육의 도움이 필요한 순간도 있겠지만 그것 없이도 충분히 가능하도록 제가 조사하고 경험한 모든 정보를 공유합니다. 최소의 비용으로 최대의 효과를 얻을 수 있는 상세한 방법, 기준, 요령, 원칙을 담았습니다. 이대로만 하면 한국의 모든 초등 아이들이 영어책을 읽으며 수준을 높이고 중·고등 시기의 내신과 수능까지 대비하는 기본기를 탄탄하게 다질 수 있게 될 겁니다.

지금의 내가 어떤 '맘'이든 상관없이 초등 아이를 키우고 있다면 영어 독서를 시작해야 합니다. 대한민국의 모든 '맘'들이 영어 독서로 하나가 되어야 합니다. 대한민국 초등 아이들은 영어로 된 무지하게 재미있는 책을 읽으며 깔깔거려야 합니다. 그 길에서 자연스럽고 편안하게 기본을 다지고 실력을 쌓아야 합니다.

어디서부터 어떻게 시작해야 할지 막막하다면, 시작은 했지만 길을 잃고 멈춰선 느낌이 든다면 지금 이곳에 아주 잘 오셨습니다.

차례

프롤로그 엄마표든 학원표든 영어 독서가 정답입니다 4

CHAPTER 01. 영어 독서 수준이 진짜 실력이다

초등 아이가 영어를 잘한다는 것의 진짜 의미 17
영어 독서로 실력을 쌓아야 하는 이유 23
반드시 한글 독서 수준을 높여야 하는 이유 30
영어 독서, 최적기 알아보기 38
핵심 정보 영어 독서 단계별 책의 명칭과 특징 48
레벨업 꿀팁 자연스럽게 영어 노출 시작하는 법 51
엄마의 진짜 속마음 사실, 영어 유치원 보내고 싶었어요 55

CHAPTER 02. | 영어 독서 준비① 그림책 읽어주기

영어 그림책 읽어주기의 원칙 **61**
아이의 첫 영어 그림책 선택 기준 **66**
영어 그림책 매일, 꾸준히 읽어주는 방법 **72**
영어 그림책 단계의 파트너 활용법 **78**
핵심 정보 아이와 함께 읽을 영어 그림책 추천 목록 **83**
레벨업 꿀팁 아이가 영어책을 좋아하게 만드는 법 **85**
엄마의 진짜 속마음 다들 그래요, 너무 자책하지 마세요! **89**

CHAPTER 03. | 영어 독서 준비② 영어 영상 노출하기

영어 영상이 영어 독서 공부법에 필수인 이유 **95**
아이의 첫 영어 영상 선택 기준 **99**
영어 영상 매일, 꾸준히 보여주는 방법 **104**
반복 시청의 지루함을 없애주는 활동 **109**
한글 영상과 영어 영상 시청 비율 정하기 **114**
핵심 정보 흘려듣기 영상 추천 목록 **118**
레벨업 꿀팁 힘들이지 않고 영어 영상 레벨 올리는 요령 **121**
엄마의 진짜 속마음 영어 학원에서 길을 잃고 돈도 잃었다면 **125**

CHAPTER 04. 영어 독서 준비③
파닉스, 사이트 워드 완성하기

파닉스의 개념 131

한글처럼 차근차근 파닉스 완성의 원칙 137

사이트 워드 똑똑하게 활용하기 145

영어 읽기 기초 단계 교재 활용하기 155

꾸준한 영어 독서를 위한 영어 사전 활용법 158

영어 독서 시간 vs. 한글 독서 시간 164

핵심 정보 파닉스 단계의 학습 자료 제공 사이트 169

레벨업 꿀팁 성취감을 맛보게 하는 보상의 원칙 171

엄마의 진짜 속마음 똑똑한 줄 알았던 아이가 파닉스로 애를 먹일 줄이야 175

CHAPTER 05. 영어 독서 본격
리더스북으로 영어 독서 시작하기

리더스북으로 시작하는 본격 영어 독서 181

핵심 정보 O.R.T. 단계별 본문 살펴보기 188

O.R.T로 차근차근 독서 레벨 높여가는 법 192

리더스북 단계에서 읽기 독립 완성하는 법 197

리더스북 시리즈 추천 204

영어 독서를 통해 영어 단어 쌓아가는 법 **207**

핵심 정보 초등 영어과 교육 과정 읽기 영역 학년별 분석 **213**

레벨업 꿀팁 ① O.R.T. 구입 방법 **217**

레벨업 꿀팁 ② O.R.T. 구입에 관한 고민 Q&A **219**

엄마의 진짜 속마음 BTS, 이런, 너무 멋지잖아! **222**

CHAPTER 06. | 영어 독서 실전
챕터북으로 레벨 점프하기

챕터북으로 훌쩍 영어책 레벨 점프하기 **233**

온라인 영어 독서 프로그램 활용하기 **239**

챕터북 단계에 활용하는 영어 독해 문제집 **244**

영어 독서 슬럼프 극복하는 법 **249**

영어 독서로 영문법 뼈대 세우기 **253**

핵심 정보 초등용 챕터북 시리즈 추천 목록 **259**

레벨업 꿀팁 AR 지수를 영어 독서에 활용하는 원칙 **262**

엄마의 진짜 속마음 버스에서 내리지 않겠어! **269**

CHAPTER 07. 영어 독서 도약 영어 소설 정복하기

두꺼운 영어 소설, 언제 어떻게 시도할까요? **275**

영어 소설 시도하고 끝까지 읽어내는 법 **280**

문학으로 시작하는 원서 읽기 **286**

비문학 영역 독서 도전하기 **294**

핵심 정보 어린이를 위한 영어 능력 시험 정보 **304**

레벨업 꿀팁 충분히 읽었다면 쓰기를 시도하세요 **306**

엄마의 진짜 속마음 그래서 이제 어떻게 할까요? **310**

에필로그 아이의 진짜 속마음 (이규현, 6학년) **314**

감사의 말 **320**

부록1 영어책 읽기 단계별 추천도서 200 **321**

부록2 교육부 지정 초등 필수 영단어 800 **334**

참고문헌 **351**

부록3 100일 도전 독서 체크표

CHAPTER 01.

영어 독서 수준이
진짜 실력이다

초등 아이가 영어를 잘한다는 것의 진짜 의미

영어, 잘하고 싶으시죠? 영어, 도대체 그게 뭐라고 그것 하나 때문에 엄청 부럽기도, 속상하기도, 창피하기도 합니다. 입시가 끝난 성인이 되어서도 영어는 꽤 오랜 시간 동안 묵직한 숙제입니다. 내 영어도 그렇지만 부모인 우리에게 더욱 간절한 바람은 내 아이의 영어입니다.

초등 아이의 영어만큼 대한민국 부모를 헷갈리게, 답답하게, 불안하게 만드는 과목이 또 있을까요. (물론, 영어 고민이 끝날 즈음 수학 고민이 시작되고 국어, 사회, 과학, 논술이 줄줄이 기다리고 있긴 합니다.) 나이 들어가는 부모인 우리는 못하면 못하는 대로 적당히 살아도 그만이지만 아이만큼은 그렇지 않기를 바라지요. 영어 때문에 발목 잡히지 않았으면 좋겠고, 고등학교 즈음 되면 영어라는 숙제 하나는 좀 일찍 끝내고 여유를 가지기를 바랍니다. 그 여유를 수학 등의 다른 과목에 쓸 수 있다면 더욱 좋겠다는 바람도 없지 않고요.

같은 마음이라면 현실을 제대로 보고 계신 거, 맞습니다. 한국에서든 해외에서든 영어를 잘하면 그렇지 않은 사람보다 훨씬 편리하고 유리하고 당당합니다. 우리 아이들이 살아갈 시대는 훨씬 더 그렇습니다. 기회를 가져다주는 도구로서의 언어, 입시와 취업을 위한 수단으로서의 영어는 언제든 꺼내 쓸 수 있는 한도 넉넉한 신용카드 같은 존재입니다.

4차 산업혁명 시대의 키워드는 '소통'이고요, 번역기, 통역기의 도움 없이 자유롭게 소통할 수 있는 국제 공용어로서의 영어는 평생 아이의 무기가 될 것입니다. 영어는 숭배하고 두려워할 대상이 아니고요, 한번 제대로 정복해버리고는 평생 유용하게 쓰다가 죽을 때 쿨하게 버리고 가면 되는 존재랍니다. 별것도 아니면서 평생 두렵게 만들고 속 썩이는 존재가 아니라 한번 제대로 내 것으로 만들어버리면 끝이라는 마음으로 다가서세요.

초등 엄마인 저는 저의 두 아이를 영어 잘하는 아이로 키울 겁니다. 여러분도 영어 잘하는 아이로 키우십시오. 인생이 주는 몇 번 되지 않을 큰 기회가 왔을 때 탄탄히 준비된 실력으로 기회를 잡아 성장할 수 있도록 도와주세요.

영어 때문에 좌절해봤거나 영어 덕분에 기회를 얻어본 경험이 있는 우리는 영어 잘하는 아이로 키우기 위해 허리가 휘고 머리가 섭니다. 세계화 시대의 글로벌 인재로 성장하길 기대하는 부모의 마음은 순수하고 건설적입니다.

공부 타령한다고 욕하지 마세요. 아이의 인생에 반드시 필요할 거라 짐작되는 과목을 제때 가르치기 위해 시간, 돈, 노력을 들이는 건 잘못이 아니에요. 열심히 일해서 번 돈을 자식을 교육하는 일에 쓰는 것은 부모인 우리의 의무이자 권리입니다. 우리의 노력은 비난받을 이유가 없습니다. 그 노력의 방향, 방법, 정도를 넘치지도 모자라지도 않게 조절해내는 것이 관건일 뿐이지요.

명문대 합격을 위한 수단으로서의 영어, 대기업 입사를 위한 영어라고 해서 색안경을 끼고 보지 않았으면 합니다. 점수와 실력의 전제는 노력이니까요. 그런 이유로 내신 1등급, 수능 영어 만점 받은 고등학생과 토익 만점을 이뤄낸 대학생은 충분히 칭찬받아야 한다고 생각해요. 영어라는 낯선 언어를 그 수준으로 올리기까지 얼마나 꾸준한 노력을 지속했을까요.

문제는 그 노력을 위한 방법입니다. 아무리 최선을 다해 노력해도 그 방법과 목표가 틀렸다면 결과는 장담하기 어렵습니다. 그래서 이제 그 방법에 대해 생각해보려 합니다.

영어 잘하는 아이로 만들기 위해 남들 하는 대로 급하게 시작하기에 앞서 '영어를 잘한다'라는 평가에 관한 대한민국만의 현실적인 정의를 생각해보려 합니다. 우리에게 영어는 무수한 외국어 중 하나가 아니기 때문입니다. 잘하면 좋고, 아니어도 그럭저럭 아쉽지 않은 여타의 외국어들과는 그 무게감이 확연히 다릅니다. 천문학적인 시간과 돈을 들일 과목을 시작하면서 목표를 제대로 설정하지 않을 수 없습니다. 시간과 돈을 들이려면 제대로 들여야 합니다. 그래서 목표와 방향을 정확하게 확인해야 합니다.

'영어를 잘한다'라는 표현을 조금 더 세밀하게 정의해보겠습니다. 대한민국 영어과 교육 과정의 목표와도 일치하는데요, 크게 아래의 네 가지 영역으로 구분할 수 있습니다.

Speaking	Listening	Reading	Writing
내 생각을 영어로 말할 수 있다	영어로 말하는 것을 듣고 그 내용을 이해할 수 있다	영어책을 읽고 그 내용을 이해할 수 있다	내 생각을 영어로 쓸 수 있다

이 네 가지를 모두 완벽한 수준으로 만드는 일은 불가능합니다. 적어도 대한민국 교육 현실에서는 말입니다. 우리는 모국어가 아닌 외국어로서 영어를 배우고 있고, 아이가 공부할 과목은 영어 한 가지가 아니기 때문이지요. 영어권에서 성장하거나 내내 영어 한 과목만 집중해도 된다면 네 가지 영역이 완벽해질 수도 있겠지만 현실은 그렇지 않습니다.

그래서 우리의 현실을 반영한 영어 학습의 목표를 세워야 하며 그 큰 그림에 근거한 체계적인 계획이 필요합니다. 어디로 가는지 알아야 제대로 갈 수 있습니다. 방향을 정확하게 확인하지 않은 상태에서 속도를 높이며 만족스러워하고 있는 건 아닌지 점검해야 합니다.

그룹 BTS의 리더인 RM이 UN 무대에서 영어로 수상 소감을 말하는 영상이 화제가 된 적이 있었습니다. 어쩜, 발음도 내용도 심지어 표정과 몸짓도 흠잡을 데 없이 완벽하더군요. 안 그래도 잘생겼는데 영어를 잘하니 더 빛나 보입니다. '잘하는 영어' 맞습니다. 우리 애도 저렇게 크면 소원이 없겠다 싶습니다.

그럼, 반기문 UN 사무총장의 영어는 어떨까요? 흔히 알고 있는 원어민의 발음이 아니었습니다. 조금 촌스럽게 느껴지는 한국식 발음과 억양임을 대번에 알 수 있었지만 누구도 그 연설을 흠잡지 않습니다. 연설의 핵심은 메시지와 태도, 즉 명료한 내용과 자신감 넘치는 표정이기 때문입니다.

문장의 구성은 정확했고 단어의 쓰임은 적절했습니다. 딱딱한 발음과 밋밋한 억양이었지만 메시지는 부족함 없이 전달되었고 전 세계인들이 이해하는 데 문제가 없었습니다. 그의 영어도 '잘하는 영어' 맞습니다. 발음과 억양까지 완벽하지 못했지만 수준 높은 영어를 구사하고 있음을 의심하지 않습니다.

영어는 발음, 억양, 유창함, 제스처, 표정의 문제가 아니라 듣고 읽은 것을 이해해내는가, 나의 생각을 영어로 표현할 수 있는가에 관한 문제입니다. 원어민처럼 말하고 원어민과 비슷한 억양으로부터 냄새를 풍겨야만 살아 있는 영어가 아닙니다. 영어 독서를 통해 다져진 듣고 이해하고, 읽고 이해하는 영어도 살아 숨 쉬는 영어입니다.

여행 중 만난 외국인에게 거침없이 길을 물어볼 수 있어야만 영어를 잘하는 것이 아니고요, 길을 알려주는 그의 말을 이해하고 길에서 만난 표시판을 읽어 그 의미를 이해하는 것도 살아 있는 영어입니다. 그런 후에 기회가 닿고 시간과 돈의 여력이 있어 발음, 억양, 유창함까지 보완하면 완벽하겠지만 지극히 현실적으로 생각하자면 이것은 부모의 영역이 아닐지 모르겠습니다.

영어'만' 잘하면 되는 게 아니라 영어'도' 잘해야 하는 시대에서는 아이의 영어 발음 말고도 도와줘야 할 것이 너무도 많고 다양합니다. 중요한 것, 꼭 필요한 것부터 잡기도 바쁜 게 우리 초등 부모입니다. 입시 과목으로서의 학습 영어와 해외에서 불편함 없이 사용할 실제 영어, 두 가지를 모두 잡을 수 있도록 돕는 것이 우리의 숙제라면 우선순위를 정해야 합니다. 가장 절실하게 필요한 것부터 잡아놓고 어느 정도의 여유가 생기면, 조금씩 넓혀보고 깊이가 보자는 겁니다.

영어 독서로
실력을 쌓아야 하는 이유

　성적을 위한 영어, 입시 과목으로서의 영어를 위한 출발은 '생생하게 살아 있는 재미있는 영어'입니다. 첫 노출을 노래, 그림책, 찬트, 영상 등으로 시작하는 이유가 여기에 있습니다. 하지만 안타깝게도 그것만으로는 상당히 부족합니다. 시작은 재미였지만 결국 학습 영어로 옮겨가야 합니다. 그 과정이 되도록 자연스럽고 수월하기 위해 다양한 노력을 하는 거지요.

　대한민국에서 태어나 공부하고 있는 아이에게 영어 점수가 필요하다는 사실을 인정하는 것에서 시작합시다. 외국어로서의 영어, 학교 과목으로서의 영어, 점수로 실력을 평가받는 현실에서의 영어 실력은 초·중·고등 시기의 영어 성적, 수능 영어 영역 성적, 토익 등의 성적으로 평가됩니다. 결국, 영어 시험 점수가 괜찮게 나와야 영어 잘한다는 평가를 받을 수 있습니다.

그래서 학습으로서의 영어에 대한 큰 그림이 필요합니다. 영어라는 과목을 결국 어느 수준까지, 어떤 모습으로 실력을 쌓아갈 것이냐에 대한 큰 그림을 그리면서 그 그림과 일치하는 방향으로 끌고 가는 것이 초등 부모의 일입니다.

직설적으로 표현하면 거부감이 들 수 있겠지만 냉정하게 생각해보세요. 초등학교에서 열심히 영어 학원 보내며 영어 실력을 높이는 목적은 결국 중학교에서 영어과의 평가를 대비하기 위함을 부인하기 어렵습니다. 그 실력을 바탕으로 고등학교에서도 영어 때문에 어려움이 없기를 바라고 조금 더 바라자면 대학 입시, 취업, 승진, 여행까지도 영어 덕분에 편안하기를 바랍니다. 시기의 차이는 있을 수 있지만 결국 초등의 아이는 학습 영어를 시작해야 하고요, 그래서 영어 독서라는 최고의 방법을 제안합니다.

> 읽기는 언어를 배우는 최상의 방법이 아니다.
> 그것은 유일한 방법이다. _스티븐 크라센

영어 학자인 스티븐 크라센이 《읽기 혁명》이라는 책에서 언급한 유명한 말입니다. 그는 의미를 이해하기 위해 노력하며 글로 표현된 언어를 읽는 방식은 그 언어를 배우는 유일한 방법이라고 주장합니다. 맞습니다. 읽기라는 방식은 단순히 '읽기'라는 단편적인 기술만을 요구하지 않기 때문입니다.

영어 독서 레벨이 올라간다는 것은 국어와 영어 양쪽의 어휘가 확장되고 있다는 의미이며, 현재 읽고 있는 책 수준의 영어 문장을 들었을 때 뜻을 이해할 수 있다는 것이며, 영어 문장은 물론 문단 전체, 책 전체의 스토리를 이해한다는 의미입니다. 읽기의 방식을 통해 단어를 습득하고 문장의 구조를 익혀야 영어를 들었을 때 이해할 수 있게 되고, 제대로 말할 수 있게 되고, 제대로 쓸 수 있게 됩니다.

그래서 학습 영어의 출발인 초등의 영어는 영어책으로 실력을 쌓아야 하고, 아이의 진짜 영어 실력은 아이가 읽어내는 영어책 수준으로 가늠해야 합니다. 영어책을 읽어내는 실력이 진짜 영어 실력입니다. 영어 독서는 독해 문제집 풀기, 영어 단어 외우기, 영문법 익히기, 온라인 퀴즈 프로그램 참여하기 등과 같은 다양한 방식의 영어 공부법 중 하나가 아닙니다. 학원과 영어 독서 중 한 가지를 선택해야 하는 것도 아닙니다. 어떤 방식의 영어 공부를 하든 영어 독서는 반드시 동반되어야 합니다. 어려워 보여도, 길을 돌아가는 것처럼 보여도 그게 가장 정확한 방법입니다.

영어책으로 레벨을 높여가는 과정이 지루하고 비효율적으로 보일 수 있습니다. 그래서 큰 그림을 그리며 멀리 보고 넓게 보는 호흡이 필요합니다. 영어책의 내용을 이해하기 위해 더 깊이, 넓게 생각하는 방식으로 실력을 높여가는 연습은 초등에서 시작되어야 합니다. 중·고등 때 시작하면 늦습니다. 그때는 제시된 지문을 읽고 이해하는 데 어려움이 없다는 전제 아래 다양한 유형의 문제를 풀며 감각을 높여가야 할 시기입니다.

영어 독서라는 기본기 없이 단어 암기, 문법 암기, 문제 풀이만으로 레벨을 높이고 기출 문제와 족집게 문제를 달달 외운다면 어느 정도의 성적은 기대할 수 있겠지만 아이의 인생에 실제로 쓰이는 무기로 삼을 수는 없습니다. 영어가 편안하고 자유로운 아이를 기대한다면, 방법은 독서입니다.

그러자면 목표부터 분명히 해야겠지요. 국가 교육 과정에서 제시하고 있는 초등 영어의 목표를 생각해보겠습니다. 현재 초등학교 영어 수업 시간을 통해 도달할 목표라는 의미입니다.

7차 교육 과정 초등 영어과 교육 과정의 목표

영어 교과는 학습자들의 영어 의사소통 능력을 길러주는 것을 총괄 목표로 삼으며 동시에 남을 배려하고 돕는 모범적인 시민 의식과 지적 역량과 밀접한 관련이 있는 창의적 사고력을 배양하는 것을 목표로 삼고 있다. 또한 외국 문화의 올바른 이해를 바탕으로 한국 문화의 가치를 알고 상호적인 가치 인식을 통해서 국제적 안목과 세계 시민으로서의 기본예절, 협동심 및 소양을 기르는 것 역시 영어 교과의 목표다.

이를 기반으로 영어 교과의 세부 목표는 첫째, 영어로 듣기, 말하기, 읽기, 쓰기 능력을 습득하여 기초적인 의사소통 능력을 기르고 둘째, 평생교육으로서의 영어에 대한 흥미와 동기 및 자신감을 유지하도록 하고 셋째, 국제 사회 문화 이해, 다문화 이해, 국제 사회 이해 능력과 태도를 기르고 넷째, 영어 정보 문해력 등을 포함하여 정보의 진위 및 가치 판단 능력을 기르는 것이다.

영어 교과 세부 목표에 따른 초등학교 영어의 목표는 다음과 같다. 초등학교 영어는 학습자들이 영어 학습에 흥미와 자신감을 가지고 일상생활에서 사용되는 기초적인 영어를 이해하고 표현하는 능력을 길러 영어로 의사소통할 수 있는 기초를 마련한다.

  가. 영어 학습에 대한 흥미와 자신감을 기른다.
  나. 자기 주변의 일상생활 주제에 관하여 영어로 기초적인 의사소통을 할 수 있다.
  다. 영어 학습을 통해 외국의 문화를 이해한다.

• 출처 : 초등 영어과 교육 과정 지도서

교육 과정 지도서에서 인용한 내용인데요, 역시나 교과서적인 느낌이 강합니다. 그렇다면 교과서적인 내용을 기반으로 한, 초등 부모가 목표로 삼고 있는 현실적 목표를 생각해보겠습니다.

공교육 기관에서 오랜 기간 근무하는 동안 영어를 전담으로 수업한 경험도 있지만 안타깝게도 영어는 공교육에서의 목표와 현실 혹은 사교육의 목표 사이에 거리가 있습니다. 공교육만 의지하기엔 당장 초등학교 영어 수업은 중학교 영어과 내신 평가, 수행평가와의 수준 차이가 큽니다. 6학년 때 모둠 친구들과 단어 카드를 뒤집으며 즐거운 영어를 하던 아이들이 중학생이 되어 교과서 본문을 외우고 영어로 글을 써내는 갑작스러운 상황을 만나게 되는 것이죠. 이 거리를 메워줄 수 있는 유일한 방법은 영어 독서입니다.

조금 더 현실적인 목표를 생각해보겠습니다. 학교 수업도 중요하지만 그것만으로 충분치 않다는 것을 너도나도 인정하는 마당에 아무리 제가 공교육에 몸담았던 교사라 해도 공교육 이상의 현실적인 목표를 생각해보지 않을 수 없습니다. 무엇보다 저는 제 아이들이 학교 영어 수업을 잘 따라가는 정도, 학교 수행평가 점수를 잘 받는 정도를 목표로 삼고 있지 않기 때문입니다.

초등학생인 아이가 영어를 어느 정도 하면 만족스러울까요?

학교 영어 수업을 듣고 이해하는 것에 무리가 없으며 수행평가에서 좋은 성적을 받으면 좋겠고, 더불어 중등의 문법과 내신을 대비하고 수능 영어 영역 문제를 풀어낼 만한 듣기 실력, 독해력을 갖추었으면 좋을 텐데 말입니다.

학교 영어 수업을 위한 교육 과정상의 목표와 실제로 사용할 수 있는 무기로서의 영어 실력을 갖게 하기 위한 목표, 이 두 가지를 모두 잡고 싶다면 영어 독서를 시작해야 합니다. 듣고 이해하지 못하면 정확한 답을 말할 수 없고, 읽고 이해할 수 없다면 쓰는 것도 불가능합니다. 그래서 저는 줄곧 듣기와 읽기에 집중하고 있으며, 초등 영어 학습의 흐름을 듣기 → 읽기 → 말하기 → 쓰기로 잡고 있습니다.

따라서 학습 영어와 실제 영어를 어느 정도 균형감 있게 잡기 위한 초등 영어의 우선순위는 이렇습니다.

1순위 Listening	2순위 Reading	3순위 Speaking	4순위 Writing
영어로 말하는 것을 듣고 그 내용을 이해할 수 있다	영어책을 읽고 그 내용을 이해할 수 있다	내 생각을 영어로 말할 수 있다	내 생각을 영어로 쓸 수 있다

듣기와 읽기를 최우선으로 잡으세요. 둘의 공통점은 입력(Input)이라는 점입니다. 외국어라는 낯선 언어를 내 것으로 만들기 위해서는 출력(Output)될 때까지 부단히 입력시켜야 합니다. 그 과정이 초등 이전, 초등 시기에 충분히 이루어져야 이후 중·고등, 성인 시기의 출력을 기대할 수 있습니다.

더 유창하고 더 다양한 어휘를 사용하고 더 원어민에 가까운 발음으로 말하는 것은 위의 네 가지를 잡은 후에 해도 늦지 않습니다. 위의 네 가지만 하기에도 시간이 충분하지 않습니다.

반드시 한글 독서 수준을 높여야 하는 이유

저의 로망은 (정확하게는 제가 바라는 아들 영어의 로망은) 학교를 마치고 침대에서 영어 소설을 붙잡고 뒹굴며 킥킥거리는 아들입니다. 책이 지루해질 땐 영어 잡지를 뒤적이고, 영어 뉴스와 영어 신문을 읽으며 세상 돌아가는 소식을 듣게 되기를 바랍니다. 물론, 그 와중에 모의고사 영어 영역에서 만점이 나와주면 진심으로 감사하겠습니다.

이런 로망을 현실로 만들기 위해 엄마로서 가장 신경 쓰고 있는 건 '한글 독서'입니다. 오타 아닙니다. 한글 독서라고 쓴 것 맞습니다. 언뜻 영어 단어를 하나라도 더 외우는 게 우선일 거라는 생각이 들겠지만 그렇지 않습니다.

영어 독서의 명백한 원칙이 있는데요, 영어책 읽기의 수준은 한글책 읽기의 수준을 절대 뛰어넘지 못한다는 사실입니다. 아주 간혹, 영어책과 한글책을 읽는 수준이 비슷하거나 같은 아이도 있지만 정말 드물지요. 3학년 수준의 한글책을 읽고 있다면 영어책은 한참 못 미치는 유치원 혹은 1학년 수준도 버겁습니다. 한글로 〈해리포터〉를 읽는 아이들이 영어 원서로 읽기 위해서는 1년 이상의 시간 차가 생기는 게 보통입니다.

학년이 올라갈수록 한글 독서의 수준, 즉 한글 문해력이 절실한 이유는 또 있습니다. 다음의 지문은 2020년 수능 모의고사 영어 영역 독해 지문 중 하나입니다. 우리 아이는 이런 글을 읽고 이해하고 관련된 문제를 풀게 될 겁니다.

현재 대부분의 초등학생 학부모는 수능 세대일 겁니다. (1975년 이후 출생) 그 무시무시하고 거대한 분량의 외국어 영역(지금의 영어 영역) 시험지를 기억할 겁니다. 시간 안에 풀어내기 위해 눈알을 팽팽 돌리며 정신을 집중해 영어 지문을 읽고 답을 구했을 거예요. 그 기본 형식은 지금도 크게 다르지 않습니다. 초등인 지금의 이 아이들이 마주하게 될 최종 목적지도 결국 그곳입니다.

2020년 수능 영어 영역을 기준으로 생각해보면 45개의 문제 중 17문항이 듣기 평가, 나머지 28문항이 문법, 어휘, 독해를 기반으로 한 객관식 지필 평가입니다. 수능 시험 초기의 출제 경향에 비해 큰 변화는 없습니다. 조금 더 전문화된 영역의 지문이 출제되고 있다는 점이 눈에 띄는 점일 뿐입니다.

아래의 지문은 2020년 현재 대입 수능을 준비하는 학생들을 위한 모의고사 문제인데요, 먼저 영어 지문을 한번 읽어보세요. 열심히 읽지 말고 대략 보세요. (수능 기출 문제를 예로 드는 것이 정확하겠지만, 저작권 문제로 인용이 불가능해 유사한 형식의 지문을 시중 교재에서 발췌하여 공유합니다.)

수능 영어 영역 모의고사 지문

다음 문장이 들어가기에 가장 적합한 위치는 어디인가요?

> The provision of pure public goods is therefore a cause of market failure.

Broadcasting is a good example of a public good. Let us remind ourselves of the main characteristics of a public good. Firstly it is non-rival, meaning that the consumption of a public good or service by one individual does not diminish the satisfaction by another individual. (①) Secondly, consumption is non-excludable. (②) This means that consumption by one individual makes it impossible to exclude any other individual from having the opportunity to consume.

(③) Effectively the marginal cost of providing a pure public good to an extra user is zero, and this implies that, in order to achieve allocative efficiency, the charge for the product should be zero. (④) Of course, in this situation, private sector businesses are unlikely to consider providing pure public goods because they will not be able to make any profit at a zero price, and many consumers can take a free ride on such goods because of non-excludability. (⑤) Left to the free market, public goods are under-provided and under-consumed leading to a loss of social welfare.

• 출처 : 《메가스터디N제 - 영어영역 독해 408제》(2021 수능 대비), 402번 문제

어떠신가요? 익숙한 단어들도 꽤 보이지만 훑어보는 내내 숨이 턱 막힐 겁니다. 이제 알파벳을 알아채고 더듬거리며 리더스북을 읽기 시작한 아이가 불과 몇 년 후에는 이런 문제와 씨름해야 합니다. 부모인 우리도 쉽지 않은 과정임을 충분히 경험했기에 매일 공부를 시키면서도 조급함, 불안함에 짠한 감정까지 더해집니다.

더 숨이 막히는 일은 지금부터 시작됩니다. 다음은 위 영어 지문의 한글 해석본입니다. 영어 원문은 신경 쓰지 말고 한글 해설만 신문 기사 한 편 읽듯 읽어보세요.

수능 영어 영역 모의고사 지문 해석본

 방송은 공공재의 좋은 예이다. 공공재의 주요 특징을 상기해보자. 첫째, 그것은 비경합성이 있는데, 이는 한 개인에 의한 공공재나 공공 서비스의 소비가 다른 개인의 만족을 감소시키지 않는다는 것을 의미한다. 둘째, 소비는 비배제성이 있다. 이것은 한 개인에 의한 소비가 다른 개인이 소비할 기회를 갖지 못하도록 배제하는 것을 불가능하게 만든다는 것을 의미한다. 사실상, 순수한 공공재를 추가적인 사용자에게 제공하는 것의 한계 비용은 0인데, 이것은 (자원) 할당의 효율성을 성취하기 위해서 제품에 대한 청구 금액이 0이 되어야 한다는 것을 의미한다. 물론 이러한 상황에서 민간 분야의 사업은 0원에서는 어떤 이윤도 만들 수 없을 것이고, 많은 소비자들이 비배타성 때문에 그러한 재화에 무임승차할 수 있기 때문에 순수한 공공재를 제공하는 것을 고려하지 않을 것이다. 그러므로 순수한 공공재의 공급은 시장 실패의 원인이다. 자유 시장에 맡겨지면, 공공재는 과소 공급, 과소 소비되어 사회 복지의 손실을 초래한다.

 술술 읽히시나요? 한글은 만만하겠지, 하고 읽기 시작했겠지만 읽다가 몇 번 멈추었거나 다시 윗줄로 돌아갔다 오기를 반복했을 겁니다. 이유가 뭘까요? 위의 내용이 다소 전문적이고 나와 상관없는 분야를 다루고 있기 때문일까요? 핵심은 '글의 의미를 파악할 수 있는 힘' 즉 독해력입니다.

　수능 시험은 이 글이 담고 있는 '방송이라는 공공재'에 관한 전문 지식을 가지고 있느냐를 평가하는 것이 아니에요. 특정 영역에 대한 배경 지식을 얼마나 폭넓게 가지고 있는지를 측정하기 위함이 아니라, 제시된 지문을 얼마나 잘 이해하는지를 판단하는 것이 목적이에요. 다시 말해 수험생의 '읽기 능력'을 평가하는 시험이라는 것이죠. 이제껏 위의 내용에 관해 한 번도 읽고, 들은 적이 없다 하더라도 지문을 바르게 읽고 해석하는 능력만으로 문제를 해결할 수 있어야 한다는 의미랍니다.

　위의 한글 해석본이 이해되지 못하면 영어 지문을 정확하게 해석하고 제시된 문제를 해결하는 일은 불가능합니다. 그래서 모국어의 독서력이 기본입니다. 한글로 적힌 내용도 이해가 되지 않는다면 간신히 영어 문장을 해석할 수 있을지는 몰라도 이어지는 두세 개의 문제를 풀어내기 어렵습니다. 간혹 외국 생활을 오래 하고 돌아와 영어가 한글보다 편안한 경우가 있는데요, 영어를 유창하게 듣고 말하면서도 한국 입시의 영어 과목에서 기대했던 성적을 얻지 못하는 이유가 바로 여기에 있습니다.

　교재의 문제 풀이 위주로 레벨을 올리는 어학원의 수업에만 온전히 의존했을 때 한계를 만나는 이유도 바로 여기에 있습니다. 짧은 지문을 읽고 해당하는 문제를 푸는 건 폭넓은 문해력, 독해력, 독서력을 요구하지 않습니다. 문제의 답을 찾아내었는가에 초점을 두기 때문에 어떻게든 문제를 맞히고 단어를 외우면 다음 단계로 넘어갑니다. (가끔은 문제를 틀리고 단어를 외우지 못해도 다음 단계로 넘어가기도 하더군요.)

문단 전체의 흐름을 이해하고 있는가를 확인하지 않은 채 맞았냐, 틀렸냐를 가리고 그것으로 실력을 판단하지요. 정답을 정확하게 찾아내는 것이 최종 목표인 것은 사실이지만 그것을 향해 가는 방법이 정확하고 거시적인 방법인지에 관한 확인은 필요합니다.

고등학교 영어 선생님들이 수업 중 마주하는 가장 난감한 순간은 영어 지문을 해석한 한글을 이해하지 못할 때라고 합니다. 한국어를 제대로 이해하지 못한 채 영유아 시기의 영어 몰입 교육을 받아 함구증을 보이는 아이, 영어 실력은 저만큼 올라갔지만 안타깝게도 국어 능력이 따라주지 않아 결국 바닥을 보이고 마는 아이, 발음과 유창성만큼은 남부럽지 않지만 글을 읽고 이해하는 사고력이 뒷받침되지 않는 아이는 고등학교 교실의 흔한 풍경입니다.

한글 어휘가 부족하고 한글로 된 복잡한 문장을 이해하지 못하는데 그 내용을 영어로 이해할 수 있을까요? 빨리 가기 위해 돈을 쓰고 시간을 쓰고 애를 쓰는 동안 아이는 멍들고 위축됩니다.

목적지를 다시 한 번 확인해볼게요. 평범한 대한민국 학생이라면 영어 독서를 통해 길러진 독해력, 문법, 어휘를 총동원해 고등학교 3학년 가을에 쏟아붓자는 큰 그림, 맞지요?

우리는 고등 영어 내신, 수능 영어 영역을 위해 초등의 아이에게 방향을 제시해주는 코치 역할을 하는 중입니다. 그렇지만 수능

만이 우리의 목표가 아니었으면 합니다. 어느 나라에서 어떤 국적의 사람들과 함께 일하게 될지 모를 아이입니다. 아이의 가능성을 부모의 시야로 제한하지 마세요.

국경은 낮아지고 있고, 기술은 빠르게 진보하고 있습니다. 아이에게 영어는 더 높게 날아오를 날개가 되어줄 것입니다. 그런 아이가 문제 풀이와 단어 암기에 의존해 겨우 시험 점수에 턱걸이로 도달하는 영어 실력만을 가지는 데 그치지 않기를 간절히 바랍니다.

아이의 가능성은 우리가 알지 못합니다. 한계 없는 도약을 위해 지금 힘쓰기 시작해야 할 것은 '한글 독서'입니다.

영어 독서, 최적기 알아보기

영어 독서에 관심이 있다면 마음이 좀 급해질 거예요. (사실, 초등 엄마는 6년 내내 마음이 급합니다.) 아이가 잘해도 급하고 못하면 더 급합니다. 아이 공부에 대해 여유로운 초등 엄마는 본 적이 없습니다. 아무리 열심히 하고 더 빨리 진도를 나가고 있어도 언제나 그보다 더 빠르고 잘하는 아이들이 있기 때문입니다.

전국의 똘똘이들이 모인다는 학부모들의 로망인 대치동에서도 아이의 성적에 만족하는 학부모는 드물다고 합니다. 세상 똘똘한 줄 알았던 내 아이보다 더 잘하는 아이가 있다는 것을 확인하고 다 같이 불행해지지요. 초등에서 조금 더 빠르고 조금 더 잘하는 거, 크게 부러워하지 마세요. 우리 애가 초등 때는 곧잘 했는데, 라며 쏨

쏠해하는 중·고등 학부모는 조금만 둘러봐도 찾을 수 있습니다.

어린 시기의 영어 노출에 대한 부모의 부담감을 이해합니다. 정답은 없는데 길은 여러 가지이고 잘하는 것이 모두의 목표다 보니 적어도 남들보다 너무 늦지 않은 시기에 시작하는 것에 대한 부담은 모두 같습니다. 영어를 되도록 일찍 시작하는 것이 정답처럼 여겨지던 시절도 있었습니다.

하지만 그 아이들이 자라 입시를 준비하는 중·고등학생이 되어 겪게 되는 가장 큰 어려움은 아이러니하게도 '한글을 이해하지 못한다'는 것입니다. 국어가 되지 않아 영어도 안 되는 일이 생기고 있습니다. 국어의 단단한 바탕 위에 올라갔어야 할 영어가 조기 교육의 바람을 타고 뿌리 없는 나무처럼 흔들리다가 쓰러집니다. 예쁘게 웃던 아이의 표정이 사라지고 있습니다.

초등인 지금, 아이의 수준을 탓하며 욕심낼 필요가 없습니다. 빨리 출발한다고 빨리 도착하지 않기 때문입니다. 더 빨리 가게 해주기 위해 높은 기회비용을 투자했지만 빨랐을 뿐 탁월할 수 없어 좌절합니다. 영어 학습을 어릴 때 시작한다고 해서 가산점을 받지 않습니다. 일찍 시작한다고 해서 영어가 그만큼 빨리 느는 것도 아닙니다.

서둘러 시작하지 않아도 얼마든 언제든 영어 잘하는 아이가 될 수 있습니다. 우리 아이가 적기에 시작하여 최대의 효율을 내게 되길 진심으로 바랍니다.

영어책 읽기라는 최고의 공부법이 아이에게 안착하기 위한 과정을 한 단계씩 같이 넘어보려 합니다. 다음의 표는 영어 독서의 전체 과정을 단계별, 유형별로 구분하고 있습니다. 지금 우리 아이가 어디에 있는지, 다음 단계는 무엇일지, 이전 단계 중 빠진 건 없었는지를 확인하는 용도로 활용하면 됩니다.

| 영어 독서를 완성하는 4단계 |

단계	목적	형태	연령
0	흥미 유발	게임, 노래, 찬트 등 흥미 위주의 영어	5 ~ 7세
1	본격 노출	영어 그림책, 영어 영상 파닉스, 사이트 워드	6세 ~ 초등 3학년
2	읽기 독립	리더스북 (Reader's Book)	초등 2 ~ 5학년
3	영어 독서	챕터북 (Chapter Book)	초등 4 ~ 6학년
4		영어 소설 (English Novel)	5학년 ~ 성인

제시한 '기준 연령'은 참고만 해주세요. 왠지 늦은 것 같았는데 역시 늦었구나, 하면서 불안해하지 않아도 괜찮아요. 어디까지나 참고를 위한 기준입니다. 꾸준히 과정을 밟아가고 있다면 조금 늦긴 해도 도달할 수 있을 만한 기준이고요, 이미 늦어버렸다고 포기할 필요는 전혀 없습니다. 학년이 높아지면서 다양한 학습 경험이 있는 아이는 똑같은 과정도 훨씬 빠른 속도로 끝낼 수 있기 때문입니다.

몇 년간의 학습 경험이 쌓이면 지난 몇 달, 몇 년치의 진도를 후욱 따라잡기도 하는 게 우리 아이들입니다. 해보지도 않고 안 된다고 단념하면 안 되는 이유지요. 남들보다 더 빨리 시작하려니까 오래 걸리고 답답하게 느껴지는 것일 뿐, 내 아이의 적기는 분명히 있습니다.

1단계부터 4단계에 걸친 영어 독서의 전 과정은 다음 챕터부터 한 단계씩 자세하게 알려드릴 예정입니다. 그전에 먼저, 0단계에 대해 생각해보겠습니다.

0단계로 분류한 이유는 필수가 아니기 때문입니다. 하면 좋고, 못 했어도 0단계로 애써 돌아갈 필요는 없어요. 지금 마침 이 시기를 보내고 있다면 해주는 것이 좋은 정도라고 생각하면 됩니다.

영어 독서라는 학습으로의 영어를 시작하지만 결코 학습 형태로 시작하지 않습니다. 흥미를 유발하기 위한 밑작업이 필요한데, 그게 바로 0단계입니다. 영어로 노래를 부르고, 영어 노래에 맞추어 춤을 추고, 영어 찬트를 따라 하고, 영어로 게임을 합니다. 유치원, 어린이집 등의 영어 수업에서 흔히 사용하는 수업 모형입니다. 기관에 보내고 있다면 그곳의 영어 수업만으로도 충분합니다. 학교 교육 과정에서 영어 과목이 시작되는 3학년 1학기 수업이 아이들의 흥미를 유발하는 데 목표를 두는 것과 비슷하다고 생각하면 됩니다.

이 단계에서는 아이가 무엇을 더 많이 알게 되고 더 잘하게 되는가에 의미를 두지 마세요. '영어는 재미있는 거구나, 영어 시간에는 이렇게 재미있는 것을 하는구나'라고 인식하게 만들겠다는 큰 그림을 그리세요. 영어라는 낯선 언어가 있는데, 노래도 흥겹고 게임도 즐거워, 라는 생각이 들게 하면 성공입니다. 딱 그 정도면 충분합니다.

또 이 시기의 아이에게 알파벳, 읽기, 쓰기는 의미가 없습니다. A, B, C를 더 빨리 외워서 쓸 수 있느냐는 아이의 영어 실력과 무관하다는 의미입니다. 한글을 읽지도 쓰지도 못하는 아이가 영어를 읽고 쓴다고 해서 자랑할 것도 부러워할 것도 없습니다. 그럴 일이 아닙니다. '엄마, 저는 영어가 너무너무 좋아요. 제발 제게 알파벳 쓰는 법을 알려주세요'라고 사정한다면 또 모를까 말입니다.

그런데 그런 아이, 있긴 한가요?

아무리 급해도 기본을 다져야 영어 독서라는 큰 산을 넘을 수 있습니다. 외국어이기 때문입니다. 한 번도 칼을 사용해본 적이 없고 가스레인지를 켜는 법을 모른다면, 또 소금과 설탕을 정확히 구분하지 못한다면 아무리 밥도둑이라는 백종원의 레시피도 힘을 못 씁니다. 기본기를 다지는 일이 그만큼 중요합니다. 기본기를 잘 다지면 언젠가 속도는 나게 되어 있습니다. 우리 아이가 언제쯤 속도를 내게 될지 지금 알 수 없을 뿐, 반드시 그때는 옵니다. 그때까지 기다릴 수 있느냐가 관건입니다.

우리 아이가 학습 영어를 시작해도 괜찮을까를 점검해볼 기준을 제시해드립니다. 다음의 기준에 비추어 아직 아니라면, 정말 아닌 겁니다.

기준 1
한국어 소통이 자유로운가?

한국에서 살고 있다는 전제입니다. 이 책의 모든 내용은 한국에서 나고 자라며 '외국어인 영어'를 배우고 익히는 아이를 위한 것입니다. 한국어 소통이 자유롭지 않은 상태에서 시작되는 학습 영어는 생각보다 훨씬 빠르게 한계를 만날 수밖에 없습니다.

두 언어를 동시에 익혀가는 이중언어 학습자(바이링구얼, Bilingual)로 주변의 부러움을 받는 아이들이 있습니다. 하지만 한국어, 한글에 대한 지속적인 노력이 동반되지 않는 경우 두 언어 모두 제대로 발달하지 못하게 됩니다.

영어 유치원(유아영어학원의 통칭)부터 시작해서 오랜 기간 영어에 노출된 덕분에 영어회화가 자유로웠던 4학년 저희 반 똘똘이는 외국 경험이 전혀 없었음에도 언제나 제게 이렇게 말했습니다.

"나는 원해요, 물을."

또 오래 쌓아온 영어 독서 실력으로 〈해리포터〉 수준의 원서를 푹 빠져 읽었지만, 정작 교과서의 새로운 어휘와 내용을 이해하지 못해 사회, 과학 시간마다 온갖 인상을 찌푸렸습니다. 덩치가 큰 편이라 장난기 많은 친구들이 '오겹살'이라고 놀렸지만 당사자는 그 단어가 무슨 뜻인지 몰라 어리둥절하게 웃고 말았습니다. 영어와 그 밖의 과목들이 불균형하게 성장하는 모습이 안타까웠습니다.

일상생활과 성적의 핵심이 될 한국어 실력이 뒷받침되지 못한 것을 가볍게 여기며 영어만 잘하는 아이를 자랑스러워하던 아이 엄마의 모습이 생각나 안타깝습니다.

기준 2

한글 독서를 열심히 하고 있는가?

한글책을 이해하기 어려운 아이에게 학습 영어를 시키는 것은 말리고 싶습니다. (아직 읽기 독립 전이라 부모가 읽어주고 있다면 이것도 한글 독서에 포함됩니다.) 이유식을 충분히 먹으며 소화 기관의 자연스러운 적응과 준비를 기다리는 시기를 거쳐야 비로소 진밥으로, 쌀밥으로 넘어갈 수 있습니다.

적기가 있습니다.

그런데도 적기에 시작하면 이미 너무 늦어버린 것처럼 불안해하는 게 요즘 트렌드입니다. 효율을 생각하세요. 두 돌 때부터 애를 쓰고 간신히 7세에 알파벳을 읽기 시작한 아이와 1학년에 시도해서 바로 파닉스를 끝낸 아이. 앞으로 두 아이의 초등 영어 실력을 결정하는 건 '몇 살에 시작했느냐'가 아니라 '그래서 중·고등학교, 성인 시기에 어느 수준에 도달했느냐'입니다.

초등 영어의 로망인 〈해리포터〉를 비롯한 다양한 분야의 원서들을 읽어내는 초등 아이의 저력은 한글 독서에서 나오는 겁니다.

저는 저희 아이들이 가장 활발하게 영어에 노출되었어야 할 시기에 근근이 병설 유치원을 보내며 늘 불안했지만 지나고 보니 나쁘지 않았습니다. 영어에 노출되지 못하는 동안 한글책의 바다에 풍덩 빠졌거든요. 아파 누워 있는 엄마 옆에서 심심했던 아이들은 계속 책을 봤습니다. (저는 3년간 몸과 마음이 아팠습니다.) 읽지도 못하면서 보기만 했습니다. 마땅한 장난감이 없으니 책장을 넘겼습니다. 더듬거리며 한글을 읽기 시작하면서 생각하는 힘을 기르기 시작했습니다. 나중에 영어를 시작한 아이들이 확연한 속도를 보인 건 이 시기의 충분한 한글 독서 덕분이었습니다.

엄마인 제가 몸과 마음이 아픈 의욕 없는 생계형 직장맘이었던 게 나쁘지만은 않았습니다. 제가 조금 더 의욕적이고 건강하고 시간이 많았다면 지금 아이의 영어는 달랐을 겁니다. 분명히 지금보다 못했을 겁니다. 한글 독서를 다지지 않은 아이에게 영어를 들이대며 속도와 진도를 강요했을 겁니다.

힘들었던 그 시간이 신의 한 수였다는 생각을 합니다. 한글 독서로 단단하게 다지면서 올라가는 일이 멀리 돌아가는 것처럼 보이지만 가장 빨리 가는 길입니다. 아직 한글 독서가 충분하지 않아 보인다면 지금 당장 한글책을 펼치세요. 영어책은 그다음입니다.

기준 3
영어를 거부하지 않는가?

아이마다 다릅니다. 어릴 때 종일 영어 음원을 틀어준 덕분에 영어를 편안하고 자연스럽게 느끼고 받아들이며 성장하는 아이가 있습니다. 그러나 현실은 영어 좀 그만 틀라며 강하게 거부하는 아이가 훨씬 더 많습니다. 우리 아이만 그런 건 아니니 안심하세요.

강력히 거부하는 아이에게 억지로 시키면 하기는 합니다. 아이니까 부모에게 순종하여 지시를 따릅니다. 여기서 엄마들이 힘을 주고 욕심을 내기 시작하면서 영어가 너무 싫고 짜증 나고 스트레스받는 아이들이 생기기 시작합니다. 하지만 이때는 아이가 거부하는데도 바득바득 이어갈 만큼 중요하고 바쁜 시기가 아닙니다. 한 템포 늦추어 기다려도 괜찮은 시기가 초등이며 때가 되면 기다려준 만큼 시키지 않아도 속도를 내는 존재가 아이들입니다.

아이가 영어를 거부한다면 그 이유를 물어 확인하는 것도 열쇠를 찾는 방법이 됩니다. 저도 자꾸 거부하는 아이에게 서운해 물어본 적이 있는데요, 엄마 차로 이동할 때 좋아하는 노래를 듣고 싶은데 영어 음원을 들어야 하는 게 너무 싫다고 하더라고요. 그 부분을 개선하면서 한 템포 쉬었고요, 한참을 쉬고 나서는 힘을 쏙 빼고 다시 찬찬히 시작했습니다. 지금 와 생각해도 가장 잘했다 싶은 일은 아이의 이야기를 듣고 개선한 점, 힘 빼고 기다린 점입니다.

《십팔년 책육아》라는 책에서 아이를 자판기로 생각하라는 글을 읽은 적이 있습니다. 자판기는 동전을 넣으면 음료수가 반드시 나오고, 넣지 않으면 절대 나오지 않습니다. 아이에 따라 동전을 넣고 나서 음료수가 나오기까지 걸리는 시간이 다를 뿐이라는 거지요. 일단 넣어봅시다. 그리고 기다려보자고요. 제대로 넣어놓고 기다려야지요. 제대로 넣기 위해 초등에서 해야 하는 최고이자 유일한 방법, 영어 독서의 세계로 초대합니다.

어서 오세요, 참 잘 오셨습니다.

핵심 정보

영어 독서 단계별 책의 명칭과 특징

앞으로 이 책 속에서 만나게 될 몇 가지 주요 단계별 책의 명칭과 그 특징을 살펴보겠습니다. 실은 한글 독서에서도 똑같이 봤던 용어들이고 우리 아이가 읽고 있을 책인데 영어로 표현하니 거창하고 어려워 보이긴 하네요.

영어 독서의 단계는 다음의 표에 나오는 4단계가 전부예요. 심플하죠? 이 순서대로만 잘 밟아 올라가면 영어 독서는 완성입니다. 영어 독서의 완성은 생각과 기대보다 훨씬 많은 좋은 것들을 아이에게 가져다줄 거예요. 이 순서와 특징을 기억해두면 아이의 영어 독서를 지도하는 일이 만만해집니다.

| 영어 독서 단계별 책의 명칭과 특징 |

1단계. 그림책 (Picture Book)

- 독서를 처음 시작하는 어린 독자들을 위한 그림책
- 주로 그림 위주에 단어 또는 짧은 문장으로 구성되어 있어 그림에 관해 대화하면서 자연스럽게 읽어주는 용도로 적합하다.

2단계. 리더스북 (Reader's Book)

- 글자 읽기에 초점을 두어 스스로 읽기를 시작하는 단계의 읽기 연습용 책
- 파닉스와 사이트 워드 다음 단계이자 본격적인 영어 독서의 시작
- 대부분 시리즈로 구성되어 있고, 수준별로 단계가 구분된다.
- 〈옥스퍼드 리딩 트리(Oxford Reading Tree)〉 〈아이 캔 리드(I can read)〉 시리즈가 대표적이다.

3단계. 챕터북 (Chapter Book)

- 책 전체를 처음부터 끝까지 읽기 힘든 독자가 쉬었다가 읽을 수 있도록 여러 챕터로 구분되어 있기 때문에 챕터북이라 부른다.
- 보통 10권 정도의 시리즈물로 구성되어 있다.
- 약간의 삽화, 컬러가 포함되어 있는 재미있는 이야기책으로 초등 시기 영어 독서의 꽃이라 할 수 있다.

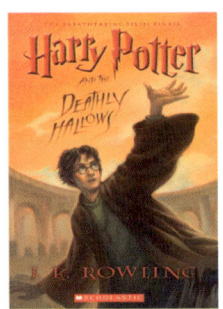

4단계. 영어 소설 (English Novel)

- 영어로 출간된 모든 책이 영어 원서에 속하지만 영어 독서 단계에서는 일반적으로 챕터북 이후의 소설책을 의미한다.
- 그림, 삽화, 말풍선 등의 장치 없이 오직 줄글로만 이루어진 소설 등의 글밥책
- 〈해리포터〉 시리즈가 대표적이다.

레벨업
꿀팁

자연스럽게 영어 노출 시작하는 법

의욕적으로 영어 교육을 시작하려는 엄마의 발목을 잡는 아이의 불평이 있습니다.
"엄마, 영어로 말하지 마세요. 영어 노래 틀지 마세요. 영어책 말고 한글책 읽어주세요. 영어는 하나도 이해되지 않아서 너무 답답하고 싫어요."
아이는 엄마 속을 몰라도 너무 모릅니다. 다 너 잘되라고 그 비싼 영어책 쟁이고, 엄마도 별로 듣기 싫은 영어 CD 틈만 나면 틀어놓고, 세이펜도 손에 들려줘 보고, 안 되는 발음으로 영어책도 읽어주는데 돌아오는 건 어째 시큰둥한 반응뿐입니다. 시큰둥하기만 하면 괜찮게요, 강하게 거부하기 시작하면 장사가 없습니다. 연애하다 바람 맞은 것처럼 서운한 맘이 들어 지금 내가 뭐 하는 건가, 싶어지지요. 우리 아이만 그런 건 아니니 일단 너무 심각해지거나 실망하지 마세요. 싫은 게 당연하다 생각해야 합니다. 무슨 의미인지 이해가 되지 않는 단계에서 보이는 자연스러운 모습이고요, 외국어를 습득하는 과정에서 누구에게나 한 번은 일어나는 과정입니다.
깜깜한 터널처럼 보이는 이 단계를 조금 덜 힘들게 지나기를 바라며 몇 가지 꿀팁을 공유합니다.

꿀팁1. 엄마가 엄마의 영어를 하세요

엄마는 아이의 연예인이라는 점, 기억하세요. 엄마가 자꾸 뭔가 재미있어 보이는 영어 영상을 쳐다보고, 혼자 영어 그림책을 보면서 킥킥거리면 아이는 궁금해집니다.
'저게 뭔데 엄마가 재미있어 하는 걸까? 나도 한 번만 볼까?'
길고양이와 친해지려면 밥에 참치 통조림을 살살 비벼서 오가는 길목에 놓아주고 몰래 지켜보는 것에서 시작하래요. 마음을 열 만한 미끼가 필요한 법이지요. 아이에게 필요한 건 '싫어도 해야 하는 숙제'가 아니고, '탐나는 엄마의 무언가'랍니다.
권하지 마세요, 그냥 엄마의 영어를 하세요.
쉽고 재미있고 간단한 내용을 담은 영어 라디오 채널을 듣고, 달달한 미드에 빠져보기도 하고, 아이를 위한 영어 그림책을 혼자 깔깔대며 읽어보세요. 엄마가 하는 건 다 따라 하고 싶고, 별것도 아닌데 엄마가 하면 괜히 좋아 보이는 아이의 심리를 이용해보세요.

꿀팁2. 쌍둥이 책, 쌍둥이 영상을 적극 활용하세요

영어가 싫은 이유를 들여다보면 거의 비슷합니다. 도대체 무슨 말인지 모르겠다는 거죠. 모르는데 계속 보고, 읽고, 듣고 있으니 답답함이 거부감으로 연결되기 쉬워요. 이럴 때 활용하는 것이 쌍둥이 책과 쌍둥이 영상입니다.

똑같은 내용이 한글과 영어로 동시에 출간된 책, 즉 한글 번역본이 있는 경우 이 두 권의 책(한글책, 영어책)을 쌍둥이 책이라고 불러요. 영상도 그렇습니다. 뽀로로 영상 중에 애니메이션의 내용은 완전히 일치하는데 언어가 한국어 버전, 영어 버전으로 각각 더빙되어 있는 것을 찾으세요.

물론 한글책, 한국어 영상을 하나씩만 골라 여러 번 보여줘야 합니다. 내용을 외울 수 있을 정도로 반복해서 보여주되 이것이 영어 노출을 위한 사전 작업이라는 건 눈치채지 못하게 해야 합니다. 내용을 외우게 할 욕심으로 너무 긴 시간(1시간 이상) 영상을 반복할 필요는 없고요.

기회를 살펴 아이의 기분이 괜찮을 때 영어 버전을 슬그머니 들이미는 겁니다. 내용이 훤하니 영어가 한마디도 안 들려도 지금 뽀로로와 크롱이 왜 갑자기 달려가는지 이해할 거예요. 그러고 나면 매일 쌍둥이를 보여주세요.

한글책을 읽어주고 나서는 쌍둥이 영어책을 읽어줍니다. 먼저 한국어로 뽀로로를 보고, 그다음 영어로 뽀로로를 보는 거예요. 반복하다 보면 어느 순간 아이도 자기가 영어를 이해하고 있다고 착각하면서 영어 자신감이 붙고 거부감은 덜해집니다.

꿀팁3. 지금이 아닐 수도 있어요. 한 발만 뒤로!

6세 정도부터 가정에서 자연스럽게 영어 노출이 시작되면 최상이지만, 아이의 속도와 취향에 따라서 그때가 적기가 아닐 수도 있어요. 우리 아이에게는 조금 이를 수도 있다는 거예요. 친구들보다 늦을 수는 있지만 아이의 때가 되면 그동안 늦게 따라가던 진도들을 단숨에 따라잡으며 충분히 속도를 낼 수 있다는 사실을 잊지 마세요.

우리 아이는 '영어를 거부하는 아이'가 아니라 '지금 영어를 거부하는 아이'일 거라는 이야기예요. 지금 만족스럽지 않은 모습을 보이는 아이가 내년 이맘때쯤 얼마나 훌쩍 성장할지는 아이 자신도 부모도 예측할 수 없습니다. 영어에 대한 특별히 안 좋은 기억이 있는 아이가 아니라면 한 발만 뒤로 물러나 생각해주세요. 그저 지금이 아닐 뿐이라는 매우 심플한 결론도 괜찮습니다.

지금 거실을 신나게 휘젓고 돌아다니는 이 아이는 겨우 몇 년 전, 걸음마가 늦고 말이 늦어 그렇게도 애태우던 그 아이라는 걸 늘 기억하세요.

엄마의 진짜 속마음

사실, 영어 유치원 보내고 싶었어요

실은 영어 유치원(유아영어학원의 통칭) 때문에 자존심이 많이 상했어요. 넉넉했다면 당연히 보냈을 텐데 말이에요. 보내고 싶었죠. 원어민처럼 종알대는 아이의 모습은 상상만 해도 설렜지만, 영어 유치원 원비는 당시 제 형편으로는 엄두도 낼 수 없는 금액이었어요.

영어 유치원을 보내는 동갑내기 아이를 키우는 친구가 묻더라고요. 왜 안 보내냐고요. 아이의 영어가 완전 빠르게 늘고 있어서 돈이 하나도 아깝지 않대요. 진심으로 만족스럽다네요. 그 친구의 형편이 괜찮다는 건 진작에 알고 있었는데도 영어 유치원으로 갈아타라는 친구의 말에 새삼스럽게 속이 뒤집어지더군요.

자존심 세기로 일등인 저는 대단한 영어 교육 철학이 있는 척 대답을 꾸며냈어요. 지금은 한글 독서에 집중하고 있다고요. 한글이 자리 잡히면 천천히 영어도 속도를 낼 거라고요. 퇴근하면 영어 그림책 한 권 안 읽어주고 설거지만 간신히 마치고 쓰러져 잠들던 시절이었으면서 말이죠.

모임 후 집에 돌아와 그 친구가 다닌다는 유명 프랜차이즈 영어 유치원 원비를 검색해보고는 며칠 밤잠을 설쳤습니다. 일주일에 영어가 고작 한두 시간밖에 안 되는 병설 유치원에 데리고 다니던 엄마는 영어 유치원 못 보내는 게 배가 아파 괜히 남편에게 심술을 부렸습니다.

아이 영어 교육이라는 큰 산 앞에서 낮은 숨을 뱉고 있을 대한민국 모든 엄마의 답답함, 두려움, 절망, 불안을 이해합니다. 돈 때문에 직장 때문에 (종일 보육이 안 되니까) 영어 유치원을 보낼 수 없는 엄마들의 초라함과 우울감은 절절하게 온통 제 마음이었습니다.

실은 저는 영어를 좀 하는 엄마입니다. 그런데도 정말 모르겠더라고요. 내 아이 영어의 방향은 도통 모르겠더라고요. 그래서 엄청 헤맸어요. 영어 좀 한다고 자신만만하던 저도 아이 영어 교육 앞에서는 똑같은 초보 엄마더라고요. 뭐가 이렇게 할 것들이 많고, 돈 들어갈 일이 많고, 선택지가 많은지 눈이 팽팽 돌아갔어요.

정보가 늘어갈수록 괴로워졌습니다. 지금 영어 때문에 고민하시는 그 심정을 진심으로 충분히 이해할 수 있는 이유랍니다. 내가 영어를 잘하는 것과 아이 영어 교육의 방향을 잡는 일은 완전히 다른 세계였거든요. 그걸 모르고 자신만만해 하다가 정신을 차리고 보니 큰맘 먹고 장만한 영어 전집에는 뽀얗게 먼지가 쌓여 있었고, 툭하면 영어 노래를 틀어대는 엄마 때문에 아이들은 '제발 영어 좀 그만'이라고 마음을 닫아버렸더라고요.

이 책을 쓰기로 결심한 이유입니다. 넉넉지 못한 형편의 욕심 많은 엄마가 영어 잘하는 아이로 키우기 위해 했던 수많은 시행착오, 시도, 정체기와 성장기를 빠짐없이 공유하기 위함입니다. 예전의 저처럼 영어라는 큰 산 앞에서 길을 잃고 멈추어 서 있는 엄마들, 영어 유치원을 보내지 못해 속상하고 미안한 마음을 감추어야 했던 엄마들, 영어 유치원 대신 영어 수업이 조금이라도 더 많이 배정된 유치원을 찾아다녀야 했던 엄마들에게 문제를 해결할 수 있는 열쇠를 드리고 싶습니다.

짧지 않은 시간 동안 고민하며 깨달은 가장 다행스럽고 명백한 사실은 영어 잘하는 부모와 영어 유치원은 초등 영어의 필수 환경이 아니라는 거예요. 영어를 상대적으로 조금 더 빠르게 익힐 수 있는 다행스러운 환경인 것은 틀림없지만, 그 또한 영어를 잘하기 위한 다양한 도움 중 일부일 뿐이에요. 이 두 가지 환경을 모두 갖췄다고 해도 영어 성적을 장담하기 힘들고, 반대로 두 가지 모두 없어도 아이의 영어는 충분히 성장할 수 있습니다. 영어를 좀 하는 엄마도 아이의 영어는 똑같이 0에서부터 시작해야 하고, 영어 유치원에서 영어에 노출되는 시간만큼 한글은 부족해질 수밖에 없습니다.

영어를 잘 알지 못하는 엄마도, 영어에 많은 돈을 쓸 수 없는 엄마도 누구나 내 아이에게만큼은 가장 훌륭한 영어 코치가 될 수 있습니다. 오늘부터 당장 하나라도 시작할 수 있도록 이 책을 통해 그 방법을 알려드리겠습니다.

영어 유치원을 보내지 못한 엄마는 초등 아이의 영어가 막히고 아이가 영어를 거부할 때마다 유치원을 고민하던 그 시절로 타임머신을 탑니다. 그때 무리하더라도 영어 유치원을 보냈어야 했나, 그때 병설 유치원이 아니라 원어민 교사가 상주한다던 유명한 그 유치원에 보냈어야 했나, 하며 본인의 선택과 형편을 자책합니다.
그러지 마세요. 당시의 나는 내 육아의 상황에서 최선의 선택을 했고, 모든 선택에는 얻은 것만큼이나 잃은 것이 있었을 뿐입니다.
중요한 건 지금부터예요. 영어 유치원에 보내지 못해 아쉬운 마음이 있었다면 그 마음을 영어 독서에 온전히 쏟아보세요. 영어에 제대로 노출되고 실력을 쌓아가야 할 결정적 시기는 초등이거든요. 이미 지나간 것들에는 조금도 마음 쓰지 마세요.
오늘부터 하나씩 시작하고 해결해간다는 마음으로, 아무것도 늦지 않았다는 여유로운 마음으로 영어 독서라는 열쇠를 만나보세요.

CHAPTER 02.

영어 독서 준비 ①
그림책 읽어주기

영어 그림책 읽어주기의 원칙

흥미 유발 단계를 넘어 본격적인 영어 노출의 첫 단계인 영어 그림책 읽어주기에 관해 알아보겠습니다. 한글도 모르는 아이에게 영어 그림책을 읽어주는 것이 어떤 의미가 있을까요. 아이를 무릎에 앉혀놓고 영어 그림책을 펼쳐서 읽다 보면 계속 궁금해집니다.

'도대체 아이는 이 책의 내용을 얼마나 이해하고 있을까?'

'이해되지 않는 책을 계속 읽는 게 아이에게 도움이 될까?'

읽어주기 피곤한 날이면 이런 식의 의문과 의심이 더욱 강하게 듭니다. 그렇게 흐지부지되는 겁니다. 이해하지 못하는 게 당연하다는 마음으로 너무 열심히 말고, 적당하게 쉬엄쉬엄 그러나 꾸준히 조금씩만 읽어주면서 가보세요.

영어 그림책 읽어주기의 몇 가지 원칙을 아는 상태에서 시작하면 지속할 가능성이 훨씬 높습니다. 지금 내가 아이에게 해주고 있는 습관이 아이에게 어떤 도움이 되는지, 무엇 때문에 이렇게 지속해야 하는지를 기억하고 있으면 자주 흐트러지고 포기하고 싶은 마음을 다스리기가 좀 낫습니다. 대단히 잘하려고 하기보다는 안 하는 것보다는 낫겠다, 싶은 마음으로 근근이 가세요. 안 하는 것보다는 훨씬, 아주 훨씬 나은 것 맞습니다.

이것 말고 다른 어떤 방법이 있을까요? 무섭게 설명하며 억지스럽게 이해를 끌어내거나 한국어보다 영어에 더 장시간 노출하면 조금 더 빠를 수는 있습니다. 그러나 그런 방법으로는 고작 영어 그림책 내용을 더 빨리 이해하게 만드는 것 말고 크게 얻을 것이 없습니다. 길고 어려운 글도 척척 읽어내는 독서력 높은 아이들에게는 한글책이든 영어책이든 엄마가 그림책을 꾸준히 읽어주었다는 공통점이 있다는 사실을 기억해야 합니다.

영어도 언어, 원리는 같습니다

까막눈인 아이가 영어를 듣고, 읽고, 이해하기 위해서는 아이가 좋아할 만한 큼직한 그림에 영어 몇 글자가 얹힌 그림책이 최고입니다. 한글과 영어는 문자로의 접근 과정이 똑같습니다. 그림책으로 시작하면 됩니다. 영어라는 새로운 언어에 어리둥절한 아이가 거부감 없이 또 하나의 언어를 받아들이는 것이 일차적인 목표입니다. 욕심을 부린다고 아이가 그에 맞는 속도를 낼 리 없습니다.

이렇게 말씀드리는 저도 민망하지만 싫다는 애들에게 매일같이 영어책을 들이대던 조급한 엄마였습니다. 욕심 많은 엄마 때문에 영어를 거부하게 만드는 데에는 확실하게 성공했습니다. 마음은 급한데 원리를 이해하지 못해서 저질렀던 실수를 회복하는 데 3년 넘는 시간이 걸렸습니다. 저와 같은 실수는 하지 않으셨으면 합니다. 영어 독서를 위한 가장 중요하고 필수적인 과정이지만 결코 서두를 필요가 없는 단계라는 것만 기억해주세요.

원칙 2
모국어를 점검하세요

나이보다 중요한 건 아이가 지금 모국어인 한국어로 의사소통이 충분히 되는지, 한국어 어휘가 자연스레 확장되고 있는지, 한글 읽기에 관심을 보이고 말과 글의 관계를 이해하고 있는지가 점검 포인트입니다. 그때가 비로소 영어 그림책을 슬슬 펼칠 시기입니다.

한글책을 다섯 권 읽었다면 영어책도 한 권 슬쩍 읽어주는 정도면 되고요, 일주일에 6일은 한글책을 읽어주고 있다면 나머지 하루 정도는 영어책을 시도하며 점차 그 횟수와 양을 늘려가면 됩니다.

언어 발달의 적기를 외치면서 조기 교육을 부추기는 사회의 분위기를 잘 알고 있습니다. 한국어가 서툴고 한글을 어려워하는 아이가 3세부터 영어 몰입 교육을 받다가 함구증 진단을 받고 한국어로도 영어로도 말하지 않게 됩니다. 곧잘 보던 한글책도 거부해버립니다. 작은 것을 위해 큰 것을 희생하지 마세요. 한글책 좋아하는 아이가 영어책도 좋아합니다. 책을 사랑해야 영어책도 기꺼이 읽어낼 마음이 생깁니다.

원칙 3
내 아이의 적기를 확인하세요

돌쟁이 아이에게, 더 정확히는 돌도 되기 전의 아이에게 한글로 된 책을 구해 와 읽어주기 시작했을 겁니다. 《달님 안녕》하면서 손을 들어 흔들어 보이고 《사과가 쿵》하면서 빨간 사과를 짚어줬습니다. 이 시기의 아이가 책 속 단어와 문장의 의미를 모두 이해할 거라 기대하며 읽어주는 부모는 없습니다. 읽어주고 나서 책의 내용을 제대로 이해했는지 점검하기 위한 질문을 던지며 정답을 바라는 부모도 없습니다.

본격적으로 영어 그림책을 함께 읽는 건 6세 전후를 추천합니다. 너무 이르게 시작하지 않았으면 합니다. 한글 그림책에 풍덩 빠진 아이의 손에서 억지로 한글책을 뺏고 영어책을 들려줄 필요가 없어요. 한글책을 충분히 읽는 것은 영어책을 위한 가장 중요한 과정이기 때문에 영어에 관심을 보이지 않는 아이를 불안하게 바라볼 필요가 없습니다.

아이의 학습은 시작이 빠르다고 도착이 빠르다는 보장이 없습니다. 언제가 적기일까를 고민하며 너무 늦지 않게 가겠다, 정도의 원칙이면 충분합니다.

원칙 4
내용을 확인하지 마세요

더 정확하게 표현하자면, 책 내용을 확인하지 않는 것은 물론이고 아이가 내용을 이해하기를 기대하지 마세요. 이해하지 못할 거라고 생각하고 그냥 꾸준히 읽어주기만 하세요. 자녀 교육의 성패는 '누가 더 인내심 있게 기다리느냐'에 달렸습니다. 지치지 말고 그만두지 말고 꾸준히만 하면 됩니다.

영어 그림책을 읽는 과정에서 자연스럽게 알게 되는 단어가 생겨나고 그림의 도움 없이 내용을 어느 정도 이해하게 되는 날도 있을 거예요. 이해하고 있는지 궁금해서 바짝 대들며 더 자세히 설명해 보라고 하거나 책 속 단어의 뜻을 물어보지 마세요. apple이 무슨 과일이냐고, elephant가 어떤 동물이냐고 자꾸 묻지 마세요. 때 되면 다 알게 될 단어 몇 개 때문에 영어를 싫어하게 만들지 마세요.

아이의 첫 영어 그림책 선택 기준

한글책도 그랬지만 영어책 선택은 더욱 어렵게 느껴질 겁니다. 먼저 여유를 가지세요. 부모인 나의 선택 때문에 아이의 학습, 성적, 인생이 크게 달라지거나 나빠지지 않을 것이라는 여유로운 마음가짐이 필요합니다.

엄마가 영어를 잘 몰라 자신 없을 수 있지만 조금만 더 알아보고 노력하면 정보는 가득합니다. 몸은 계속 아프고 주변에 물어볼 곳 없는 직장맘이었던 저는 시행착오를 겪어가며 더 나은 방법을 알아가는 것밖에는 별다른 방법이 없었습니다. 어쩔 수 없이 제가 할 수 있는 최대한의 시도를 해가며 몸으로 마음으로 깨닫게 된 영어책 고르는 기준을 공유합니다.

기준 1
아이의 취향을 최우선으로

가장 좋은 영어 그림책을 꼽아보라면 세계적인 수상작들 목록이 거론될 수 있겠지만 '내 아이에게 가장 좋은 영어 그림책'은 다릅니다. 영어책 선택의 기본 원칙은 아이의 취향을 적극적으로 반영하는 것입니다. 다들 대박 났다는 책이라도 내 아이에게는 전혀 관심 밖의 이야기일 수 있습니다. 수상작, 필독서, 추천 도서 목록에 크게 연연할 필요가 없는 이유가 여기에 있습니다.

아이가 궁금해하는 이야기, 읽으면서 재미있다고 느낄 이야기가 담긴 책을 스스로 고르게 해주어야 합니다. 아이의 취향, 관심사, 흥미, 선택이 함께 읽을 그림책을 선정하는 가장 중요한 기준이 되어야 합니다. 본인이 궁금해하는 이야기는 시키지 않아도 펼쳐보게 되고 그래야 한 쪽이라도 더 읽게 되겠지요. 아이의 취향을 존중하면 독서 수준을 높이는 데 기대 이상의 빠른 속도를 경험할 수 있는 이유입니다. 아이는 취향을 저격하는 한 권의 책을 닳도록 보면서 시키지 않아도 자연스럽고 편안하게 영어 독서의 세계로 빠져들게 됩니다.

자동차에 열광하는 아이에게 풀벌레의 우정을 노래하는 수상작을 들이밀 필요가 없습니다. 곰을 사랑하는 아이라면 곰이 정답입니다. 이 기준은 이후의 영어 독서 전 과정에 똑같이 적용될 텐데요, 아이의 첫 영어책이 될 그림책부터 시작입니다. 수상을 통해 검증된 책이라면 당연히 좋겠지만, 아니어도 괜찮습니다. 아이가 영어로 된 책도 재미있구나, 라고 느낀다면 제대로 고른 것입니다.

기준 2
살짝 쉬운 책 vs. 살짝 어려운 책

아이 수준보다 살짝 어려운 책, 조금 더 다양한 어휘가 등장하고 문장이 길고 글밥이 많은 책을 읽어주고 싶은 마음, 충분히 이해합니다. 그렇게 해야 독서 수준이 올라갈 것 같고 실력이 쑥쑥 성장할 것 같지요. 다양한 소재의 책을 소개해주고 싶은 마음이라면 괜찮지만 조금 더 어려운 책을 통해 실력을 빠르게 올리고 싶은 마음이라면 통하지 않을 겁니다.

아이의 수준이 어느 정도인지 파악하기 어렵고, 이제 막 그림책을 읽기 시작했으며, 아이가 영어책에 큰 흥미를 보이지 않는다면 아이에게 살짝 쉽게 느껴지는 책이 정답입니다. 영어 그림책의 수준과 아이의 영어 실력이 정비례한다면 무리해서라도 어려운 책에 도전하는 게 맞겠지만, 그렇지 않은데도 억지로 어려운 책을 들이밀면 '영어는 어렵고 무슨 말인지 모르겠고 재미없어'라는 비호감이 남습니다.

부모의 욕심만큼 성장할 수 있다면 욕심 많은 부모 밑에는 빠르게 성장하는 아이가 있어야 맞는데 주변을 찬찬히 보세요. 잔소리를 많이 할수록, 사교육 비용을 많이 쓸수록, 수준보다 어려운 교재로 공부할수록 정말 그 결과가 비례하는지 찬찬히 둘러보세요. 통계는 거짓말을 하지 않습니다.

다행인지 불행인지 부모의 욕심은 결과물을 만드는 데 그다지 도움이 되지 않습니다.

기준 3
수상작은 필독서가 아니에요

어떤 책을 읽어줘야 할까를 고민하다가 몇 번만 검색해보면 '수상작'이라는 단어가 눈에 들어옵니다. 솔깃해집니다. 지금 집에 영어 그림책이 한 권도 없어서 뭐라도 좀 들여야 하는데 마땅한 기준이 없다면 수상작 중 골라보는 것도 괜찮습니다. 하지만 흥미를 보이지 않는다면 아쉽게도 내 아이의 영어에 도움을 기대하기는 어렵습니다.

내 아이와 내가 함께 볼 그림책은 미국 도서관협회가 선정한 도서일 필요는 없습니다. 아이가 직접 고른 책이어야 한다는 원칙이 흔들리면 안 됩니다. 수상의 의미를 잘못 이해하면 아이와 영어는 쉽게 멀어지게 됩니다. 유난히 정성스럽게 그려진 삽화와 어린이의 눈높이에 맞춘 내용은 아이의 정서적, 지적 욕구를 채워주고 책을 사랑하게 만드는 마중물 같은 역할을 해줄 수는 있지만 모든 아이에게 같은 효과를 주지는 못합니다.

아래는 미국의 대표적인 두 가지 아동 문학상입니다.

◆ **칼데콧 상(Caldecott Medal)**
미국 어린이 도서관협회에서 매년 그 전해에 가장 뛰어난 어린이 그림책의 삽화가를 선정하여 주는 문학상이다. 아동문학 작가에게 수여하는 뉴베리 상과 함께 '그림책의 노벨상'이라 불린다.

◆ **뉴베리 상(Newbery Awards)**
해마다 가장 뛰어난 아동 도서를 쓴 사람에게 주는 상으로 아동 도서계의 노벨상이라 불린다. 독서에 대한 어린이들의 관심을 높이고, 아동 문학가들의 창작욕을 북돋우기 위해 제정된 미국의 아동 문학상이다.

• 출처 : 네이버 지식백과

기준 4
영어책값 많이 쓰지 마세요

엄마표 영어에 관한 착각 중 하나가 학원비와 맞먹을 만큼의 책값이 든다는 오해입니다. 그렇게 적지 않은 돈을 써야 한다면 학원에 보내는 게 낫지 않은가요? 엄마와 진행하는 영어 독서가 아이의 정서적인 부분에 큰 도움이 되는 건 사실이지만 가정 경제에도 도움이 되어야 마땅합니다. 최소한 매일 마주 앉아 씨름하는 엄마의 인건비는 남아야 합니다.

저희 아이들의 첫 영어 그림책은 아파트 재활용 분리수거 하는 곳에 고이 버려져 있던 스무 권 정도의 전집이었습니다. 출판사도 작가도 기억나지 않습니다. 물티슈로 쓱쓱 닦고는 읽고 또 읽었습니다. 그중 아이가 좋아하는 책이 생기면 다섯 번, 열 번도 반복해서 읽어주었습니다. 일곱 살의 아이는 엄마랑 나란히 앉아 읽는 그 시간이 좋았을 뿐입니다.

중고나라, 당근마켓, 맘카페, 개똥이네, 알라딘 중고 서점 등 중고 책을 저렴하게 구입할 수 있는 통로가 다양해지고 있습니다. 도서관마다 다양한 영어책이 넘쳐납니다. 영어 그림책을 사기 시작하는 미취학 시기부터 두꺼운 원서가 필요해지는 중·고등 시기까지 빌린 책과 중고 책으로 근근이 이어가도 괜찮습니다. 책값을 최대한 아끼세요. 영어책값 말고도 돈 들어갈 일은 무수합니다.

영어 그림책 매일, 꾸준히 읽어주는 방법

　　영어 그림책 읽어주기를 시작해보겠습니다. 이미 진행하고 있더라도 계속 고민되는 부분이 있을 텐데요. 흔한 고민을 함께 짚어봅니다.

　　영어 그림책 읽어주기의 기본 원칙은 이후 리더스북, 챕터북으로 진행될 때 만나는 고민과 크게 다르지 않기 때문에 이미 이 단계를 넘어섰다 해도 분명 도움이 되실 거예요. 또 그림책 단계를 지나고 나서도 계속 읽어달라고 하는 아이를 위해서도 그렇습니다.

　　어떤 책을 언제부터 얼마나, 어떤 발음과 억양으로 읽어줘야 할까요?

매일, 조금씩, 자주

한글책을 매일 다섯 권 정도 읽어준다면 영어책 한 권을 추가하는 정도면 충분합니다. 평일에 도저히 시간이 나지 않는다면 주말에 한 권만 읽어주세요. 영어라는 또 하나의 언어가 있다는 사실을 알고, 자연스럽게 받아들일 수 있으면 충분합니다. 단언컨대, 단어 몇 개 더 빨리 알게 된다고 해서 아이의 영어 독서력이 엄청 빠르게 늘지는 않습니다.

지나친 열정은 쉬이 식습니다. 그림책 단계에서부터 지치면 앞으로 10년 넘는 긴 기간을 버틸 힘이 없지요. 날마다 혼을 담아 열정적으로 읽지 않아도 괜찮습니다. 매일 너무 많이 읽어주지도 마세요. 오늘 기운이 넘쳐 열 권 읽고, 내일 목이 아파 못 읽어주는 것보다 매일 한 권, 혹은 5분씩 꾸준히 읽어주는 것이 훨씬 좋습니다.

지루한 부분 과감히 생략하기

읽어주다 보면 아이의 집중력이 흐트러지는 순간이 올 수 있어요. 한글책은 내용을 이해하기 때문에 다음 내용이 궁금하고 기다려지는데요, 영어책은 아직 그 단계가 아니기 때문에 당연한 모습입니다. 좋아하는 동물이 사라져버린 페이지, 이야기가 진행되지 않고 라임이 반복되는 페이지, 글밥이 유난히 많은 페이지, 그림이 없어서 전혀 이해되지 않는 페이지 등 아이의 집중력을 빼앗는 부분은 과감하게 뛰어넘어도 괜찮습니다. 좋아하는 페이지만 반복해서 읽어달라고 해도 괜찮습니다. (엄마의 지겨움이 관건이겠지만요.)

이 단계의 아이는 아직 책 전체 이야기를 이해하며 다음 사건을 예상하고 기대할 만큼 이야기 구조에 익숙하지 못합니다. 엄마가 무릎에 앉혀놓고 읽어주는 그 시간이 좋고, 좋아하는 동물이 나오는 그림이 재미있을 뿐이에요. 좋아하는 페이지 위주로 즐겁게 읽는 것으로 충분합니다. 내용의 흐름대로 이해하고 알아가고 있는가는 크게 신경 쓰지 마세요.

방법 3
되도록 천천히 음미할 시간 주기

한글책도 그렇지만 영어책은 더욱 급하게 읽을 필요가 없습니다. 그래서 몇 권을 읽어주었는지는 크게 중요하지 않습니다. 애써 그 속도를 늦추는 것도 좋습니다. 느릿느릿 읽으면서 아이가 영어를 듣고 보는 시간 동안 많은 생각을 할 수 있게, 그 안에서 뛰어놀 수 있게 해야 합니다. 몸이 피곤해 빨리 읽어주고 쉬고 싶다면 한 권 전체를 다 읽기보다는 두 페이지만 읽더라도 천천히 음미할 시간을 주는 것이 훨씬 좋습니다.

쫓기듯 후다닥 끝내버린 한 권보다 한 쪽을 보더라도 충분히 생각하고 음미하도록 해주었다면 의미 있는 시간이었다고 믿으세요. 어차피 훌륭한 발음과 억양이기는 힘들기 때문에 원어민 음원처럼 빠르고 부드럽게 읽어주려고 애쓰기보다는 천천히 소리 내어 읽어주면서 자신감 넘치는 모습을 보여주세요.

방법 4
원하는 만큼 반복하기

전집 중에서도 꼭 좋아하는 한 권에 꽂혀 그것만 읽어달라고 하는 경우가 있지요. 축하할 일입니다. 그 책을 계단 삼아 다음 단계로 가는 준비를 하는 중이거든요. 그 한 권 중에서도 유난히 특정 페이지만 반복해서 읽어달라고 하기도 할 거예요. 한 권을 끝까지 읽어주고 싶은 마음에 책장을 넘기려는 엄마와 여전히 그 페이지에 머물고 싶은 아이의 신경전이 벌어질 수도 있어요. 아이가 원하는 만큼 반복하는 것이 최고의 방법입니다.

다시는 안 보려는 책을 억지로 처음부터 끝까지 읽힐 필요는 없습니다. 계속 한 권만 들고 오는 아이를 불안하게 바라볼 필요도 없습니다. 그 책을 좋아하고 계속 보고 싶어 하는 그 마음을 알아주고 격려해주세요. 얼마 지나지 않아 그 책을 고마워하게 될 겁니다. 오직 한 페이지라도 좋으니 반복하기 원하는 곳이 있다면 외워질 만큼 끝없이 반복해주세요.

방법 5
발음 따위 신경 쓰지 않기

그래도 이왕이면 아이가 조금 더 나은 발음에 노출되는 것이 좋지 않겠냐는 아쉬움이 듭니다. 하지만 아쉬워할 시간에 한 권이라도 더 읽어주면 그게 실속 차리는 일입니다. 영어라는 새로운 언어의 음성과 문자가 어떻게 연결되는지를 엄마 무릎에서 눈치채도록 해주세요. 엄마가 이렇게 읽는 걸 보니 나도 언젠가 읽을 수 있겠다 싶은 자신감을 갖게 해주세요. 뭐 그렇게 어렵거나 대단한 일은 아니구나, 나도 엄마처럼 한번 읽어볼까 싶은 생각이 들면 성공입니다.

아이는 엄마가 읽어주는 영어 그림책을 시작으로 상당히 다양한 영어 발음에 노출될 겁니다. 엄마, 아빠의 발음으로 시작하지만 결국 미국식, 영국식 원어민 발음으로 공부하게 될 거예요. 엄마의 발음은 아이가 앞으로 학교에서 사회에서 경험하게 될 무수한 영어 발음 중 한 종류입니다. 미국식, 영국식, 호주식, 필리핀식처럼 나라마다 다양한 발음이 있고, 우리가 사랑하는 한국식 발음도 다양한 영어 발음 중 하나입니다.

뻑뻑하고 촌스러운 한국식 영어 발음이라도, 괜찮습니다. 한글책 읽듯 똑똑 끊어 읽어도 괜찮습니다. 토익 시험의 듣기 영역에는 미국, 영국, 호주, 캐나다의 발음이 모두 등장합니다. 다양한 발음에 노출되는 건 결과적으로 아이의 듣기 능력에 해로운 게 아니에요. 아이가 내 발음을 흉내 낼까 걱정하지 마세요. 그럴 정도로 꾸준하게 엄청 많이 읽어주는 부모는 극히 드물고요, 그보다 빠르게 영어 영상 속 원어민 발음을 흉내내기 시작할 거예요.

영어 그림책 단계의
파트너 활용법

아이에게 한결같이 친절하게 혼을 담아 영어 그림책을 읽어주는 일은 불가능합니다. 살림, 육아에 교육까지 온전히 감당하는 보통의 대한민국 엄마는 항상 바쁘고 시간에 쫓깁니다. 그래서 혼자 완벽하게 하려고 하면 못할 일이 영어 독서 공부법입니다. 영문학을 전공했다고 해서, 영어 강사라고 해서 쉽게 할 수 있는 일도 아닙니다.

도움을 받을 만한 괜찮은 파트너들이 많습니다. 금액, 상황, 취향, 성향에 맞게 잘 활용하면 완벽하지는 않아도 그럭저럭 앞으로 계속 갈 수는 있습니다.

김연아 선수의 엄마는 스케이트 선수 출신도 아니고 취미로라도 스케이트를 즐겼던 사람은 더더욱 아니라고 합니다. 김연아 선수 엄마의 인터뷰를 인용해봅니다.

"스케이트라는 운동이 힘들고 중간중간 고비가 많은 운동인데 그때마다 아이가 어떻게 현명하게 헤쳐나갈 수 있을지를 도와주는 것이 엄마의 역할이었습니다. 악역은 도맡아 했고 안쓰러울 때도 많았지만 그걸 이겨내게 해야만 하는 것이 엄마의 역할이었고, 이제 웬만한 코치보다 스케이트를 더 잘 아는 전문가가 되었습니다."

'스케이트'라는 네 글자 대신 '영어 독서'를 넣어보세요. 전업주부였던 연아 선수의 엄마가 이제는 웬만한 코치보다 더 전문가가 되었대요. 그 모든 다단한 과정을 함께 이겨낸 아이를 가장 사랑하고 가장 기대하는 코치, 바로 우리가 될 겁니다. (악역을 맡을 필요는 없지만요.)

영어 그림책 단계부터 시작해서 리더스북 단계까지 활용할 수 있는 음원 자료 파트너들을 소개합니다. 언제든 지칠 땐 이것들과 함께 아이를 좀 방치해도 괜찮습니다. 아이의 공부에서 매일 뚜렷한 결과를 기대할 수는 없어요. 눈에 보이지 않는 꾸준함을 쌓아가는 과정이라고 생각하세요. 아직 동생이 어리고, 엄마는 지쳤고, 아빠는 바쁜데 어찌 매일 완벽한 공부가 가능할까요.

시간과 에너지를 아끼기 위해 손빨래를 하지 않고 세탁기를 쓰는 것처럼 아이의 영어 독서 독립을 위해 활용할 수 있는 건 뭐든 활용하면서 엄마의 에너지를 아끼고, 더 중요한 일에 쓰세요.

오디오 음원

    책 중에서도 CD가 첨부되어 있거나 MP3 파일을 제공하는 책이 있다면 활용해보세요. 영어책을 보며 자주 들었던 익숙해진 음원을 차를 타고 갈 때 틀어줘도 좋습니다.

    책으로 읽은 내용이 아닌 낯선 음원을 계속 틀어주는 것은 아이가 그 내용을 이해하지 못하고 재미없다고 느끼기 때문에 지속하기 어렵습니다. 책을 볼 때 함께 여러 번 들었던 음원은 음원 하나만으로도 재미있어 하고 상상하게 하는 힘이 있습니다.

    눈으로는 책을 보면서 동시에 그 내용을 음원으로 들어서 익숙해진 이야기라면 나중에 음원만 따로 들어도 저절로 상상이 되기 때문에 아이가 재미있게 귀를 기울일 수 있어요.

| CD가 첨부된 영어 그림책들 |

파트너 2
세이펜

　책 속 문장을 콕콕 찍으면 그 문장을 원어민의 발음으로 읽어주는 세이펜을 활용해보세요. 세이펜은 원어민의 깔끔하고 정확한 발음으로 책을 들려줘 어린이 영어 독서의 필수품으로 알려져 있습니다. 퇴근하고 바쁘게 저녁을 준비하는 시간, 이미 충분히 읽어줬는데 또 읽어달라고 할 때, 어떻게 읽는 거냐고 궁금해하는데 하나씩 알려줄 여유가 없을 때 활용하세요.

　금액이 저렴하진 않지만 중고를 구입하는 방법도 많아지고 있습니다. 그 성능과 발음이 종류별로 크게 차이 나지는 않으니 가성비를 따져 선택해도 크게 무리가 없습니다. 리더스북으로 추천하는 〈옥스퍼드 리딩트리(O.R.T.)〉 시리즈를 구입할 때 세이펜이 포함된 세트 구성도 있으니 어느 정도 활용할 수 있을지를 예상해보고 결정하세요. 절대, 필수는 아니에요. (저는 활용하지 않았습니다. 당시 제게는 부담스러운 금액이었거든요.) 세탁기처럼 진공청소기처럼 도움받기 편한 존재 정도로 생각하면 됩니다.

　O.R.T. 세이펜 기능 중에는 책 표지의 음표 아이콘을 찍으면 음율에 맞춰 한 문장을 세 번씩 노래를 부르듯 따라 하는 기능이 있습니다. 바쁜 저녁 시간, 아이 혼자 즐겁게 영어책을 볼 수 있도록 도와주지요.

오디오 클립

　네이버에서 제공하는 무료 음원 제공 서비스입니다. 영어뿐만 아니라 인문, 사회, 교양, 육아 등 다양한 분야에서 도움받을 만한 이야기가 담겨 있는데요, 그중 '외국어 동화' 카테고리에 가면 아이에게 들려줄 만한 재미있고 쉬운 수준의 동화가 업로드되어 있습니다.

　채널마다 성우의 발음, 성별이 다르고 영어 동화의 수준, 길이가 다양해서 골라 듣는 맛이 있습니다. 책을 읽어주지 못해 찜찜한 마음이 들 때, 이동 중에 간단히 들을 거리가 필요할 때, 잠자리에서 영어를 들려주고 싶을 때 아이에게 선택권을 주고 직접 골라 듣게 하면 좋아할 거예요.

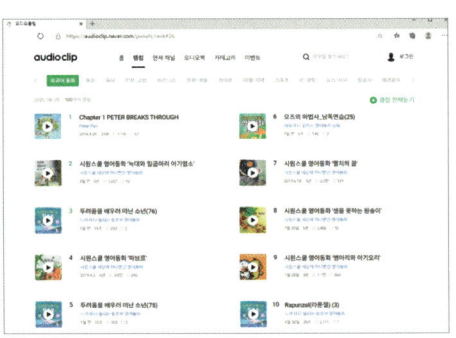

| 네이버 오디오 클립 '외국어 동화' |

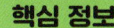

핵심 정보

아이와 함께 읽을
영어 그림책 추천 목록

No, David! (노 데이빗)

하지 말라는 짓만 골라 하는 데이빗이 못마땅한 엄마는 그만하라는 말을 반복합니다. 천진한 데이빗의 장난이 아이들을 웃게 만드는 유쾌한 그림책이에요. 작가가 어린 시절에 실제로 했던 행동과 엄마의 반응을 바탕으로 만든 이야기라니 더 공감됩니다.

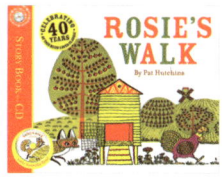

Rosie's Walk (로지의 산책)

작가 특유의 유머러스한 관찰력이 빛나는 작품으로, 단 하나의 문장과 32개의 단어로만 이루어져 있습니다. 로지의 산책길을 따라가면서 위치나 공간을 나타내는 전치사의 쓰임을 익히고 농장 동물들의 특징을 살펴보는 시간을 갖는 것도 유익합니다.

Are You Ready To Play Outside? (밖에 나가 놀까?)

유아원서 시리즈인 〈An elephant & Piggie Book(엘리펀트 앤 피기 북)〉 시리즈 중 한 권이에요. 코끼리와 돼지가 주인공인데요, 두 주인공이 친근하고 일상적인 모습으로 놀고, 대화하는 모습이 재미있어요. 밖에 나가 놀 때 가장 아이답고 즐거운 마음을 그대로 표현하는 동화지요. 친근하면서도 교훈을 담고 있어 엄마와 아이 모두에게 사랑받는 동화책입니다.

The Pigeon Wants a Puppy! (비둘기는 강아지를 원해요!)

작가 모 윌렘스의 〈Pigeon(피존)〉 시리즈 중 한 권이에요. 이 작가의 책은 하나같이 창의적이라 아이와 함께 읽다 보면 웃음이 피식 나올 거예요. 애완동물을 갖고 싶어 하는 비둘기의 간절한 마음이 담겨 있는 이야기는 바로 우리 아이들의 모습이 아닐까 싶습니다. 시리즈 전체가 재미있어요. 이 책을 본 아이의 반응이 좋다면 시리즈 전체를 추천해요.

▶ [1단계 그림책 베스트 50] 부록(※322쪽)에 계속

> 레벨업
> 꿀팁

아이가 영어책을 좋아하게 만드는 법

영어 독서 한 가지만으로 완벽하게 입시를 대비할 수 있다고 장담할 수는 없지만 영어 독서를 하지 않으면 절대로 좋은 성적은 기대할 수 없습니다. 영어 독서를 바탕으로 문법도 교정해가고 단어도 보충할 겁니다. 그래서 좋아하게 만들어야 합니다. 미치도록 싫은데 매일 해야 한다면 그것처럼 지옥 같은 일이 없겠지요.

초등 영어 공부 핵심 목표는 우리 아이가 '나는 영어책을 읽을 수 있고 영어책을 읽는 일은 좀 어렵긴 하지만 재미있어'라는 생각을 하게 만드는 일이라고 생각하면 간단합니다.

영어를 얼마나 정확하게 '듣고 이해할 수 있는가', '읽고 이해할 수 있는가'를 증명하는 입시를 대비하기 위한 첫발을 내딛었습니다. 방향과 목표를 설정했다면 차근차근 앞으로 가면 됩니다. 아직은 속도에 신경 쓰지 마세요. 엄청 신경 쓰이겠지만 신경 쓴다고 마음처럼 빨라지지 않습니다.

지금 얼마나 빠른가를 따지지 말고 앞으로 언제쯤, 얼마나 더 가속을 낼 수 있을 것인가를 계속해 떠올리세요. 비행기에 연료를 채우는 중이라고 생각하세요. 조금 넣고 짧게 비행할 건지, 충분히 가득 채워서 멀리 날아갈 건지를 결정하고 움직이는 시기입니다.

자, 아이가 영어 독서를 좋아하게 만들기 위해 어떤 노력을 시작해 볼까요?

방법1. 한글책을 좋아해야 합니다

책이라는 존재를 좋아해야 합니다. 한글책 싫어하는 아이가 영어책 붙잡고 있는 건 본 적이 없습니다. 영어책이라고 특별하고 색다른 존재가 아니에요. 아이의 눈에는 그저 책입니다. 종이 위에 그림도 있고 글씨도 있으면 책 맞습니다. 한글책 좋아서 내내 붙잡고 잘 읽던 아이들이 영어책의 세계에 빠지면 뒤도 안 돌아보고 질주합니다. 그래서 한글책을 좋아하는 것에서 출발하는 거예요. 책 자체에 대한 호감이 자연스레 영어책으로 연결되기를 기다리면 됩니다.

아이가 책을 안 좋아한다면 부모가 적극적으로 노력해야 합니다. 텔레비전을 치우고, 책을 늘어놓고, 선물로 책을 사주고, 읽어주고, 함께 읽고, 읽고 나면 칭찬 퍼부으면서 책을 좋아하는 아이로 키우십시오. 초등 아이에게 부모가 줄 수 있는 유산 중 이것보다 귀한 건 없습니다. 책을 굉장히 좋아하는 건 아니라 해도 이미 습관이 되어버려 툭하면 책을 펼치는 아이로 만들어주세요.

방법2. 좋아하는 이야기가 담긴 책이 필요해요

아이는 영어책이 싫은 게 아니라 낯설고 어려운 거예요. 그런데 평소 좋아하는 주인공이 책에 똑같이 등장한다면 책으로는 처음 접해도 아는 것 같은 느낌이 들겠지요. 뭐든 아는 척하고 싶어 하는 아이의 마음을 한껏 추켜세워주세요. 이 시기에는 '잘 아는' 것과 '잘은 모르는' 것의 수준 차이가 크지 않습니다. 핵심은 호감과 자신감이죠.

생전 처음 접하는 낯선 이야기가 빼곡하게 적힌 책을 들이밀며 읽으라고 하지 마세요. 한글책도 처음 읽는 글은 어리둥절합니다. 아이가 평소 좋아하는 이야기가 담긴 책을 찾아보세요. 애니메이션, 영화, 세계명작 등에서 아이가 재미있어 했던 것들을 기억했다가 그 이야기를 담은 영어책을 찾아주세요. 한글책 취향, 만화 취향, 캐릭터 취향 등 아이의 취향을 알고 있다면 영어책 골라주는 일이 훨씬 쉽습니다.

그렇다고 좋아하는 모든 취향을 일일이 영어책 구입으로 연결시킬 필요는 없습니다. 아이를 성장시키는 건 단 한 권의 '인생 책'이거든요. 나아가 아이가 읽은 책의 내용을 담고 있거나 같은 캐릭터가 등장하는 영화, 애니메이션이 있다면 찾아서 보여주는 노력도 도움이 된답니다.

방법3. 만만해 보이는 얇고 쉬운 책을 활용하세요

아주 작은 성취의 힘으로 계단을 밟듯 올라가게 해야 합니다. 주변 아이들이 얼마나 두꺼운 책을 읽는지 신경 쓰지 마세요. 내 아이만의 속도를 존중하고 내 아이가 가속을 낼 시기를 기다려주는 부모여야 합니다. 그래서 만만해 보이는 얇고 쉬운 책이 필요합니다. 얇은 책, 쉬워 보이는 책의 힘으로 기본을 다지고 영어책을 좋아하게 만들어주고 나면 그때부터는 조금 여유로운 마음으로 아이의 이륙을 기대하며 기다리면 됩니다.

영어 독서 공부법이 매력적이고 할 만한 이유는 어느 정도의 습관을 만들어주고 나면 아이 스스로가 들썩이며 해보겠다고 덤벼드는 날이 조금씩 늘어간다는 점입니다. 얇고 쉬운 책을 통해 경험한 성취라는 중독성 강한 감정을 또 느끼고 싶어 뭐라도 더 하려고 덤비는 날이 반드시 옵니다. 그날이 올 때까지 기다릴 수 있을지 엄마 자신에게 물어보세요. 저는 기다릴 겁니다.

엄마의 진짜
속마음

다들 그래요
너무 자책하지 마세요!

아이에게 영어 그림책을 읽어주면 좋다고 하니 엄마로서는 당연히 읽어주고 싶습니다. 처음엔 '할 만하네', '재미있네', '내 영어 공부도 되고 괜찮은걸' 싶은 마음이 들어요. 어느새 자라서 영어 그림책을 빤히 쳐다보며 궁금해하는 아이에게 책을 읽어주다 보면 밤이 깊어가는 줄도 모릅니다. 품에 쏙 들어오는 아이를 무릎에 앉히고 변변찮은 발음일망정 읽어주다 보면 좋은 아빠, 꽤 괜찮은 엄마가 된 것 같은 만족스러운 기분이 들지요.

처음엔 이렇게 다들 비슷해요. 열정이 넘치죠. 바퀴 달린 여행용 가방과 온 가족의 대출증을 들고 도서관에 가서 가방 가득 영어책을 빌려 오고, 영어 그림책을 사 모으는 재미에 빠져보기도 합니다. 마음만 먹으면 뭐든 다 할 수 있을 것 같은 마음이 들고 부모로서의 자신감이 충만해집니다.

문제는 시간이 흐르면서 사는 게 바빠지고 몸이 힘들어지고 동생이 태어나고 매일같이 반복되는 육아의 일상이 지겨워지면서 시작됩니다. 열정이라는 건 생각보다 훨씬 더 나약하고 말랑한 놈이라 쉽게도 사그라지고 꺾여버립니다.

하루 저녁에 열 권씩도 거뜬히 읽어주던, 동화 구연을 하듯 원숭이가 되었다가 기린이 되기도 하던 열심은 생각보다 그리 오래가지 않습니다. 사 놓고 읽어주지 않은 책들을 볼 때마다 게으르고 끈기 없고 뭐 하나 제대로 하는 게 없는 나라는 사람에게 실망하며 마음이 좋지 않을 거예요.

그런데요, 잠시만 생각해볼게요. 꾸준하지 못한 엄마와 몇 달째 정체 중인 아이. 이거 사실, 별일 아니에요. 그림책 좀 덜 읽어주거나 더 읽어준다고 아이 인생이 대단히 바뀌거나 수능 영어 영역 성적이 달라지지 않을 거니까요.

힘주어 읽어줄 수 있었던 날들도 있었지만 한동안 한 권도 펼쳐보지 못한 날도 계속될 거고요, 오늘 좀 읽어줘야겠다 결심해놓고 설거지하고 동동거리다 보면 어느새 늦은 밤이 되기도 할 거예요. 아이보다 내가 더 문제라며 꾸준하지 못한 나를 탓하는 날들이 반복되다가 결국 포기하게 되지요.

신기한 건요, 나는 이대로 망했나 보다 하는 생각이 들 만큼 한참을 못 하다가도 슬그머니 또 한번 해볼까 싶은 날이 온다는 거예요. 아이와 엄마가 건강하다면, 처음 품었던 아이를 향한 기대가 여전하다면, 부모가 여전히 가정을 지키고만 있다면 생각지 못했던 어느 날 불쑥 다시 해봐야겠다, 싶은 마음이 찾아옵니다.

다들 그래요, 너무 자책하지 마세요. 흔한 위로의 말을 건네려는 게 아니에요. 다들 그렇습니다. 저는 어땠을까요? 저는 아팠었어요. 몸도 아프고 마음도 아파서 영어 그림책을 읽어준 날이 손에 꼽을 정도였어요. 1학년 때부터 어학원 다니는 주변 친구들 보며 다급한 마음이 들었지만 그렇다고 그들의 속도를 따라가기엔 제 상황이 많이 부족했어요. 애들 밥 챙겨주는 것만도 버거웠을 만큼 아픈 엄마가 뭘 더 해줄 수 있었겠어요.

꾸준함이 없는 아픈 엄마였지만 때로 몸이 좀 괜찮거나 기분이 나쁘지 않은 날이면 읽어주는 시늉을 했습니다. 안 하자니 마음이 편치 않고 하자니 너무 지치는 날들의 연속이었지요. '그런데도 아이를 이만큼 키웠습니다'라는 제 자랑을 하려는 게 아니에요. '안 시켜도 잘하는 걸 보니 저희 애가 똘똘한가 봐요. 호호호' 하며 은근슬쩍 아이 자랑을 하려는 것도 아니에요.

얼마나 많은 엄마가 아이의 영어 공부 문제로 머리 아프게 고민하는지, 꾸준하지 못함을 자책하는지, 그런 중에도 아이에 대한 기대와 욕심을 내려놓지 못해 괴로운지 충분히 잘 알고 있습니다. 특별한 지능과 놀랄 만한 재산을 물려줄 수 없는 평범한 부모가 영어를 잘하는 아이로 키우기 위해 노력하는 길 위에서 얼마나 잦은 고민, 좌절, 기대, 실망, 비교들을 만나게 되는지 알고 있으니 기운 내시라고 말하고 싶습니다.

옆집에서 〈해리포터〉를 읽고 있는 아이를 보며, 레벨 테스트 때마다 부쩍부쩍 치고 올라가는 아이 친구를 보며, 더 멀고 큰 어학원으로 옮겨가는 동네 아이들을 보며 불안함을 다스리기 어려울 거예요. 학년이 올라가도 제자리인 것 같은 아이를 보며 답답함에 다 그만두고 싶어질 거예요. 다들 그래요.
잘하면 좋겠지만 다들 비슷하게 무너졌다 일어났다를 반복하고 있으니 자책하지 마세요. 건강하게 밥 챙겨주는 엄마인 것만으로도 충분히 잘하고 있는 겁니다.

CHAPTER 03.

영어 독서 준비②
영어 영상 노출하기

영어 영상이
영어 독서 공부법에 필수인 이유

'듣고 이해하기'를 위한 영어 영상에 관한 이야기입니다. 엄마의 꾸준함만 있다면 미국 한 번 안 가 보고도 아이 귀를 열리게 만들어줄 훌륭한 방법인 건 확실한데요, 사실은 엄마의 꾸준함을 유지하기가 어렵습니다. 매일 시간을 내어 아이가 영상을 볼 수 있게 습관을 만들어줘야 하거든요.

또 영어 영상을 보기 시작하면서 전자기기에 노출되는 빈도가 더욱 잦아지는 것이 고민거리가 되기도 하지요. 더욱이 아직 아이에게 유튜브나 텔레비전을 보여준 적이 없는 엄마라면 이제껏 영상에 노출시키지 않기 위해 했던 노력이 허무하게 느껴지기도 합니다.

그럼에도 아이에게 매일 영어 영상을 꾸준히 보여줘야 하는 이유를 생각해볼게요. 초등 시기의 필수 학습법인 이유가 있습니다.

이유 1
영어가 살아 있는 언어임을 느끼게 합니다

한국인 부모에게서 태어나 한국에서 자라고 있는 아이는 종일 무수한 한국어에 노출됩니다. 수다쟁이 엄마는 틈만 나면 배고프냐고 묻고, 기저귀가 젖어 축축했겠다며 혀를 찹니다. 졸리면 이제 좀 자라고 사정하면서 흔들어대고, 푹 자고 일어난 아침이면 잘 잤냐는 똑같은 인사를 반복합니다.

그렇게 한국어의 세계에 살고 있는 아이는 들은 대로 흉내 내어 말하기 시작합니다. 아기가 '엄마'라는 말을 하기 위해서는 그 단어를 최소 만 번 이상 들어야 한다고 합니다. 넘칠 정도로 자주, 많이 들은 후에야 말을 시작합니다.

영어는 그럴 수가 없습니다. 영어로 말하는 엄마, 아빠가 없고요, 어딜 가도 영어를 들을 수 없습니다. '영어로 된 말귀를 이해할' 기회가 없습니다. 기회를 주기 위해 번번이 영어권 국가에 다녀올 수도 없는 노릇입니다. 그래서 만화 캐릭터와 TV 프로그램 속 사람이 영어로 말하고 움직이는 영상을 활용하는 것입니다.

현실에 한국어를 말하며 움직이는 부모와 가족이 있다면, 화면 속에는 영어로 말하며 움직이는 귀여운 캐릭터가 있는 것입니다. 엄마, 아빠를 통해 낯선 한국어에 노출되면서 조금씩 그 뜻을 이해하기 시작한 것처럼, 처음에는 영상 속 인물들이 영어로 주고받는 대화의 의미를 모르지만 그들의 행동과 상황을 눈으로 보고 짐작하며 영어라는 새로운 언어의 세계가 있다는 것을 알게 됩니다. 이 과정을 통해 아이는 영상 속에서 들리는 소리와 그림책 속의 글자가 서로 연결되어 있음을 느낍니다.

이유 2
듣고 이해하는 영어를 목표로 해요

영어로 제작된 영상에 노출되는 것은 영어 독서와 어떻게 연결되는 걸까요? 앞서 제시한 초등 영어가 당면한 목표를 떠올려주세요. 초등의 아이들은 영어를 듣고 이해하고, 읽고 이해해야 합니다. 읽고 이해하기 위해서는 텍스트 형태의 접근만으로 부족합니다. 영어책 속 수많은 단어를 모두 외우는 일은 불가능합니다. 듣고 이해했던 영어가 그림책 속에서 다시 등장하는 모습을 보게 해야 합니다.

초등부터 고등까지의 수행평가에는 '듣기 평가'가 빠지지 않습니다. 수능 시험 영어 영역에서의 듣기 비중도 높고요. 성적을 제외하고 생각하기 어려운 영어 학습에서 듣기 영역은 필수입니다. 듣기는 단기간에 올리기 힘든 영역이라 초등 시기부터의 꾸준한 노출이 꼭 필요해요.

이유 3
들려야 말할 수 있어요

영어에 관한 큰 오해 중 한 가지는 발음이 좋고, 단어를 많이 알아야 외국인과의 소통에 능통할 거라는 것입니다. 틀린 건 아니지만요, 이것이 오해라고 생각하는 이유는 '듣기'가 기본이기 때문입니다. 우리가 로망하는 원어민과의 편안한 대화의 기본은 '들은 내용 이해하기'거든요. 상대가 영어로 질문을 했다면 그 의미를 알아야 제대로 답을 할 수 있겠죠. 상대의 말을 이해하지 못한 채 내가 하고 싶은 말, 할 수 있는 말만 영어로 쏟아내는 사람을 두고 영어를 잘한다고 하지는 않습니다.

입시 영어든 일상 영어든 듣기가 우선입니다. 부모들은 오늘 오전에 태어난 아이에게도 쉬지 않고 다양한 말을 건넵니다. 그런 행동 속에는 말할 수 없는 아이라도 듣고 이해할 수 있다는 믿음과 충분히 들어야 잘 말할 수 있을 거라는 기대 심리가 내재되어 있습니다. 비록 지금은 아이가 영어로 아무 말도 하지 못하지만 꾸준한 듣기를 통해 말할 준비를 하고 있다는 사실을 의심하지 마세요.

아이의 첫 영어 영상 선택 기준

영어로 영상을 틀어줘야 한다는 이야기를 들으면 갑자기 마음이 급해지실 거예요. 뭘 틀어줘야 할지 고민되고, 의미를 이해하지 못할 게 뻔한데 그래도 계속 틀어줘야 하나 의심스러울 거예요. 불안하고 급한 마음은 모두 비슷합니다. 문법책을 달달 외우며 영어 시험을 준비하던 부모인 우리 세대의 영어 공부법과 너무 다르기 때문에 낯설 수밖에 없어요.

낯설지만 참 쉽고 재미있고 해볼 만한 공부법인 것은 확실합니다. 익숙한 습관으로 만들기가 만만치 않지만, 한번 습관으로 만들고 나면 영어 듣기는 해결될 거고요, 자연스럽게 영어 독서로 연결될 거예요.

어떤 영상을 보여주는 게 좋을지 고민되고, 아직 마땅히 알고 있는 영상이 없거나 너무 많아서 고르기 힘들다면 다음의 기준을 참고하세요. 물론, 얼마 지나지 않아 우리 아이만의, 또 우리 집만의 선택 기준이 생겨날 거예요.

기준 1
캐릭터를 공략하세요

유튜브나 텔레비전 등에서 한글 영상을 볼 때 유독 아이가 열광하는 캐릭터가 있을 거예요. 저희 아이들 어렸을 땐 '로보카 폴리'가 최고였어요. 폴리만 보여주면 정신없이 빠져들었는데요, 그 사랑이 영어 영상으로 이어졌습니다. 아이들이 좋아하는 캐릭터가 등장하는 만화가 영어로 속속 만들어지고 있습니다. 게다가 유튜브에서 무료로 이용할 수 있고요. 아마도 영어권 시청자를 위해 제작된 영상인 듯한데, 덕분에 저희 아이들은 덕을 많이 봤습니다.

아이가 좋아하는 캐릭터를 영어 버전의 영상으로 찾아 보여주세요. 내용을 잘 알고 있고 캐릭터가 친근하기 때문에 훨씬 덜 부담스럽습니다. 또 이런 시리즈의 영상은 기존 한국어 영상처럼 길이가 짧기 때문에 하루 한 편 정도로 시작하기 좋아요. 유튜브를 보여달라고 조를 때 영어 영상을 하나 보고 나면 한국어 영상을 하나 볼 수 있도록 규칙을 정해보세요.

기준 2
아이의 취향이 가장 중요해요

　어떤 영상이 대박이더라, 어떤 책이 대박이더라, 하는 이야기를 들을 때마다 솔깃해지는 건 당연하지요. 우리 아이도 그 영상을 보고 대박이 나서 귀가 뻥 뚫렸으면 하는 마음이 듭니다. 하지만 아무리 그래도 아이가 고개를 돌려버리면 그만입니다. 내 취향에 맞는 재미있는 영상이어야 한글, 한국어의 도움 없이 영어로 지속할 수 있어요.

　아이의 취향은 무시하고 대박 영상만 골라 틀어주고 강요하면 이 습관은 오래 지속되기 힘들 거예요. 아이가 고른 영상이 19금만 아니라면 존중해주세요. 우리 아이는 자기만의 취향과 방식으로 본인의 대박 영상을 찾아갈 것입니다. 그때까지 기다려주세요.

기준 3
유료 프로그램을 활용하세요

　바쁜 엄마에게는 유튜브와 텔레비전에서 일일이 적당한 영상을 알아보고 골라주고 아이의 의견을 묻는 과정이 부담일 수 있습니다. 저도 직장맘일 때는 그게 힘에 부쳐 1년간 유료 프로그램(리틀 팍스)을 활용했었고, 그 덕분에 엄마표 영어를 중단하지 않고 이어갈 수 있었습니다. 영어 교육용 프로그램도 있고, 기존 서비스에서 교육용으로 활용할 만한 것도 있으니 금액, 가정 상황에 맞춰 선택하세요.

가입해둔 프로그램의 특정 카테고리를 지정해주고 정한 시간만큼 아이가 원하는 영상을 골라 볼 수 있게 습관을 만들어주면 일일이 영상을 골라주고 옆에서 함께 봐주지 않아도 정착이 됩니다.

| 영어 영상 시청을 위한 유료 프로그램 |

Little Fox (리틀 팍스)

- 애니메이션 영어 동화 제공 프로그램
- 새로운 영상 매일 1편씩 업데이트
- 수준별 영어 동화를 애니메이션으로 제공, 아이 취향대로 시리즈 선택 가능
- 비교적 저렴하고, 흥미로운 영상이 많다.
- 유료, 1년 회원권 18만 원

Netflix (넷플릭스)

- 넷플릭스 키즈로 설정해두면 어린이용 콘텐츠만 노출 가능
- 영화, TV 드라마, 애니메이션 등 다양한 영어 콘텐츠를 보유하고 있어 유용하다.
- 유료, 1개월 12,000원 / 14,500원 선택 가능

LG유플러스 아이들나라

- LG U+에서 출시한 아이 전용 IP TV
- 넷플릭스 키즈, O.R.T. 퓨처팩, 유튜브 키즈, 잉글리시 에그 등 유료 프로그램이 포함되어 있는데 리더스북인 O.R.T. 전자책을 활용하기 편리하다.
- 유료, 인터넷, 전화 등과 결합 상품

B TV ZEM 키즈

- SK Telecom에서 출시한 아이 전용 IP TV
- 윤선생 영어, 노부영, 리틀 팍스, BBC 키즈 등의 유료 프로그램이 포함되어 영어 온라인 학습을 병행하고 싶다면 활용도가 높다.
- 유료, 인터넷, 전화 등과 결합 상품

영어 영상 매일, 꾸준히 보여주는 방법

영어 영상을 보여줄 때도 원칙이 있습니다. 처음 시도할 때는 우왕좌왕하며 이랬다저랬다 전쟁이 나지요. 영상 시청 초기의 시행착오를 최소한으로 하기 위한 몇 가지 원칙을 알려드릴게요. 원칙을 기본으로 하되 우리 집의 환경, 시간, 아이의 성향을 반영하여 '우리 집만의 영어 영상 시청 원칙'을 만들어가야 합니다.

얼핏 거창해 보이지만 꾸준히 한 달 정도만 진행해보면 엄마의 상황, 아이의 상황을 반영한 우리 집만의 원칙이 보이기 시작할 거예요. 어떤 경우에도 적용되는 절대 원칙은 없기에 기본 원칙에 근거하여 우리 아이의 성향과 습관을 반영하는 최고의 환경을 만들어주세요. 엄마의 할 일은 바로 이런 것들입니다.

조급함은 내려놓고, 지금부터 시작

그림책 읽어주기와 영어 영상에의 노출은 거의 비슷한 시기에 시작되는 것이 좋습니다. 단, 한국어와 한글이 제대로 자리 잡히고 나서라는 전제 조건을 기억해야 합니다.

빠르면 6, 7세 늦어도 초등 1학년부터는 매일 영어 영상 시청이 습관으로 자리 잡으면 좋습니다.

학년이 올라가면서는 영화, 드라마, 스포츠, 뉴스, 강연 등으로 그 영역을 확장하면서 꾸준히 이어가야 합니다. 초등 6년 동안은 매일 노출하겠다는 계획을 세우세요. 혹시나 이미 초등 중·고학년이라 해도 포기하지 마세요. 지금부터 시작해서 매일 가면 됩니다. 마음이 급하겠지만 적어도 초등 6년 동안은 '많이 늦은 건' 없습니다. 초등이라면 아이가 몇 학년이든 지금 시작해도 충분히 따라갈 수 있습니다.

시간제한을 두세요

영어니까 많이 볼수록 귀가 트일 것 같은 마음에 영어 영상을 제한 없이 보여주는 경우가 있는데요, 그건 좋지 않습니다. 미드를 종일 보며 귀가 트였다는 어른들의 사례가 종종 있긴 한데요, 아이들에게는 권하지 않습니다. 종일 보고 있으면 더욱 빠른 속도로 실력이 향상되겠지만 잃는 게 훨씬 더 많습니다. 공부 습관을 잡아갈 때는 모든 것에 얻는 것과 잃는 것을 따져보고 얻는 게 조금이라도 더 많은 방식을 택해야 합니다.

시작 단계에서는 하루 5분 정도 길이의 영상 한 편으로 시작하고, 점점 그 시간을 늘리되 하루 1시간 이상은 권하지 않습니다. 영어 영상 시청 말고도 해야 할 공부가 많은데, 이 시간을 무한정 늘려버리면 공부 습관을 잡기가 어렵습니다. 더 많은 양의 영상을 보고 싶어 한다면 할 공부를 모두 끝낸 후에 보상의 개념으로 추가하는 방법과 주말, 방학 등의 여유로운 시간에 30분 정도 추가할 수 있게 해주는 방법을 추천합니다.

방법 3
엄마 스스로를 다독여주세요

저는 제 아이들의 영어를 직접 코치할 때, '알바 중'이라는 마음으로 임했습니다. 아이들이 볼 만한 영상을 찾기 위해 유튜브를 몇 시간씩 뒤져야 할 때는 어린이용 영어 영상이 잘 정리된 유료 프로그램의 가입비를 아끼고 있다는 점을 수시로 떠올리며 위안 삼았고요, 영어책을 읽어주면서는 영어 도서관의 한 달 이용료만큼 아끼는 중이라며 스스로 기특해했습니다.

영어책 읽기를 진행할 때 엄마가 쉽게 지치는 이유는 아무도 이 수고를 알아주고 고마워하지 않는다는 점입니다. 매달 학원비만큼의 큰돈을 아끼는 중인데도 남편은 좀처럼 고마워하지 않고요, 학원 오가느라 힘들이지 않고 집에서 편하게 공부하게 해줬는데도 그게 얼마나 좋은 건지 아이들은 알 리가 없습니다.

이런 상황에서도 영어책 읽기를 꾸준히 지속하기 위해서는 엄마 자신을 다독이는 것이 가장 중요합니다. 저는 빵 하나를 사 먹을 때도 사교육에 쓸 돈을 아낀 덕분이라며 더 즐겁게 당당하게, 마치 알바를 하고 월급 받아 사 먹는 느낌을 즐기려고 의식적으로 애를 썼습니다. 일상의 소소한 보상 없이는 포기하고 싶은 지치는 순간이 많았습니다. 비록 아무도 알아주지 않았지만 지금 내가 하는 노력의 의미와 가치를 수시로 떠올리며 잘하기보다 꾸준하게 이어갔습니다.

매일 아이에게 영어 영상을 보게 하는 일도 그렇습니다. 습관이 되고 학년이 올라가면 이것보다 쉬운 종류의 공부가 없다는 것을 알게 되지만 처음에는 꾸준하지 못한 엄마 자신과 아이에게 실망을 반복하게 됩니다.

매일 영어책 읽기에서 가장 중요한 부분은 바로 흐지부지되는 것을 경계하려는 노력입니다. 이 사실을 기억하며 엄마의 마음을 잘 다독여주세요. 언젠가 아이가 고맙다고 인사할 날을 그려보세요.

방법 4
자막 활용의 기본 원칙

　자막은 항상 빼 주세요. 한글 자막, 영어 자막 모두 없어야 목표했던 '듣고 이해하는 영어'를 만날 수 있습니다. 내용이 이해되지 않아 한글 자막을 넣어달라고 조르는 아이들이 있다면 자막을 넣고 한 번 본 후 자막 없이 다시 한 번 보는 방법으로 조율해가세요.
　처음에는 낯설고 힘들어합니다. 누구나 그렇습니다. 어색하고 어려웠던 방법을 매일 하는 습관으로 만들어 여전히 어렵지만 익숙해서 괜찮은 느낌으로 바꾸어주면 성공입니다.
　영어 자막을 넣어주면 읽기 연습까지 겸할 수 있지 않을까, 하는 기대가 생기는데요. 온전한 듣기를 방해하고 집중을 떨어뜨리므로 추천하지 않습니다. 영어 영상을 보는 이유는 '듣기'를 통해 '읽기'와 연결하기 위함이지 '읽기' 훈련을 위한 게 아니라는 점을 기억해야 합니다. 바쁘게 자막을 읽느라 듣기에 집중하지 못하게 되고, 읽은 내용의 의미를 생각하면서 쫓기듯 영상을 따라가느라 내내 부담스럽고 힘들어질 수 있습니다.

반복 시청의
지루함을 없애주는 활동

　가끔 영어로 된 영상 하나에 푹 빠져 며칠째 그 영상만 보는 아이가 있더라고요. 더 다양한 영상을 통해 다양한 영어를 접해야 할 것 같은데, 계속 반복하는 아이, 괜찮을까요?

　괜찮습니다. 재미있고 궁금하니까 질리지도 않고 계속 보고 있는 거고요, 그게 우리 아이의 대박 영상이 될 수 있습니다. 수없이 반복하면서 영상 속 주인공이 주고받는 대화에 익숙해지고, 점차 그 대화의 의미를 추측하게 되고 결국 영상 전반의 내용을 이해하게 됩니다. 영상 하나를 그렇게 정복하고 나면 다른 영상을 볼 때도 자신감이 확연히 올라갑니다. 아이가 푹 빠져서 반복해서 보는 영상이 있다면 굳이 다른 영상을 권할 필요는 없습니다.

반대로, 영상을 꾸준히 보지 못하고 이것저것 계속 켜고 끄고 하는 아이도 있을 거예요. 선택한 영상을 언제나 끝까지 다 봐야 하는 건 아니지만 이런 경우에는 어느 정도 엄마의 개입이 필요합니다. 영상을 볼 때는 '아이에게 선택의 기회를 세 번 정도 주고 그중 한 영상을 골라 끝까지 보기' 같은 테두리를 쳐놓으면 아이도 엄마도 훨씬 덜 힘들지요.

아이가 싫어하지 않는다면 한 가지 영상을 여러 번 반복하는 것이 효과적입니다. 처음 들을 때 들리지 않고 이해되지 않던 대화가 반복의 횟수를 늘려갈수록 귀에 들어오고 이해되기 시작하거든요. 그래서 이왕이면 아이가 몇 번이라도 더 반복했으면 싶은데, 한 번 보고 나면 절대 그 영상을 다시 보지 않는 성향의 아이도 있지요. 이렇게 아이가 금방 싫증 내는 성향이라면 강요할 수 없는 상황이지만, 그래도 시도는 해보고 포기했으면 좋겠습니다. 반복이라는 상황 자체에 익숙해지면 시키지 않아도 몇 번씩 돌려보며 그 의미를 이해하려고 애쓰는 때가 옵니다.

영상을 반복해서 보고 나면 누구나 그렇지만 지루함을 느끼기가 쉬워요. 어른도 같은 영상 두세 번씩 보라고 하면 지루해하는걸요. 아이의 상황을 인정해주시고, 지루함을 없앨 수 있는 다양한 시청 후 활동을 시도하세요.

영상을 시청한 후 해볼 만한 활동을 추천해드립니다.

활동 1
영상 내용 Q&A

　초등 아이들은 문제를 만들어서 내고 정답을 맞히는 활동을 원래 좋아해요. 문제 내는 걸 좋아하는 아이도 있고 맞히는 걸 좋아하는 아이도 있으니 아이와 몇 번 해보면서 성향을 파악해보세요. 문제를 내는 것과 맞히는 것 둘 다 좋아하는 아이라면 아이가 영상 내용을 바탕으로 문제를 만들어서 아빠, 엄마, 동생에게 문제를 내보는 기회를 주세요.

　이렇게 하면 아이는 내가 본 영상에 대해 잘 알고 있다는 자신감을 가질 수 있고, 어떤 문제를 내면 좋을까 고민하며 영상을 시청하기 때문에 더 집중하기도 합니다.

　처음부터 내용을 완벽하게 이해해야 맞힐 수 있는 질문과 대답을 바라지 마세요. '주인공은 여자일까요, 남자일까요?', '오늘 에피소드가 일어난 곳은 어느 나라일까요?', '주인공의 이름은 무엇일까요?'처럼 영상의 내용을 거의 이해하지 못하는 상태에서도 애니메이션과 극 중 분위기만으로도 맞힐 수 있는 수준의 질문으로 시작해주세요. 질문과 대답은 점점 더 정교하고 정확해질 겁니다. 아이의 서툰 모습을 기다려주기만 하면 엄마와 아이 모두에게 유익하고 재미있는 공부법이랍니다.

활동 2

한 문장 외우기

흘려듣기를 하고 나면 아이도 엄마도 슬슬 불안해집니다.

'이렇게 듣는 게 효과가 있긴 한 걸까?'

'정확히 이해되지 않는데 계속 이렇게 듣기만 해야 하는 걸까?'

'듣고 나서 남는 게 하나도 없는 거 같은데 뭐라도 해보면 좋지 않을까?'

이런 고민이 시작될 거예요.

영어 동영상을 보는 것만으로 충분하지만 아이가 영상에 높은 흥미를 보이고 그것으로 뭔가를 더 하려고 한다면 하루 한 문장 외우기를 추천합니다.

아이가 보고 있는 영상에는 영어권에 거주하는 유치원, 초등학생들이 일상에서 흔히 사용하는 기본적인 회화가 나올 거예요. 이 중 한 문장을 골라 오늘의 문장으로 지정하고 외워서 따라 해보는 겁니다.

Thank you so much, How are you 등 짧고 자주 나오는 대화문 하나만 외워도 자신감이 확 올라갈 거예요. 특히 영어를 듣고, 읽기만으로는 성에 차지 않는 '말하기'를 좋아하는 성향의 아이에게 효과 만점입니다. 눈에 잘 보이는 곳에 '오늘의 문장'이라는 종이를 붙여놓고 매일 한 문장씩 늘어나는 모습을 아이와 공유해보세요.

활동 3

영상 내용으로 일기 쓰기, 그림 그리기

　한글 독서 후에 흔히 하는 '독후 활동'과 비슷한데요, 영상을 보고 하기 때문에 훨씬 덜 부담스럽습니다. 영어이긴 하지만 영상을 시청하는 것이기 때문에 아이들은 영어 영상 시청을 텔레비전을 보며 노는 시간으로 받아들이거든요. 영어책 읽기는 싫어하는 아이도 영어 영상은 열심히 시청하는 이유가 그것입니다.

　이렇게 즐겁게 본 영상으로 일기를 쓰고 그림을 그려보는 것도 영상에의 호기심을 더하고 꾸준히 반복하여 영상을 볼 수 있게 만드는 방법입니다. 안 그래도 일기 쓰기 힘들어하는 아이라면 오늘 영어 영상에서 본 내용을 설명하거나 그에 대한 느낌을 써보게 하면서 일기 쓰기를 수월하게 마치게 해주세요. 그림 그리기나 종이접기를 좋아하는 아이라면 영상의 주인공, 사물 등을 그리거나 만들어보는 활동을 통해서 영상에 좀 더 애정이 생기고 또 보고 싶어 할 거예요. 우리 아이가 평소에 즐겨 하던 활동과 영어 영상을 엮어서 진행하는 것이 핵심입니다.

한글 영상과 영어 영상 시청 비율 정하기

한글 영상을 보여달라는 아이와 이왕이면 영어 영상을 보라고 권하는 엄마. 둘의 실랑이는 언제쯤 기분 좋게 마무리될까요? 영어 영상을 보여주면 처음에는 어색해하고 답답해하는 게 자연스러워요. 영어로 나오니 제대로 이해되지도 않고 완전히 재미있는 것도 아니지요. 영어 영상 시청 초기의 이런 어려움을 이겨낼 수 있다면 이후부터는 너무 보려고 졸라대서 곤란한 순간을 만나기도 한답니다.

어떤 공부든 균형이 중요해요. 영어가 중요한 건 잘 알지만 영어만 할 수도 없고, 아이가 아무리 독서를 좋아해도 종일 책만 읽게 할 수는 없어요. 그래서 초등 시기에 교과별, 영역별 학습의 균형을 잡아가며 습관을 잡아가는 일이 중요하답니다. 한글로 영상을 보며 놀고 싶은 아이와 이왕이면 영어로 나오는 영상을 봤으면 싶은 엄마 사이의 줄다리기, 아래의 기준에 맞춰 지혜롭게 예쁜 습관으로 만들어보세요.

기준 1
한글 영상은 놀이, 영어 영상은 공부

한글 영상과 영어 영상은 그 목적이 완전히 다릅니다. 아이가 영어 영상을 좋아해서 챙겨보는 경우라면 마치 놀이처럼 즐겁고 부담 없이 진행할 수 있지만 대부분 그렇지 않죠. 엄마 입장에서야 한글 영상 재밌게 보듯 영어 영상도 그렇게 즐겁게 보면 될 것 같은데, 아이는 생각이 다릅니다. 이해하지 못해서 답답한 영어 공부를 하는 느낌인 것은 매한가지예요.

영어로 영상을 보는 시간을 '영어 공부' 시간으로 명확하게 인정해야 해요. 그러지 않으면 엄마는 보기 싫은 마음을 꾹 참고 영어 영상을 보고 난 아이의 성취를 무시하게 되고, 아이는 서운해집니다. 잘 이해되지 않아 답답했지만 약속한 시간을 지킨 아이에게 충분한 칭찬과 인정의 말을 해주세요. 영어 영상을 건성건성 흘려보는 듯 보였어도 아이가 한 것은 공부가 맞습니다.

기준 2

쌍둥이 영상이 필수는 아니에요

영어 영상을 습관으로 만드는 초기에는 쌍둥이 영상을 활용하는 것도 방법이 됩니다. 하지만 습관이 자리잡혀가면서 어느 정도 영상의 내용을 이해할 수 있는 수준이 되면 한글 영상은 필수가 아니에요. 계속 한글 영상을 보고 나서 영어를 보거나, 영어를 보고 나면 한글을 챙겨보는 경우가 있는데요, 한글 영상에 의지해서 영어의 수준을 늘려가면 들이는 시간에 비해 그 효과는 적습니다. 영어가 완벽히 이해되지는 않기 때문에 더 많이 이해하고 즐기기 위해 아이의 뇌가 그에 맞게 움직이고 성장하는 거거든요.

쌍둥이 영상을 반드시 보려고 하는 아이는 어쩌면 공부를 핑계로 유튜브 시청 시간을 확보하려는 목적일 수 있어요. 초기에는 적당히 허용해주되, '다음 달부터는 한글 영상 보지 않기'와 같은 약속을 미리 정하고 계획한 후 한글 영상으로부터 독립시켜주세요.

한글 영상, 보상으로 활용하기

영어 영상을 보다 보면 자연스레 한국어 영상을 보고 싶은 마음이 생겨요. 저도 매일 미드를 보며 영어 공부를 하지만 미드를 한 편 보고 나면 한국어 드라마를 잠깐이라도 보면서 답답하고 체한 것 같은 기분을 해소한답니다. 미드가 대략 이해도 되었고 재미없었던 것만은 아닌데도 막상 그 후에 한국 드라마를 보면 어찌나 재미있고 스트레스가 풀리는지 모르겠어요.

이렇게 하는 이유는 오래가기 위함이에요. 이 습관을 오래 유지하고 싶기 때문에 만든 저만의 규칙이에요. 잘 이해되지 않는 영어 영상을 계획한 대로 보고 난 다음에 나만의 보상을 선물하는 거죠. 아이에게도 같은 의미에서 한국어 영상 한 편, 10분 보기 정도의 가벼운 보상을 선물해주세요.

다른 집 아이는 영어로만 보면서도 깔깔 웃으며 재미있어 한다는데 우리 아이는 왜 이렇게 싫어할까, 비교하지 마세요. 그 집 아이도 그렇게 되기까지 그만큼 수고하고 노력한 시간이 분명히 있었을 거예요. 우리는 자주 다른 사람들의 노력을 과소평가하고 보이는 결과만으로 우리 아이와 다른 아이를 비교하곤 하는데요, 아이를 키울 때 그것처럼 위험한 일이 없습니다.

우리 아이가 좀 늦었다고 생각되면 지금부터 성실히 따라가면 됩니다. 지금 진도보다 중요한 건 결과적으로 어디에 도달했느냐입니다. 그리고 정말 중요한 사실, 지금 좀 늦어도 별일 안 일어납니다. 더 여유롭게 멀리 보는 전략의 승률이 훨씬 높습니다.

핵심 정보

흘려듣기 영상
추천 목록

Robocar POLI TV
(로보카 폴리)

- 로보카 폴리의 영어 더빙 영상
- 폴리, 로이, 앰버, 헬리 등 네 주인공이 위기 때마다 달려와 도움을 주는 흥미진진하고 사랑스러운 애니메이션

Pororo the Little
Penguin (뽀로로)

- 뽀로로와 친구들의 영어 더빙 영상
- 뽀로로, 크롱, 패티 등 친구들이 일상에서 겪는 소소하고 즐거운 에피소드들로 이루어진 애니메이션

 ## Caillou - WildBrain (까이유)

- 캐나다의 어린이 교육 애니메이션 TV 시리즈
- 심리 발달 연구자들이 직접 내용과 그림을 제작한 《Caillou(까이유)》 그림책을 원작으로 하고 있다.

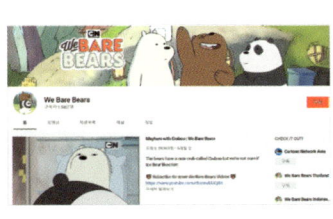 ## We Bare Bears (위 베어 베어스)

- 사랑스러운 곰들의 일상 에피소드 시리즈
- 인간 세상에서 인간과 어울려 살려는 곰 삼 형제 그리즐리, 판다, 아이스 베어의 이야기를 그린 코믹 애니메이션

 ## Octonauts (바다탐험대 옥토넛)

- 미국 디즈니사가 제작한 어린이 만화 영화
- 전 세계 바다를 탐험하며 바다 생명체들을 구조하고, 바닷속 깊은 곳까지 생명체들의 서식지를 수호하는 바다탐험대 이야기

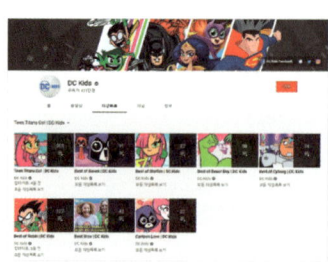

Teen Titans Go!
(틴 타이탄즈 고)

- 10대 히어로들의 평범하지만 평범하지 않은 일상을 그린 〈틴 타이탄〉 시리즈의 외전 격인 애니메이션
- 초등 고학년에게 인기 만점

레벨업
꿀팁

힘들이지 않고
영어 영상 레벨 올리는 요령

아직 대박 영상을 만나기 전이라면 조금 공을 들여야 합니다. 정말 재미있어서 계속 보고 싶은 영상을 만나기만 한다면 귀가 뚫리는 건 시간 문제라고 생각하고 설레어도 좋습니다. 그렇게만 되면 그동안 노력한 보람을 단단히 느끼게 될 거예요. 재미있는 영상을 반복해 보면서 조금씩 내용을 이해하기 시작한 아이는 또 다른 재미있는 영상, 나만의 사랑스러운 캐릭터를 찾아 나설 거예요.

영어 영상 보는 습관이 자리 잡히기 시작하면 조금 더 길고 어려운 수준의 영상에 노출하면서 듣기 실력을 올려가는 시도가 적절하게 필요해요. 매일 같은 영상을 보고 있으면 지루함에 권태기가 올 수 있고요, 쉬운 영상부터 시작하지만 결국 조금 더 어려운 영상도 소화해내는 게 목표이기 때문이에요.

영어 영상의 수준을 높이고 싶을 때는 이렇게 시도해보세요.

요령1. 1 + 1 전략, 2 + 1 전략

매일 〈뽀로로〉만 보고 있는 아이의 영상 수준을 레벨업할 때의 핵심은 '익숙함을 빼앗지 말자'입니다. 아이는 쉽고 이해되는 영상에 막 적응했고 이제 좀 들리고 재미있기 시작했어요. 전보다 조금 덜 불편한 정도인데 성급하게 레벨을 높이지 마세요.

대신 익숙한 영상 하나에, 낯설고 어려운 영상 하나 정도를 더하는 1 + 1 전략을 추천합니다. 이것도 싫다고 거부하는 아이는 2 + 1 전략을 써보세요. [매일 보던 쉬운 영어 영상] + [새롭고 어려운 영어 영상] + [한국어 영상] 이렇게 하루 세 편을 순서대로 보게 하는 거죠. 약속만 잘 지킨다면 시청 순서는 아무래도 상관이 없습니다. 핵심은 어느 날 갑자기 수준 높은 영상을 들이밀면 실패하기 쉽다는 사실이에요. 익숙한 것에 새로운 것 슬쩍 더하기, 거기에 적절한 보상용 영상 한 편이면 됩니다. 각 영상이 10분 정도라면 매일 30분 정도의 시청 시간을 확보하고 꾸준히 습관을 만들어주세요.

요령2. 장편영화 도전하기

매일 보는 영어 영상은 TV 애니메이션 시리즈처럼 한 편이 5분, 길어야 10분을 넘지 않는 정도가 적당합니다. 하지만 디즈니나 〈어벤져스〉 시리즈처럼 아이가 열광하는 미국 영화, 미국 애니메이션을 만나게 되면 지금이 기회입니다. 한국어로 충분히 여러 번 반복하게 해주고 나서 영어 버전으로 시도하는 거죠. 혹은 영어 버전으로 끝까지 한 번 보고 나면 한국어로 두 번 보여주는 보상의 방법을 써도 괜찮습니다. 중요한 건, 아이가 좋아하는 영화여야 하고, 짤막한 TV 영상 시리즈에 충분히 노출되어 있어야 한다는 점이에요.

한국어로 몇 번 보면서 영화 속 장면이 어떤 상황인지 알고 있는 상태에서 자막과 한국어 더빙 없이 장편 애니메이션 영화를 정주행하고 나면 신기하게도 아이의 수준이 쑤욱 올라와 있음을 느낄 거예요. 일일이 점검하고 표현하기 어렵기 때문에 느껴지지 않을 뿐, 영화 한 편을 자막과 더빙 없이 본다는 것 자체는 대단한 일입니다. 이 경험을 몇 번 반복하면 짧은 TV용 시리즈는 쉽고 만만하게 느껴지기 시작합니다.

요령3. 엄마의 미드 정주행

엄마가 보는 성인용 영상에 은근슬쩍 노출시켜주세요. 유쾌한 가족용 미드, 영드, 미국 코미디 영화처럼 성인을 주인공으로 하면서도 아이들이 함께 봐도 무방한 가족물이 있고요, TED, CNN 등의 영어 강좌, 시사 프로그램도 있습니다. 아이는 자기 수준의 영어 영상을 보면서 성취감을 느끼면서도 동시에 조금 더 어려워 보이는 영어 영상에 자연스러운 관심을 보이기 시작할 거예요. '나도 저런 것들을 보고 싶은데', '나도 이해할 수 있을 것 같은데', '엄마가 보는 건 재미있어 보이네' 하는 마음인 거지요. 그 심리를 이용해보세요. 저희 아이들이 〈옥토넛〉 영어 영상에 빠져 낄낄거리던 시절, 저는 매일 TED 강좌를 하나씩 골라 들으며 설거지를 했어요. 물소리, 아이들 소리와 섞여 제대로 듣기란 불가능이었지만 의도한 대로 아이들은 제가 틀어놓은 TED 영상에 관심을 보이기 시작했어요. 저도 아이들도 이해하기 어려운 수준이었지만 꾸준히 계속했고, 이제는 제가 말하지 않아도 매일 TED 강의를 하나씩 챙겨보며 영어와 교양을 동시에 잡아가고 있습니다.

제가 요즘 매일 미드를 보는 이유 역시 비슷해요. 저의 즐거운 영어 공부를 위함이긴 하지만, 그 모습을 지켜보는 아이들을 의식하지 않을 수 없겠지요. 아이는 항상 부모를 바라보고 있고, 부모의 모습을 흉내 내고 싶어 한다는 점을 기억하세요.

엄마의 진짜
속마음

영어 학원에서
길을 잃고 돈도 잃었다면

영어 독서. 제게는 사실, 이것밖에는 뾰족한 방법이 없었고 이렇게 하면 웬만큼 된다고 하길래 일단 독서 쪽으로 방향을 잡고 천천히 시작했어요. (파닉스를 뗀 게 2학년 1학기였고 독서라고 할 만한 리더스북을 읽기 시작한 건 2학년 2학기였어요.) 확신은 없었지만 안타깝게도 마땅한 대안도 없었거든요. 이게 아니라면 뭐든 사교육의 도움을 받아야 했는데 저는 생활비가 부족했고, 아이는 학원을 지독히도 싫어했어요.

보낼 수도 없었으면서 영어 학원 상담은 왜 그렇게 부지런히 다녔는지 돌이켜 생각해보면 모두 그놈의 불안감 때문이었습니다. 그런데 그 상담들이 마냥 헛일은 아니었어요. 불안한 마음을 붙잡을 곳이 필요했는데 신기하게도 학원 상담을 받고 돌아 나오면서는 조금씩 마음이 편안해졌어요. 적극적으로 수업에 참여하기보다 멀찍이서 관찰하는 성향의 제 아이에게는 학원 수업이 최선이 아닐 수도 있겠다는 생각이 들었어요. 아무리 좋은 수업이라도 아이의 성향 때문에 얻을 것이 별로 없을 수도 있다고 결론 내렸어요.

이 결론을 얻은 것만도 대단한 수확이었습니다. 학원의 도움 없이 영어 공부를 시킬 방법에 대한 치열한 고민이 본격적으로 시작되었거든요. 의욕적이고 적극적인 성향이라 학원 수업을 주도하고 그 안에서 성취감을 느끼고 성장하는 성향의 아이였다면 무리해서라도 보내지 않았을까 싶어요. 아이의 성향을 고려하는 결정이 초등 학원 선택의 핵심이에요.

그즈음 동네 도서관에서 푸름이 아빠 최희수 소장님의 강연이 있었어요. 초등 영어는 독서가 전부라고 하길래 달려갔습니다. 영어책을 열심히 읽으면 정말 공부를 잘하게 되는지가 궁금해서 열심히 필기하며 들었어요. 그런데 이런, 푸름이라는 아이는 영재더군요. 그렇다면 또 일반화하기 어려운 케이스잖아요.

영재라면 영어로 독서를 하든 문제집을 풀든 학원을 다니든 과외를 받든 비슷한 결과가 나오지 않았을까, 초보 엄마는 의심을 거두기 어려웠어요. 끄덕거리며 열심히 듣긴 했지만 '정말 될까'에 관한 의심은 여전했어요. 저희 아이들이 영재가 아니라는 사실만은 확실했기 때문에 영어 독서 공부법이 성공한 이유는 푸름이가 영재이기 때문일 거라는 결론을 내렸답니다. (매우 섣부른 결론이었습니다.) 마땅한 대안도 없었으면서 말이죠.

뭐, 그랬지만 결국 어영부영 확신 없이 영어 독서의 길에 들어섰습니다. 마땅한 학원을 못 찾았고, 휴직 중이라 시간은 많고 돈은 없었기 때문에 학원 등록을 하지 않는 것이 곧 엄마표 영어의 시작을 의미했지요. 아니면 어쩌지, 하는 불안은 늘 함께했습니다.

본격적인 학습으로의 영어를 고민하는 엄마들이 '영어 독서'라는 키워드 앞에서 멈칫하는 걸 보면 그때의 제 모습이 떠올라요. 당연하다고 생각해요. 책을 읽는 것으로 훗날 좋은 성적을 얻을 수 있다는 건 얼핏 이해가 되지 않거든요. 기출 문제와 가장 유사한 종류의 문제를 반복해서 풀고 단어를 달달 외워야 실제 시험에서도 좋은 점수를 얻을 수 있을 것 같은데 그게 아니라잖아요. 마법의 지팡이를 휘두르고 로봇과 인간이 농담을 주고받는 판타지 이야기를 영어로 읽으면 좋은 성적을 받을 수 있다는 게 말이 되는 이야기냐 말이죠.

거의 모든 초등 아이들이 영어 학원에 다니고 있고, 그중 절대다수가 '도저히 안 되겠다'며 학원을 정리하거나 옮겨 다니며 길을 잃습니다. 학원의 교육 과정에 문제가 있거나 선생님의 실력이 부족해서가 아니에요. 학원에만 보내놓으면 어떻게든 되겠지, 라는 생각으로 손놓고 지낸 시간 만큼 아이는 학원 수업을 당연한 듯 '흘려' 듣는 것에 익숙해졌고요, 기계처럼 문제집의 빈칸을 채우는 숙제를 반복했을 거예요. 수동적인 학습에 익숙해져 버리는 거예요.

영어 독서는 학원 수업과 정반대의 성향을 가진 가장 적극적이고 능동적인 형태의 학습이에요. 그래서 그 시작과 습관의 유지가 어렵지만 효과 만큼은 최고입니다. 멍하니 앉아서 학원 수업이 끝날 때까지 버티는 건 가능하지만 영어책 읽기라는 공부는 생각하기 위해 애쓰지 않으면 단 한 줄도 더 읽어지지 않아요. 그 덕에 생각하게 되고, 생각하는 덕분에 생각하는 힘이 더 깊고 단단하게 길러지고, 그 덕에 영어를 시작으로 모든 과목에 자신을 갖게 되는 거예요. 모두가 인정하듯 학원이 운영되기 위해서는 그만의 시스템이 존재해요. 선생님 한 분이 여러 명의 아이를 동시에 관리하면서 같은 진도를 나가는 학원이라는 시스템 아래에서는 내 아이의 영어 독서를 개별적으로 관리받기 어렵습니다. 학원에서 안 챙겨준다고 안 해도 되는 영역이 아니에요.

저는 학원을 싫어하지 않아요. 아이의 성향에 잘 맞고, 믿고 보낼 만한 학원을 찾았고, 백 퍼센트 엄마표로는 끌고 가기 어렵다면 학원의 도움을 받는 게 맞아요. 학원의 반대말이 영어 독서가 아니에요. 그래서 '학원 + 영어 독서'를 시작해야 해요. 학원의 도움으로 다양한 영역에서 꾸준한 영어 노출을 진행하되 엄마가 시작하고 아이가 주도하는 영어 독서가 반드시 함께 가야 한다는 거예요.

학원에 보내고 있다면 엄마는 영어 독서만 신경 써주면 되니까 훨씬 수월하겠죠. 영어 학원에서 길을 잃고 돈도 잃었지만 학원 말고는 달리 아이의 영어 공부를 지속할 방법이 없는 상황이라면, 오늘부터 더디더라도 내 아이만의 속도로 완성해가겠다는 마음으로 영어 독서를 더해보세요.

CHAPTER 04.

영어 독서 준비③
파닉스, 사이트 워드 완성하기

파닉스의 개념

영어 그림책을 읽어주고, 영어 영상을 보여주면서 '듣는 영어'에 노출된 아이가 본격적인 '읽는 영어', '영어 독서'를 시작하기 위해서는 파닉스라는 과정을 한 번은 지나야 합니다. 때로 별도의 파닉스 과정 없이 영어 독서가 시작되는 아이도 있는데요, 한글을 가르치지 않았는데 혼자 책을 읽는 아이가 가끔 있는 것과 비슷한 원리입니다. 대부분은 이 과정을 필요로 하고, 너무 일찍부터 시도하지 않는다면 엄마표로 충분히 가능합니다.

해마다 새 학기가 되면 '파닉스 6개월 집중 과정' 등의 현수막이 자주 눈에 띄고, 영어를 시작하려는 마음에 초등 1학년의 등록이 활발합니다. 문제는 6개월이 지났는데 읽지 못하는 아이가 태반이라는 점이죠. 파닉스에 대한 이해가 우선되어야 합니다.

> ◆ **파닉스(Phonics)**
> 단어가 가진 소리, 발음을 배우는 교수법. 어떤 발음이 어느 문자군과 결합되었는지를 알려주는 교수법이다. 그리고 그 문자의 발음을 조합해 모르는 단어의 올바른 발음을 구성하는 방법을 배우는 학습법이다. 문자와 음성 언어 간에는 일정한 규칙이 있어서 이러한 원리를 가르치면 글자를 읽는 데 도움이 된다는 것에 근거한다.
> • 출처 : 위키백과

위의 내용을 쉽게 이해하기 위해 한글의 예를 들어보겠습니다. 초성, 중성, 종성이 합쳐져야 의미를 가진 글자가 완성됩니다. 초성, 중성, 종성 각 자가 가진 발음을 조합해 그것이 합쳐진 글자를 읽어낼 수 있으면 '한글을 읽는다'라고 표현합니다.

| 한글을 읽는 원리 |

초성	중성	종성	최종 글자
ㄱ	ㅏ		가
ㅋ	ㅗ	ㅇ	콩
ㄷ	ㅏ	ㄹ	달

위의 원리로 한글 읽기가 시작되듯 영어 알파벳을 조합하여 영어를 읽을 수 있습니다. 이렇게 읽는 방법을 익히는 과정을 파닉스라고 생각하면 됩니다. '한글 깨치기'와 '파닉스 떼기'가 꼭 같은 개념입니다.

알파벳 자음과 모음이 합쳐지고 받침이 추가되면 최종적으로 어떤 발음으로 읽어야 하는지를 깨우치고, 처음 봤거나 의미를 전혀 모르는 단어, 문장도 음성 원리를 적용해 그 발음을 유추하는 것이 영어 파닉스 학습입니다. 알파벳 하나하나가 어떤 발음을 내는지 익히고 그 알파벳이 결합했을 때 어떻게 발음해야 하는지를 익히는 과정입니다.

| 영어를 읽는 원리 |

초성	중성	종성	최종 글자
d	o	ll	doll
b	oo	k	book
t	e	n	ten

영어를 전혀 발음할 줄 모르던 아이가 간신히 읽을 줄 알게 되고, 의미를 전혀 이해하지 못한 채 앵무새처럼 읽기만 하던 아이가 아는 단어의 개수를 조금씩 늘려가다가 결국 문단 전체를 정확하게 해석하고, 나아가 글 전체에 담긴 속뜻까지 이해하게 되면 영어 독

서가 완성됩니다.

조금 더 욕심을 내자면 글과 관련되어 제시된 문제에서 답을 바르게 골라내고 제시된 글과 관련한 내 생각을 영어로 쓸 수 있다면 환상입니다. 이 모든 영어 독서의 과정을 진행하려면 이 단어와 문장을 읽는 방법을 깨우치는 것이 필수이기 때문에 조금 수고스럽더라도 하는 게 맞습니다.

그렇다면 파닉스를 떼고 나서 영어 단어, 문장을 읽을 수만 있게 되면 그 의미를 잘 몰라도 영어 독서를 하고 있다고 생각해도 될까요?

한글의 예를 먼저 살펴볼게요.

의미를 이해하지 못해도 읽는 방법을 알고 있다면 한글을 읽을 수 있습니다. 아래의 글을 소리 내어 읽어보세요.

대한민국 헌법 전문(前文)

유구한 역사와 전통에 빛나는 우리 대한국민은 3·1운동으로 건립된 대한민국임시정부의 법통과 불의에 항거한 4·19 민주이념을 계승하고, 조국의 민주개혁과 평화적 통일의 사명에 입각하여 정의·인도와 동포애로써 민족의 단결을 공고히 하고, 모든 사회적 폐습과 불의를 타파하며, 자율과 조화를 바탕으로 자유민주

> 적 기본질서를 더욱 확고히 하여 정치·경제·사회·문화의 모든 영역에 있어서 각인의 기회를 균등히 하고, 능력을 최고도로 발휘하게 하며, 자유와 권리에 따르는 책임과 의무를 완수하게 하여, 안으로는 국민 생활의 균등한 향상을 기하고 밖으로는 항구적인 세계평화와 인류공영에 이바지함으로써 우리들과 우리들의 자손의 안전과 자유와 행복을 영원히 확보할 것을 다짐하면서 1948년 7월 12일에 제정되고 8차에 걸쳐 개정된 헌법을 이제 국회의 의결을 거쳐 국민 투표에 의하여 개정한다.
>
> • 출처 : 네이버 지식백과

술술, 잘 읽히시죠?

옆에 아이가 있다면 아이도 읽어보게 해주세요. 또박또박 잘 읽을 수 있을 거예요. 그런데 아이가 이 글의 의미를 완전히 이해할 수 있을까요? 그건 아닐 거예요. 무슨 뜻인지 이해하지 못하더라도 한글 읽는 원리를 깨우친 아이가 더듬더듬 오직 '글자' 자체를 읽는 것은 충분히 가능합니다.

영어 파닉스도 똑같은 원리입니다.

다음은 미국 독립선언서의 영어 원문의 일부입니다. 파닉스를 떼고 나면 아이는 아래의 문단을 소리 내어 읽을 수 있게 됩니다. 하지만 절대 그 의미를 이해하지는 못하는 상태입니다. 아이가 깨우친 건 '읽는 방법'일 뿐이거든요.

The Declaration of Independence

When in the Course of human events it becomes necessary for one people to dissolve the political bands which have connected them with another and to assume among the powers of the earth, the separate and equal station to which the Laws of Nature and of Nature's God entitle them, a decent respect to the opinions of mankind requires that they should declare the causes which impel them to the separation.

• 출처 : 네이버 지식백과

 의미의 이해 정도와 상관없이 일단 '영어로 된 단어, 문장을 바르게 발음할 줄 아는 상태'로 만드는 것이 흔히 말하는 파닉스를 뗀 상태라고 이해하면 쉽습니다. 글자 읽는 방법을 안다고 해서 그 의미까지 안다고 할 수는 없지만, 읽는 방법도 모르는 채로 영어 독서를 계속해나가기는 무척 어려운 일이겠지요.

한글처럼 차근차근
파닉스 완성의 원칙

파닉스를 시작하려면 발음과 문자의 패턴과 대응을 이해해야 합니다. 말의 소리마다 그 소리에 해당하는 글자가 연결되어 있다는 사실을 알아야 한다는 뜻입니다. 그래서 문자 교육은 적기가 있으며 빠른 시작이 언제나 최선이 될 수 없습니다.

언어 발달의 기본 원리를 거스르려고 애를 쓰며 들인 노력은 안타깝게도 그 결과가 비례하지 못한다는 사실을 기억해야 합니다. 아빠와 엄마의 대화를 듣고도 이해하지 못하는 아이를 앉혀놓고 한글책을 읽고 느낀점을 쓰라고 강요하는 것과 같은 말도 안 되는 상황이 영어에서는 종종 일어나고 있습니다.

우리 아이들이 한글을 익히기 시작하는 일곱 살(만 5세) 무렵이면 영어권 아이들도 파닉스를 슬슬 시작합니다. 그런데 마음 급한 한국 부모는 한국에서 나고 자라는 아이가 다섯 살에 파닉스를 못 읽는다고 불안해하며 열을 내어 가르칩니다. 같은 나이의 영어권 아이들도 읽고 쓰지 못하는 영어를 우리 아이들이 읽고 쓰고 있습니다. 뭔가 이상하지 않나요?

영어로 들은 내용을 이해할 수 있게 된 후에 읽고 쓰기를 시작해야 결과적으로 더 빠르고 쉽게 갈 수 있습니다. 충분히 듣지 않았던 아이들이 앵무새처럼 영어로 말하고, 충분히 읽지 않았던 아이들이 정해진 패턴을 익혀 영어로 글을 씁니다. 듣기(Listening), 말하기(Speaking), 읽기(Reading), 쓰기(Writing) 네 영역을 모두 잡을 수 있었을 아이들이 고작 말하기와 쓰기만으로 만족하고 마는 상황입니다. 천천히 가는 것을 두려워하지 말고, 제대로 가고 있는지를 점검해야 합니다.

한글처럼 차근차근 파닉스를 완성해가는 원칙을 하나씩 생각해보겠습니다.

원칙 1

일찍 시작하면 오래 고생합니다

파닉스는 언제쯤 시작해야 할지 궁금하고 불안하시죠?
보통의 한국 아이들이라면 7세~초등 2학년 정도가 적당합니다. 1학년 1학기에 시도해보고 이해하지 못하고 거부한다면 참았다가 1학년 2학기 혹은 2학년 1학기에 다시 시도해보세요. 다음으로 미루었다고 영어를 늦추라는 뜻이 아닙니다. 그림책 읽어주기와 영어 영상에의 노출은 지속해야 합니다. 영어라는 언어의 문자를 발음하는 방법만 살짝 늦춘 것뿐입니다.

한 학기에 한 번씩 정도 시도해보면서 지금 아이가 파닉스 준비 단계 중 어느 정도에 와 있는지를 체크해보세요.

| 파닉스 준비 단계 |

단계	상태
1	알파벳 하나하나를 읽고 쓸 수 있지만 발음 규칙은 전혀 감을 잡지 못한다.
2	설명해주면 어렴풋이 이해하는 것 같긴 하다.
3	원리를 설명했더니 이해하고 처음 보는 모르는 단어도 발음할 수 있다.

위의 세 단계 중 하나일 것입니다.

1단계라면 무조건 멈추세요. 아무리 호통을 치고 열 번씩 반복해서 설명해도 지금은 불가능합니다. 이 단계의 친구들이 바로 학원을 1년 넘게 보내봤는데 아직도 단어를 읽지 못하는 분노 유발자들입니다. 아이는 잘못이 없습니다. 걸음마 하는 아이를 마라톤 대회에 내보낸 엄마 잘못입니다.

2단계라면 선택권이 있습니다. 아이가 영어 공부에 거부감이 없고 엄마가 차근히 가르쳐줄 만한 여유가 있다면 천천히 진행하는 것도 나쁘지 않습니다. 아직 완전히 적기는 아니기 때문에 조금 오래 걸릴 각오는 하는 게 좋습니다.

    3단계에 접어든 아이라면 일주일 만에도 완성됩니다. 문제는 아직 1, 2단계인 아이를 두고 한숨을 푹푹 쉬며 두통을 앓다가 학원을 찾아 보내는 경우입니다. 적기가 아닌 것뿐인데 말짱한 아이를 바보 취급을 하며 학원 상담으로 끌고 다닙니다. 때가 되면 할 아이를 그 6개월, 1년을 기다리지 못해 영어를 평생 싫어하게 만듭니다.

한글을 먼저 읽게 하세요

    한글을 떼는 것이 기본입니다. 한글과 영어를 동시에 떼게 하겠다고 욕심내면 둘 다 늦어집니다. 아이는 헷갈리고 부모는 피곤해집니다. 한글을 줄줄 읽을 줄 알고 더이상 한글 때문에 어려움이 없어지고 난 후에 시작해야 덜 고생합니다. 그때가 적기입니다. 아이마다 한글에 관심을 보이며 시작하는 시기가 달랐던 것처럼 영어 파닉스도 아이마다 적기가 있습니다.

    역시나 시작 시기는 중요하지 않습니다. 얼마나 덜 힘들게 덜 피곤하게 단기간에 마무리 지었는가가 관건입니다. 지나치게 일찍 시작해서 너무 오랜 시간 붙들고 고생해가며 간신히 파닉스 하나

떼게 되는 건 아닌지 점검해봐야 합니다. 유치원 아이가 스키를 타려면 개인 코치를 받고도 며칠이 걸리지만 초등 고학년 아이들은 몇 시간의 단체 수업만으로도 줄줄 타고 내려옵니다. 이 아이들이 성인이 되어 어느 정도의 스키 실력을 갖게 되는지는 이후의 연습량에 달린 것이지 몇 살에 처음 스키 부츠를 신었는지가 결정하지 않습니다.

빨리 시작하기만 하면 반드시 뭐가 될 것 같은 조급함은 대한민국 모든 부모의 마음이지만 조급했던 시작 시기는 실력을 보장해주지 않습니다. 파닉스도 딱 그렇습니다.

원칙 3
먼저 영어에 충분히 노출하세요

그래서 파닉스는 그림책과 영어 영상에 1년 이상 충분히 노출되었는지, 한글을 바르게 읽고 쓸 수 있는지를 확인한 후에 시작해야 합니다. 한글책을 제대로 읽지 못하는 아이가 알파벳을 쓴다고 기뻐할 일이 아닙니다. 한글을 읽고 쓰면서 모국어를 정복하며 성취감을 맛본 아이는 겁 없이 두 번째 언어에 도전할 겁니다.

주변 아이들과 비교해 늦은 감이 있을 수 있지만 순리대로 가는 것이 가장 빠르고 확실한 방법입니다. 한글 빨리 뗐다고 서울대 합격을 보장할 수 없듯이 파닉스 빨리 뗐다고 영어 1등급이 보장되지 않습니다. 결국 어느 수준에 도달했느냐가 핵심입니다.

그 과정에서 단기적인 성과를 좀 더 빨리 낸 것은 아쉽게도 최종 목표에는 그다지 결정적인 영향을 미치지 못합니다. 매일 한국어로 듣고 말하던 아이도 한글책을 읽게 하기 위해서는 일부러 앉혀놓고 가, 나, 다, 라를 가르쳐야 하는데, 한 번 가 본 적도 없는 나라의 말과 글을 알게 하려면 당연히 수고를 각오해야 합니다.

거창해 보이지만 실은, 내 아이에게 한글을 가르쳐본 경험이 있는 부모라면 누구나 시도할 수 있습니다. 이 기본 과정 없이는 영어 독서가 시작되기 힘들고, 일단 기본을 다져놓고 나면 영어 독서 레벨은 저절로 탄력을 받아 올라갑니다. 한숨 돌렸다 싶은 영어 독서의 제 개인적인 1차 목표는 O.R.T. 3단계 정도의 리더스북을 혼자 읽어내는 수준입니다.

기본기를 다지고 1차 목표를 향해보겠습니다.

엄마표로 먼저 시도하세요

파닉스는 엄마표로 가능합니다. 영어를 포기했던 엄마라도 충분히 가능할 수 있도록 알찬 교재가 나와 있습니다. 글자 체계의 원리를 이해할 수 있는 준비된 아이에게 파닉스는 전문가의 도움이 필요한 높은 난이도의 영역이 아니에요. 세 살짜리 아이에게 아무리 친절하게 설명하고 박사 학위를 가진 전문가가 설명해도 한글을 읽지 못하는 것처럼 적기가 될 때까지 기다려줄 수만 있으면 한글처럼 자연스럽게 가정에서 부모님과 함께 완성할 수 있는 것이 영어 파닉스입니다.

친절하고 체계적인 교재도 다양하게 출간되어 있습니다. 추천 교재 목록을 첨부할게요. 이들 중 어떤 것을 선택해도 속도, 효율 면에서 큰 차이는 없을 겁니다.

저는 들어본 교재가 《Smart Ponics(스마트 파닉스)》밖에 없어서 이걸 활용했었고요, 1학년 입학해서 들이밀었다가 아이와 사이가 나빠져서 2학년 올라가 다시 시도했는데 한 달여 만에 수월하게 마무리되었습니다.

| 초등용 파닉스 교재 추천 목록 |

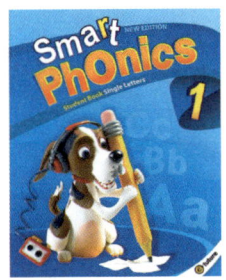

Smart Phonics
(스마트 파닉스)

- 외서
- 총 5단계로 구성되어 간단하고도 체계적인 방법으로 파닉스를 학습할 수 있다.
- 학습자들이 읽기와 쓰기를 시작할 수 있도록 효과적으로 영어의 기초를 다지도록 한다.
- 이야기와 노래에 사이트 워드(sight words)를 수록해 자연스럽게 학습하고 읽도록 유도한다.

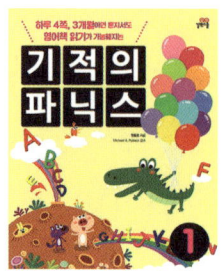

기적의 파닉스

- 파닉스 익히기 → 단어와 문장 리딩 → 스토리 리딩으로 구성되어 있다.
- 스마트폰으로 파닉스 찬트, 문장 리딩, 스토리 리딩, 연습문제 음원 듣기 가능
- 파닉스 규칙이 담긴 스토리북이 별책 부록으로 제공된다.

하루 한 장 ENGLISH BITE 파닉스

- 1권 '자음과 모음', 2권 '이중자음과 이중모음'으로 구성돼 기본편, 심화편의 느낌
- 하루 한 장씩 8주간 매일 학습하면 파닉스를 완성할 수 있어 엄마표로 진행하기 좋다.
- 단어 따라 쓰기, 소릿값 구분하기, 학습 후 해볼 수 있는 숨은그림찾기, 단어 퍼즐, 숨은 단어 찾기 등의 재미있는 게임 활동 수록

바쁜 초등학생을 위한 빠른 파닉스

- 뉴욕 원어민 선생님의 유튜브 강의 제공
- 미국식 파닉스 학습법을 우리나라 어린이 눈높이에 맞추어 구성
- '블렌딩(각각의 알파벳 소리를 붙여 읽기)' 페이지를 따로 구성해 헷갈릴 수 있는 알파벳 붙여 읽기 연습이 가능하다.

사이트 워드 똑똑하게 활용하기

파닉스의 일반적인 규칙을 따르지 않아 통째로 기억해두면 좋은 단어, 책에 자주 등장하기 때문에 바로 읽어내야 하는 단어를 사이트 워드(sight word)라고 합니다. 사이트 워드의 비중이 영어책 전체 어휘 중 50퍼센트가 넘어가고요, 미국의 초등 1학년들은 필수로 암기하는 단어들이기 때문에 힘들어도 한번 익혀두기를 권합니다. 알아두면 영어 독서가 훨씬 수월해지기 때문에 파닉스와 함께 시작해도 좋고, 파닉스 → 사이트 워드 → 리더스북(영어 독서) 순으로 넘어가도 좋습니다.

영어 동화, 영어 교과서에 자주 등장하는 사이트 워드를 익혀두면 영어책 읽기에 훨씬 수월하게 진입할 수 있답니다. 사이트 워드의 공식적인 기준이 있지 않기 때문에 때로 100개, 때로는 300개 넘는 단어가 선정되어 있는데요, 최소 분량을 정복하는 것으로 시작하기를 추천합니다. 뭐든 일단은 적게, 만만하게, 해볼 만하게 시작해야 시작할 마음이 생깁니다.

사이트 워드를 읽고 외워버리는 과정이 자연스럽게 진행되는 아이도 가끔 있습니다만, 파닉스를 마친 후에도 책 읽기가 두려운 아이들이 훨씬 많습니다. 그래서 사이트 워드를 다지고 가자는 것이죠. 초등 저학년, 파닉스를 진행하고 있거나 끝낸 아이와 사이트 워드를 하루 3개씩 가 봅시다. 빠르게 끝내면 당연히 더욱 좋겠지만 속도가 정확성을 보장해주지 못하며 후루룩 급하게 훑어버리고 끝내는 것은 오히려 영어 자신감을 줄어들게 만듭니다.

사이트 워드는 아이 인생에서 처음 겪는 영어 단어 암기입니다. 그래서 힘을 빼는 게 핵심이고 기술입니다. 열심히 가르치고 싶고 어서 영어 독서의 바다로 풍덩 밀어 넣고 싶은 엄마 맘이야 이해하지만, 생전 처음 보는 꼬부랑 글씨를 읽어보라고 하더니 외워보라고 하고 뜻까지 말해보라고 하니 아이는 기가 막힙니다.

제발, 영어 때문에 죽고 싶다는 아이들을 구해주세요. 영어는 잘못이 없습니다. 아이들은 사이트 워드를 시작으로 적게는 수천 개, 많게는 수만 개의 영어 단어와의 씨름을 시작할 겁니다. 너무 싫어하지 않게 살살 시작하는 것이 성공의 확실한 방법입니다.

방법 1
사이트 워드 종류 알기

　　대표적인 최소한의 사이트 워드를 확보해놓고 읽는 연습을 시작해보세요. 의미를 암기하는 것도 필요하지만 일단 눈으로 단어를 보고 소리 내어 읽을 수 있게 연습하는 것이 먼저입니다. 다음의 표는 영어 사이트 워드 중 가장 기본이 될 만한 단어들을 알파벳 순서로 정리한 것입니다. 영어를 놓은 지 한참 된 것 같은 부모님과 이제 막 영어를 시작하는 초등 아이도 어렵지 않게 읽고 뜻을 말할 수 있는 영단어의 기초이자 핵심이라고 생각하면 쉽습니다.

　　이 단어는 기본적으로 외워놓고 영어 독서를 시작하면 훨씬 더 부드럽게, 덜 힘들게 진행될 수 있기 때문에 외워두기를 권합니다. 저는 저학년 시기의 영단어 암기를 반대하는 입장인데요, 그럼에도 아래의 사이트 워드 정도는 머릿속에 넣어두기를 권합니다.

　　이 시기의 단어 암기는 '읽을 수 있는가', '뜻을 알고 있는가' 이 두 가지만 할 수 있으면 충분합니다. 외워서 쓸 필요까지는 없습니다. 외워서 쓸 수 있으면 당연히 좋겠지만 지금 시기에 그보다 중요한 건 사이트 워드를 읽고 그 의미를 아는 상태에서 영어 독서를 시작하는 것이지, 단어를 더 많이 외워서 쓰게 만드는 일이 아니에요. 각 시기마다 우선순위를 명확히 알고 지도하는 것이 영어 코치인 우리의 핵심 역할입니다. 외워서 쓰는 건 본격적인 영단어 암기와 영어 글쓰기를 연습하는 시기에 필요한 기술이에요.

다음 표의 단어들을 소리 내어 읽은 후에 그 뜻을 말해보는 순서의 활동을 매일 한 번씩 반복하게 해주세요. 그걸로 충분합니다. 단어들이 시시해지기 시작하면 쿨하게 그만두면 됩니다.

| 초보자를 위한 기본 사이트 워드 |

a	a	all	am	and	are	at	away
b	be	big	black	blue	brown		
c	came	can	come				
d	did	do	down				
e	eat						
f	find	for	funny				
g	get	good	go				
h	have	he	help	here			
i	i	in	into	is	it		
j	jump						
l	like	little	look				
m	make	me	must	my			
n	new	no	not	now			

o	on	one	our	out			
p	play	please	pretty				
r	ran	red	ride	run			
s	said	saw	say	see	she	so	soon
t	that	the	there	they	this	three	to
u	under	up					
w	want	was	we	well	went	what	where
y	yellow	yes	you				

방법 2
사이트 워드 익히기

사이트 워드는 알파벳 순서대로 익히는 것을 추천합니다. 아는 것을 빼버리고 모르는 것만 골라놓고 가는 것보다는, 아는 단어도 포함해서 하루 3개씩 정도면 충분합니다. 새롭게 외워야 하는 단어만 빡빡하게 3개가 이어지면 금방 지칩니다. 때로 오늘 외울 단어 3개 모두가 아이가 이미 알고 있었던 것이라서 오늘은 외울 게 별로 없는 행복한 날도 있어야지요. 어떤 공부든 슬쩍 숨 쉴 수 있는 틈이 있어야 합니다. 그래서 알파벳 순서가 무난하고요, 덕분에 알파벳의 순서도 확실히 익히게 되면 더욱 좋습니다.

이미 사이트 워드의 단계를 넘어섰다 하더라도 암기용이 아닌 점검용으로 다시 짚어보는 것이 좋습니다. 우리의 뇌는 눈으로 자주 본 단어를 접할 때 이미 쓰임새를 훤히 알고 있고, 스펠링도 정확히 안다고 착각하게 만듭니다. 이번 기회에 외워버리거나, 학년이나 수준과 상관없이 제대로 아는지 점검해야 하는 이유입니다.

기본 사이트 워드 표는 네이버 카페 '슬기로운초등생활'의 '공유자료' 카테고리에 들어가면 한글 파일로 받아 사용할 수 있습니다. 출력해서 냉장고나 아이 책상 등 잘 보이는 곳에 붙여두고 눈에 익게 해주세요. 확실하게 알게 된 단어는 형광펜으로 표시하여 점차 아는 단어가 늘어가고 있음을 시각적으로 확인하게 해야 합니다. 아이는 생각보다 훨씬 단순합니다. 아는 단어에 형광펜을 표시하고 싶은 마음에 공부를 시작하게 되기도 합니다.

하루에 딱 3개만 외워서 한 달이면 충분합니다. 아직 영어 공부 습관이 잡혀 있지 않은 아이에게 더 많은, 더 빠른 정보를 붓는다고 한들 아이가 받아들이고 그대로 수준을 높여가는 건 불가능합니다. 3개만 외우고, 제대로 외운 다음 형광펜으로 표시하고, 그로부터 얻은 성취감 덕분에 내일 또 도전해야 합니다.

네이버 카페 '슬기로운초등생활' 바로가기

방법 3
사이트 워드 점검하기

'아는 단어'와 '모르는 단어'를 구분할 때는 두 가지 기준으로 판단하면 됩니다. '읽을 수 있는가', '단어의 의미를 알고 있는가'입니다. 정확한 스펠링으로 쓸 수 있느냐는 지금 단계에서 점검할 필요가 없습니다. 우리는 영어책을 읽고 그 의미를 이해하기 위한 영어 독서를 시도하는 중이라는 사실을 기억하세요.

정확한 스펠링은 충분한 영어 독서 후에 동반될 영어 글쓰기 과정에서 필요합니다. 한글을 제대로 읽을 수도 없고 의미를 이해하지 못하는 아이가 영어로 일기를 쓰고 독후감까지 쓰기를 기대하지 않습니다. 먼저 읽고 이해해야 합니다. 그것을 위해서는 사이트 워드를 쓰면서 외우기보다 눈과 입으로 읽으면서 머릿속에 입력하게 해야 합니다.

익히는 과정이 끝나고 나면 똑같은 종이 한 장을 더 출력해 아이 스스로 점검해보게 해주세요. 엄마와 퀴즈를 풀듯 함께해봐도 좋습니다. 내가 아는 것과 모르는 것을 구분해내는 것이 메타 인지 학습의 기본입니다. 아이 스스로 확실히 아는 단어, 알 것도 같은 단어, 여전히 잘 모르는 단어를 구분하게 하고 부족한 부분을 채워가며 사이트 워드를 완성하게 해주세요.

사이트 워드 빙고

초등 아이와 함께할 수 있는 간단하고 흥미진진한 놀이인 빙고를 이용해 사이트 워드를 읽고 쓰는 연습을 해보세요. 처음부터 비어 있는 빙고 판을 내밀며 아는 단어를 써보라고 하면 무섭습니다. 그건 영어를 10년 넘게 배운 성인의 수준에서 접근하는, 순서에 맞지 않는 방법이지요. 칸 안에 사이트 워드들이 이미 들어가 있는 빙고 판을 주어야 해요. (모든 자료는 네이버 카페에 있습니다.)

| 사이트 워드 빙고판 예시 |

did	do	down	play	please
it	under	up	for	my
jump	new	no	not	now
eat	all	we	well	out
blue	brown	black	into	is

위와 같이 사이트 워드로 채운 빙고 판을 엄마와 아이가 한 장씩 나누어 갖고 단어를 번갈아 외치며 빙고 게임을 하는 거예요. 단

어를 소리내어 읽어야만 이길 수 있기 때문에 게임을 하면서 사이트 워드 읽는 방법을 충분히 연습할 수 있답니다. 잘 읽는다면 단어를 외칠 때 그 뜻을 함께 말해보도록 유도해주세요. 즐겁게 외운 단어는 잘 잊히지도 않습니다.

방법 5
교재 활용하기

교재를 가이드 삼아 한 달 정도의 시간을 잡고 진행하는 것도 좋은 방법입니다. 사이트 워드는 영어 읽기 독립을 위한 수단이므로 이것 자체에 너무 많은 시간과 노력을 들일 필요는 없습니다. 시중에 잘 정리된 사이트 워드 교재들이 출간되어 있고요, 디자인, 분량 등에 따라 선택하여 엄마표로 진행해보면 좋습니다.

파닉스, 사이트 워드 단계부터 어학원의 도움을 받기 시작하면 나중에 정작 학원의 도움이 절실해지는 초등 고학년, 중·고등학교 시기에는 학원 수업 자체가 권태로워져 그 효과를 누리기 어려워질 수 있습니다. 할 수 있는 만큼은 최대한 집에서 해결하면서 학원에 질리지 않도록 경계해야 합니다.

아이 스스로가 사교육을 필요로 할 때 학원을 적절히 활용하는 전략이 필요해요. 시중의 서점에는 엄마 혼자 하기 힘들 때 도움을 청할 수 있는 보석 같은 훌륭한 교재들이 나와 있답니다.

| 사이트 워드 교재 추천 목록 |

기적의 사이트 워드

- 필수 사이트 워드 160개 수록
- 저학년 아이의 흥미와 관심을 지속시켜줄 수 있는 신나는 찬트와 다양한 삽화로 재미있게 학습할 수 있다.
- 철자로 발음 익히기, 문제로 확인 연습, 스토리 읽기
- 하루에 8개 단어, 20일간 학습 플랜 제공

초등 영어를 결정하는 사이트 워드

- 눈에 익은 사이트 워드를 문장 속 빈 곳에 써 넣어 문장을 완성하여 연습하도록 유도
- 학습한 단어를 짧은 이야기를 통해 다시 복습할 수 있도록 한다.
- 한 꼭지에 두 개의 단어를 다루고 있어 부담 없이 학습 가능
- 원어민의 발음을 들을 수 있는 QR코드 제공

진짜 진짜 사이트 워드

- 문장 안에서 자연스럽게 사이트 워드의 의미와 쓰임새를 이해하도록 유도
- 찬트와 다양한 학습 활동으로 사이트 워드의 철자, 발음, 의미를 익히도록 구성
- 사이트 워드를 활용한 보드게임, 플래시 카드 제공

영어 읽기
기초 단계 교재 활용하기

파닉스와 사이트 워드를 한 번씩 훑고 나면 더듬거리며 영어를 읽게 될 거예요. 파닉스의 원리에 충실한 엄선된 단어들과 사이트 워드로 구성된 우리 아이의 첫 영어 읽기 교재를 소개합니다. 소개하는 교재들은 모두 시리즈로 구성되어 있어 난이도를 높여가며 읽기 훈련을 할 수 있는데요, 한 시리즈만 고집할 필요는 없습니다. 진행하다가 지겨워질 때쯤이면 다른 시리즈의 다음 단계로 바꾸어 보는 것도 좋은 방법이고, 세 가지를 경험하면서 아이가 가장 선호하는 교재에 정착하는 것도 괜찮습니다.

이런 형태의 읽기 교재만으로 영어 독서를 한동안 진행하는 경우도 있고, 이 단계 없이 바로 리더스북으로 넘어가는 아이도 있습니다. 파닉스에서 리더스북으로 넘어가기를 부담스러워하는 아이, 리더스북 단계를 시작했지만 여전히 읽기에 자신 없는 아이에게 유용하겠지요. 파닉스와 리더스 사이에 놓인 징검다리의 느낌으로 활용해보세요.

| 첫 영어 읽기 교재 추천 목록 |

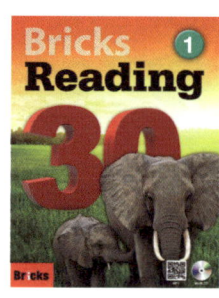

Bricks Reading (브릭스 리딩)

- 총 9권 시리즈물
- 본격적인 영어 독서를 시작하기에 앞서 기초적인 학습이 필요한 단계의 아이들을 위해 만들어진 교재
- 짧은 문장을 읽고 이해하는 수준에서, 100단어 정도로 이루어진 글을 읽고 이야기의 구조를 파악하는 수준으로 구성
- 단계별로 체계적인 활동을 제공하고 있다.

SUBJECT Link (서브젝트 링크)

- 총 8권 시리즈물
- 위에 소개한 브릭스 시리즈와 더불어 어학원과 방과 후 영어 수업에서 가장 많이 쓰이는 교재로 아이가 지루해할 땐 두 가지 시리즈를 단계별로 적절히 혼용하면 효과적이다.
- 교재의 홈페이지에 들어가면 출력하여 활용할 만한 다양한 워크시트를 제공하고 있다.

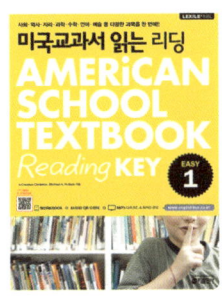

미국 교과서 읽는 리딩 EASY

- 높은 수준의 독해 문제집으로 연결된 시리즈물
- 미국에서 널리 읽히는 교과서를 분석해 사회, 과학, 수학, 역사, 지리, 언어, 예술 등 여러 과목을 담고 있는 읽기 훈련 교재
- 파닉스, 사이트 워드에서 넘어갈 때는 EASY 단계가 적합
- 단계가 높아지면서는 정치, 경제, 법, 행정 분야에 관한 단어가 등장하기도 해, 아이 혼자 진행하기 어려운 경우도 있다.

꾸준한 영어 독서를 위한
영어 사전 활용법

파닉스 단계에서부터 당장 모르는 단어가 나타나기 시작합니다. 본격적인 영어 독서가 시작되면 그 빈도는 더욱 늘어날 거고요. 파닉스, 사이트 워드부터 시작해서 기초적인 리더스북 단계에서도 모르는 단어는 늘 있으며, 모르는 단어가 적절히 등장하는 수준의 책으로 실력을 높여가는 것은 최고의 영어 독서법입니다. 모르는 단어를 만났을 때 적절한 빈도로 영어 사전을 활용하는 것은 영어 독서를 꾸준히 유지하는 좋은 방법이 됩니다.

하지만 영어 사전을 활용하는 것이 독이 되는 경우도 있어요. 영어책을 읽다가 뜻을 모르거나 처음 보는 단어가 나올 때마다 1초의 고민도 없이 사전부터 펼쳐 드는 경우가 그렇습니다.

제시된 삽화와 문맥을 통해 새로운 단어의 의미를 유추해보는 과정이 반드시 필요해요. 이 과정에서 길러지는 생각하는 힘과 자연스러운 단어 습득은 영어 독서를 통한 영어 공부를 하는 핵심이기도 하거든요.

문맥 속에서 처음 보는 단어의 의미를 유추해보는 과정을 마치고 나면 그 단어의 의미를 사전을 통해 확인해보도록 해주세요. 모르는 단어는 계속 등장하고, 하나씩 옆에 앉아 설명해주기도 힘들고, 그 뜻을 확인하지 않고 넘어가기엔 찝찝한 상황이라면 결국 사전의 도움이 필요합니다. 초등 아이는 국어사전 활용도 익숙하지 않기 때문에 초기에는 사용법을 알려주고 함께 찾아보면서 손에 익도록 도움을 주어야 합니다. 학교 영어 수업 시간에는 영어 사전을 거의 활용하지 않기 때문에 가정에서 활용하는 것이 전부인 경우가 많아요.

아이들이 활용할 만한 것으로는 네이버 사전, 다음 사전 등의 인터넷 사전과 스마트폰 애플리케이션, 전자사전, 종이 사전 등이 있습니다. 각 사전의 특징과 함께 아이가 언제부터, 어떻게 활용하면 좋을지 살펴볼게요. (이 활용법은 국어사전의 경우에도 그대로 적용되니 국어사전 활용에 참고해도 좋습니다.)

종이 사전

 가장 추천하고 싶은 사전은 당연히 종이 사전입니다. 전자기기를 활용하는 다양한 종류의 사전과 학습법, 전자책이 등장하고 있지만 여전히 공부의 기본은 종이가 기반이었으면 좋겠어요. 적어도 지금 초등학교에 다니는 아이들 세대라면 종이 교과서를 보고 종이 시험지를 풀고 종이 답안지를 작성해야 하거든요. 종이 기반의 학습에 익숙할수록 평가와 공부에 유리하다는 의미입니다. 그래서 가장 친숙한 사전은 종이 사전이었으면 좋겠어요.
 부모인 우리 세대가 학창 시절에 쓰던 두툼한 영한 사전, 기억나시죠? 우리 세대는 중·고등학생이 되어서야 비로소 영어 사전을 활용했지만, 영어 공부 시작 시기가 당겨진 요즘은 초등학생 때부터 사전이 필요합니다.
 그래서 초등학생을 대상으로 하는 종이 사전이 여러 종 출간되어 있는데, 문제는 우리 아이들이 아직 종이 사전의 활용을 버거워한다는 거예요. 국어사전 활용법은 초등학교 3학년 국어 시간에 처음으로 배우고요, 영어 사전 활용법은 교육 과정에 포함되어 있지도 않아요. 이런 아이들에게 종이로 된 영어 사전을 강요하기 어려운 상황이라는 의미지요.
 유치원, 초등 1, 2학년 정도에는 사전 앱 활용을 추천하고요,

3학년 이상이라면 국어사전 찾는 법을 알고 있을 것이라는 전제하에 종이로 된 영어 사전 찾는 법을 알려주고 활용하게 해주세요.

| 초등 영어 사전 추천 목록 |

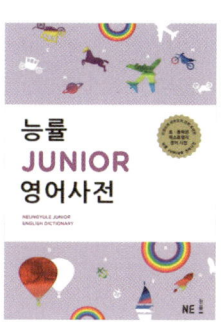

능률 JUNIOR 영어 사전

- 교과부 권장 초·중등 기본 어휘 포함, 국내 최다 10,000단어
- 표제어와 자주 쓰는 표현을 영어뿐 아니라 대응되는 우리말에도 굵게 표기하여 찾기 쉽고 활용하기 쉽도록 구성되어 있다.
- 다른 사전에 비해 예문이 2~3배 풍부하다.
- 콩글리시, 발음, 철자 등 틀리기 쉬운 부분을 주의 정보로 제시하고 있다.

동아 연세 초등 영어 사전

- 교과서 및 각종 읽기 교재, 신문 등에서 채록하고 실제 사용 빈도에 따라 골라낸 2,800여 단어를 수록
- 영어 말뭉치(corpus)를 활용하여 실제 사용된 용례를 수록함으로써 단어에 대한 이해도를 높였으며, 어휘력을 높일 수 있도록 용례에 연어(collocation)를 표기하였다.
- 문화적인 내용이나 문법, 발음에 대한 학습 사항들을 자세히 설명한 부가 정보를 수록하고 있다.

HELLO! 디즈니 처음 영어 사전

- 일상생활에서 자주 사용하고 아이들이 꼭 알아야 할 기초 영어 단어 900개 수록
- 아이들이 좋아하는 디즈니 동화 속 그림이 들어가 있어서 마치 그림책을 보듯 재미있게 습득할 수 있다.
- 알파벳별로 원어민 발음이 담긴 QR코드를 수록하여 원어민이 들려주는 음성을 듣고 정확한 영어 발음을 익힐 수 있다.

스마트폰 사전

사실, 스마트폰 사전이 대세입니다. 중·고등학교에 올라가면 대부분 스마트폰 사전을 쓰기 때문에 미리 익숙해지는 것도 나쁘진 않습니다. 성인도 모르는 단어를 만났을 때 간단히 검색하는 용도로 사용하고 있는 다음 사전, 네이버 사전을 우리 아이도 활용할 수 있답니다. 종이 사전보다 그 사용법이 훨씬 간편해서 저학년도 어려워하지 않아요. 또 단어의 정확한 발음을 미국식, 영국식 원어민 발음으로 바로 확인할 수 있어 발음에 대한 걱정도 덜 수 있습니다. 여러모로 정말 스마트하지요.

휴대하고 다니는 스마트폰으로 언제든 간단히 검색해볼 수 있으니 종이 사전 찾는 법을 알고 난 이후나, 옆에 종이 사전이 있는 경우에도 종이 사전보다 자주 찾게 되는데요, 그렇다고 해서 스마트폰 사전만 활용하는 건 추천하지 않습니다. 종이 사전 활용법이 익숙하지 않은 경우, 집 밖에서 갑자기 궁금한 단어가 생긴 경우, 종이 사전에 표기된 발음기호를 보고도 정확한 발음을 하기 어려운 경우에 한해 스마트폰 검색을 허용해주는 방향으로 기준을 잡아주세요.

네이버, 다음 등의 포털 사이트에서 제공하는 어학 사전, 앱 스토어에서 다운로드 받을 수 있는 무료 사전 앱 등을 활용하면 됩니다. 그 기능과 어휘 수 등에는 큰 차이가 없습니다.

영어 독서 시간 vs. 한글 독서 시간

그림책부터 시작해서 챕터북까지 모든 단계에서 만나는 고민이 있는데요, 바로 영어책과 한글책의 독서 시간 비중입니다. 영어 독서 레벨을 올리기 위해 한글 독서 수준을 꾸준히 올리는 것이 무엇보다 중요하기 때문에 생기는 고민입니다. 이 사실을 모른 채 한글 독서 시간보다 영어 독서 시간을 늘리는 것에만 집중하기도 하는데요, 이 균형을 잘 잡는 것이 두 마리 토끼를 잡는 비결입니다.

기본은 한글 독서 시간이 충분히 확보되었는가 점검하는 일입니다. 영어 독서라는 나무는 한글 독서라는 뿌리의 힘으로 성장합니다. 초등 시기는 뿌리에 거름을 주고 물을 주는 결정적인 시기입니다. 영어 학원 수업이 바빠서, 학교 과제가 많아서, 수학 문제집

풀 시간이 부족해서… 다양한 이유로 한글 독서는 자꾸 뒷전으로 밀립니다. 그만큼 영어 독서를 올릴 가능성이 줄어들고 있다고 생각하면 맞습니다.

아차, 싶은 마음이 드시죠? 오늘부터 다시 한글 독서를 시작해주세요. 거듭 말씀드리지만 초등 아이라면 학년과 상관없이 아무것도 늦은 게 없습니다. (모든 과목, 모든 영역에서요.) 오늘부터 시작하면 중학교에 입학할 즈음엔 한글 독서와 영어 독서의 키 맞추기가 가능합니다.

영어 독서를 시작한 아이가 한글 독서를 놓치지 않고 병행하기 위한 우리 집만의 계획, 규칙을 세워보세요. 참고가 될 만한 몇 가지 원칙을 알려드릴게요.

원칙 1
둘 중 하나만 해야 한다면 한글

엄마의 마음이 급한 건 누구보다 제가 잘 알고 있으니 혹시나 그걸 모르고 드리는 말씀이라 생각지 마세요. 공부 시간이 부족했던 날이면 하기로 했던 모든 과목의 공부를 완전하게 마치기가 쉽지 않습니다. 사실 이런 경우 사회, 과학 복습, 연산 등의 공부를 빼는 게 최선이긴 한데요, 그렇게 해도 시간이 부족한 날이 분명 있습니다.

한글책과 영어책을 들고 고민하는 아이에게는 한글책을 권해야 해요. 저학년일수록 더욱 그렇습니다. 한글이라는 바탕 위에 영어라는 탑을 쌓아간다고 생각하세요. 한글이 탄탄할수록 영어를 더 높이 올릴 수 있어요. 그래서 영어책 못 읽는 날은 있을 수 있지만 한글책 못 읽는 날은 없었으면 합니다. 그만큼 한글이 중요해요.

초등 아이라면 매일 적어도 30분 이상의 한글 독서 시간을 확보해주세요. 5학년이 넘어가면 현실적으로 한글 독서 시간이 턱없이 부족해지는데요, 주말을 활용해서라도 한글 독서를 이어가야 합니다. 한글 독서가 부족해서 생기는 문제는 지금 눈에 보이지 않지만 몇 년 후에는 결코 돌이킬 수 없는 후회로 남습니다.

원칙 2
4학년을 공략하세요

학습으로서의 영어를 제대로 받아들일 수 있으면서 독서 습관, 공부 습관, 영어 노출 등의 조건이 제대로 엉글어져 영어 독서의 바다에 제대로 한번 빠져볼 만한 시기가 4학년입니다. 이때 아이의 수준이 어느 단계인지는 크게 중요하지 않고요, 가장 눈부신 영어 독서의 성장이 일어날 최적의 시기임을 알고 공략하세요. 4학년 이전은 한글 독서 습관, 매일 공부 습관 등이 제대로 자리잡히도록 해주시고, 5학년부터는 수학 공부 시간의 비중을 높여야 해서 좀 바빠집니다. 그래서 4학년이에요.

지금 아이가 4학년이라면 파닉스 단계든 챕터북 단계든 영어 독서 시간의 비중을 조금 더 늘려주세요. 그리고 공부 시간이 무한 늘어나는 걸 막기 위해 다른 공부 영역의 양을 대폭 줄여주세요. 한글 독서 시간은 유지하되 영어 독서 시간을 대폭 늘려주세요. 한 번 제대로 빠져본 아이는 그때 얻은 성취감과 언어 감각을 유지하며 적어도 영어에서만큼은 자신감을 제대로 갖게 되고, 이 자신감은 다른 과목으로 확장됩니다.

원칙 3
독서 습관이 잡히지 않았다면

초등 고학년인데 독서 습관 자체가 잡히지 않았거나 영어 노출이 충분히 되어 있지 않아 마음이 급한 경우를 위한 처방입니다. 한글 독서 습관을 잡고 책 좋아하게 만들면서 파닉스와 리더스까지 차근차근 올라가기엔 친구들 수준에 비해 낮다는 것을 알고 자신감이 떨어질 수밖에 없습니다. 마음이 무척 바쁘기도 하고요. 이런 경우까지도 엄마표 영어 독서가 최선일 수는 없어요.

친구에 비해 영어가 늦은 경우는 아이의 자신감이 떨어질 수밖에 없습니다. 그래서 진도를 속도감 있게 체계적으로 끌고 갈 수 있는 어학원, 영어 도서관에 다니면서 집에서는 한글 독서, 영어 독서를 병행하여 단기간 최대의 효과를 올릴 수 있게 도와야 합니다.

고학년은 파닉스도 리더스북도 저학년에 비해 빠른 속도로 진행할 수 있습니다. 늦었다고 포기하거나 학원에만 맡겨버리지 말고 가정에서 한글 독서와 영어 독서를 병행하며 마음 급한 아이를 도와주세요.

핵심 정보

파닉스 단계의 학습 자료 제공 사이트

Kiz club
(키즈클럽)

- 영단어 카드, 사이트 워드, 알파벳, 파닉스 자료
- 유명한 원서들의 워크북을 무료로 제공하고 있어 인쇄하여 재미있고 다양하게 활용할 수 있다.

Sparkle Box
(스파클 박스)

- 알파벳, 파닉스, 기초 연산
- 키즈클럽과 비슷한 영국 사이트
- 회원가입 없이 자료를 무료로 저장, 인쇄할 수 있다.

169

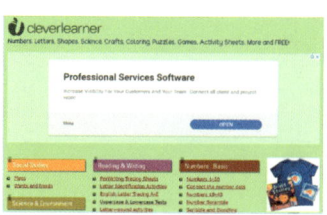

cleverlearner
(클레버러너)

- 모음·자음, 사이트 워드, 알파벳, 파닉스
- 특히 파닉스 단계의 자료들이 방대하여 다양하게 활용할 수 있다.

Highlights kids
(하이라이트 키즈)

- 색칠, 미로찾기, 게임, 숨은그림찾기 등 놀이라고 느낄 만한 다양한 활동을 제공하고 있어 영어를 재미있게 접근하는 용도로 활용하기 적당하다.

레벨업
꿀팁

성취감을 맛보게 하는 보상의 원칙

언어 학습은 꾸준함이 생명이며, 초등 아이가 학습의 꾸준함을 유지하기 위해서는 적절한 보상의 도움이 필요합니다. 왜 이렇게까지 매일 열심히 해야 하는지 이해하기 어려운 시기이기 때문에 영어의 중요성을 깨닫고 스스로 알아서 열심히 하기(내적 동기)를 바랄 수는 없습니다.

이 시기의 아이는 눈에 보이는 목표 달성(외적 동기)을 위해 꾸준히 노력해야 하고, 덕분에 습관이 잘 자리잡히고 나면 강요하지 않아도 내적 동기를 향해 속도를 내게 됩니다. 내적 동기가 생기는 시기는 아이마다 다르기 때문에 아직 아니라고 조급할 필요가 없습니다. 언젠가는 올 거고, 올 때까지는 외적 동기라는 고마운 무기를 활용하면 되니까요.

초등 시기의 보상에는 분명한 원칙이 있습니다. 공부만 열심히 하면 원 없이 소원을 들어주는 게 아이를 위하는 일이 아닙니다. 스스로 성취감을 맛보는 경험을 계속 제공하여 자신감을 갖게 하고, 이후에 보상이 없더라도 공부의 습관을 계속하게 만드는 것이 핵심입니다.

원칙1. 보상의 주기는 짧게 시작하세요

한 학기, 일 년, 혹은 한 달도 깁니다. 실패하기 딱 좋은 계획을 세워놓고 기다렸다는 듯 실패하게 만들 이유가 없습니다. 아이를 시험하지 마세요. 성공할 것이 뻔히 보이는 계획을 세우고 반드시 성공하게 해주세요. 성취라는 달콤한 맛을 본 아이는 더 어려운 과제 앞에서도 성취해내기 위한 노력을 하게 됩니다. 아무것도 하지 않으려고 늘어져 있는 아이가 집에 있다면 한번 곰곰이 생각해보세요.
'우리 아이는 지금까지 어떤 성취를 경험했을까?'
'아이가 눈을 반짝이며 성취를 기뻐해본 적이 있었던가?'
그래서 보상의 주기는 짧아야 합니다. 일단 짧게 시작합니다. 사춘기라서 예민하거나, 저학년이라서 아직은 공부 습관이 잡혀 있지 않거나, ADHD 성향을 보이는 산만함이 있을수록 더욱 그렇습니다. 처음에는 하루 단위의 보상도 괜찮습니다. 자리 잡히고 나면 일주일 단위의 보상이 효과적이고요, 한 달 정도까지 늘려보는 것도 초등 시기에 가능합니다.

원칙2. 보상의 종류는 아이가 선택하게 하세요

만약 출판사에서 제게 원고를 한 달 일찍 마감하면 담배 백 보루를 선물로 주겠다고 한다면, 저는 원고를 마치려고 애를 쓸까요, 안 쓸까요? 원리는 간단합니다. 아무리 좋은 보상도 내가 바라던 게 아니라면 시들합니다. (만약 출판사에서 호텔 숙박권을 제시한다면 전 밤을 새워서라도 마감을 앞당길 겁니다.)

계획을 세우기 전에 보상의 종류에 대해 아이와 대화가 필요합니다. 이참에 아이의 마음도 알 수 있고 요즘 무엇에 관심이 있는지 어떤 성향의 아이인지도 알 수 있습니다. 아이가 지나치게 비싼 보상을 요구한다면 그것이 안 되는 이유를 설명하면서 자연스럽게 경제 교육도 할 수 있습니다.

아이에게 선택권을 주면 아이에게 끌려다니게 될까 봐, 아이와 싸움이 일어날까 봐 대화 자체를 피하는 경우가 많은데요, 피할수록 어려워지는 게 아이와의 대화입니다. 지금 대화하지 않으면 아이와 대화가 어려울 수도 있습니다.

아이의 요구를 다 들어주라는 게 아닙니다. 아이가 원하는 것을 확인하고 협상하고 조율하는 과정을 반드시 포함해야 한다는 의미입니다. 아이도 이제 알아들을 나이가 되었습니다. 장난감을 사 달라며 마트 바닥에 드러눕던 꼬마가 아니에요. 금액, 종류, 기한 등의 기준을 정하고 그 안에서 최고의 보상을 선택하게 해주세요.

원칙3. 보상을 위한 노력을 가볍게 여기지 마세요

보상을 바라고 열심을 내는 아이를 흘겨보면서 '네가 바라는 게 있어야 이렇게 하는구나'라면서 아이가 하는 노력의 가치를 가볍게 단정 짓는 부모가 있습니다. (열심히 해도 흘겨보고 못 하면 더 흘겨보는 습관은 반드시 고칩시다.) 아무리 갖고 싶은 게 있다 해도 아이에게 매일의 노력은 쉬운 일이 아닙니다.

주변에 속도 내서 달리는 아이의 친구와 비교하면 한참 부족해 보일 거예요. 그렇다고 해서 아이가 지금 하는 노력들을 낮게 평가해서는 안 돼요. 우리가 지금 하는 모든 노력이 결국 아이가 잘되길 바라는 마음에서 출발한 것이 맞는다면 달라져야 합니다. 더 많은 사교육을 시키고 더 많은 분량을 공부하도록 애쓰는 거 말고, 아이의 노력을 존중하기 위해 애써야 합니다.

보상을 바라고 한 것은 맞지만 지치기도 하고 지겹기도 한 매일의 영어 독서를 이어가고 있다는 건 쉬운 일이 아니에요. 아이가 보상 그딴 거 필요 없다고 안 받겠다고 다 내려놓아 버리면 사자처럼 소리를 지르고 억지로 시키는 것 말고는 방법이 없습니다. 그때는 후회해도 늦습니다. 보상을 바라고 했을 뿐인데 그럼에도 변함없이 격려하고 응원하고 칭찬해주는 부모님께 민망하고 미안해서라도 더 열심히 해보고 싶게 해주세요.

초등 아이가 공부를 열심히 하는 건 딱 두 가지 이유입니다.
선물 받고 싶어서, 그리고 기뻐하는 엄마의 모습을 보고 싶어서.

엄마의 진짜
속마음

똑똑한 줄 알았던 아이가
파닉스로 애를 먹일 줄이야

부모라면 다 비슷하겠지만 저도 제 아이가 똑똑한 줄 알았어요. 1학년 때까지는요. 세상에서 제일 잘난 줄 알았던 아이가 발표도 제대로 못 하고 버벅거리는 모습을 보고 돌아온 1학년 공개수업 때 한풀 꺾이더라고요.

그래도 기대는 버리지 않았습니다. 발표가 똘똘함을 표현하는 전부는 아니라고 위로하며 실력으로 승부를 보리라, 혼자 칼을 갈았죠. 아이에 대한 실망감과 불안함을 내색하지 않기 위해 애썼지만 아마도 티가 많이 났을 겁니다.

1학년 입학식을 마치고 동네를 둘러보다가 '파닉스 2개월 완성반 선착순 10명 무료'라는 현수막을 발견했습니다. 마감되었을까 봐 손을 떨며 전화를 걸었어요. 다행히 선착순 10번으로 간신히 들어갔습니다.

학원 경험이 없던 아이가 2개월 동안 하루도 빠짐없이 다닌 결과는 어땠을까요? 학원에 가야 한다는 사실 때문에 매일 우울해했고, 파닉스는커녕 알파벳도 제대로 익히지 못하고 두 달을 마무리했습니다. 이사 와서 변변한 친구 하나 없는 동네에서 학교 마치고 좀 놀고 싶은데 떠밀리듯 학원에 가 매일 두 시간을 보내고 온 아이는 언제까지 여길 다녀야 하는지만 궁금해했습니다. 학원 수업에 맞지 않는 아이였고, 꾹꾹 참아가며 하기엔 아직 어렸습니다. (학원을 즐거워하고 보내달라고 하는 아이도 분명히 있습니다.)
처음이자 마지막인 영어 학원의 기억입니다.
시간이 흘러 이제 1학년 2학기에 접어든 아이와 다시 파닉스 교재를 사이에 두고 마주 앉았습니다. '이제 더는 미룰 수 없다. 시작해보자' 하는 마음이었지요. 저는 근무하던 초등학교에서 방과 후 학교 강좌로 1, 2학년 파닉스 과정을 개설해서 운영했던 경험이 있습니다. 파닉스 가르치는 일이 별로 어려운 일이 아니었어요. 그 시절의 경험과 노하우를 총동원하여 설명했지만 아무리 해도 아이가 전혀 이해를 못 하더라고요.
똑똑한 줄 알았던 아이가 파닉스로 애를 먹일 줄은 몰랐습니다. 그렇게 많은 아이의 파닉스를 지도했던 제가 제 아이 파닉스로 고생할 줄은 몰랐습니다. 당황스러웠지만 냉정하게 판단하려고 애를 썼습니다. '지금이 아닌 것뿐이야.' 4단계까지 주문했던 파닉스 시리즈 교재는 모두 고이 넣어두었습니다.

2학년 1학기를 시작하고도 한참이 지나서 파닉스 교재를 다시 꺼냈습니다. 또 실패하면 어쩌지, 하는 불안함은 당연했습니다. 아이 친구들은 슬슬 대형 어학원으로 갈아타느라 바빴고, 집에서 영어 독서를 하던 친구들도 리더스북으로 진도를 훌쩍 나가고 있다는 이야기를 들었거든요.

슬쩍 한 페이지를 설명하고 읽어보라고 했는데 어라, 술술 읽습니다. 이제 머리가 굵어질 만큼 굵어지니까 파닉스의 원리를 이해하게 된 거예요. A라고 큼직하게 쓰인 페이지에 있는 단어를 더듬거리며 읽었습니다. 다음 날은 B에 대해 설명했더니 곧장 이해하더군요. 그렇게 먼지만 쌓였던 네 권의 교재를 한 학기도 되지 않아 마칠 수 있었어요.

비결이요?

아이의 때가 된 것이 유일한 비결이었습니다.

1학년 때, 파닉스의 원리를 도저히 이해하지 못하는 아이를 붙들고 반복하여 설명하고 문제를 풀어보라고 들이밀고 발음해보라고 강요했다면, 더 빠르게 파닉스를 떼고 본격적인 영어 독서를 다만 한 달이라도 더 빨리 시작할 수 있었을지 모르겠어요. 가능성은 충분합니다.

하지만 그랬다면 아이가 지금처럼 영어를 편안하고 재미있게 받아들일 수 있었을까에 대해서는 확신이 없습니다. 그 시기에 그걸 하지 못해 속상하고 불안한 건 엄마뿐이고, 엄마의 이런 마음을 얼마나 잘 다스릴 수 있느냐가 아이의 초등 공부를 결정짓는다고 생각해요.

또래에 뒤처지지 않게 만드는 것이 아이의 공부 시기를 결정하는 유일한 기준이 아니었으면 좋겠어요. 또래 친구들이 하는 진도와 속도가 내 아이 공부의 목표가 되지 않았으면 좋겠어요. 그저 지금이 아닐 뿐 6개월 후, 1년 후에는 분명히 훨씬 더 수월하고 빠르게 잘해낼 수 있습니다. 눈에 보이지는 않지만 아이는 매일 몸과 마음과 두뇌가 성장하고 있기 때문이에요.

오늘의 아이는 작년의 아이가 절대 아니라는 걸 부모인 우리는 날마다 되새겨야 합니다.

CHAPTER 05.

영어 독서 본격
리더스북으로 영어 독서 시작하기

리더스북으로 시작하는
본격 영어 독서

여기까지 준비되었다면 이제 본격적인 영어 독서를 시작해보겠습니다. 시작은 리더스북입니다. 영어책 읽기 독립을 위한 최고의 교재를 추천하려 합니다. 이거 하나로 읽기 독립이 가능해지는 신기한 책, 참 고마운 책입니다.

아이의 영어 읽기 독립을 시작할 첫 교재를 찾아 방황하고 있었다면 〈옥스퍼드 리딩 트리〉의 세계로 오세요. 정식 명칭이 워낙 길어 편하게 O.R.T.라고 부르면 됩니다.

O.R.T.는 영국 옥스퍼드 대학 출판부에서 유아 및 초등 어린이들의 기초 영어 교육을 위해 만든 교재로, 영국 현지 초등학교의 80퍼센트 이상이 사용하고 있는 30년 넘은 베스트셀러입니다. 전

세계 150개 이상 국가에서 영어 교육 교재로 사용되고 있어요. 아이 영어 독서에 관심 있는 엄마라면 한 번쯤 들어봤을 이름인데요, 대한민국과 같은 EFL(English as a Foreign Language, 외국어로서의 영어) 상황에서 최고의 영어 교재로 꼽히고 있습니다.

저 역시 큰아이 초등 입학 때 알게 된 O.R.T.를 중고로 몇 권 들인 것을 시작으로 그 단계를 계속 올려가며 마침내 읽기 독립에 성공했습니다.

이미 많은 사례로 그 효과가 입증된 훌륭한 교재입니다.

실물을 직접 보면 놀랄 만큼 책이 얇습니다. '이게 그 유명하다는 O.R.T.야?' 하는 허탈한 마음이 들 정도로 얇고 별것 없어 보이기도 합니다. 그게 O.R.T.의 매력이고 강점입니다. 큼지막한 그림 아래에 한두 문장 쓰여 있으니 마음 급한 엄마 눈에는 시시해 보이겠지만 아이 눈에는 한 번 도전해볼 만한 책입니다. 한 권에 몇 문장 안 들어 있는 책인데 그 문장들에 초기 영어책 읽기의 정수가 담겨 있습니다.

양보다 질, O.R.T.를 두고 하는 말입니다. 확실한 문장들, 버릴 것 없는 단어들로 이루어진 이 시리즈를 지루하고 힘든 영어에 시달리는 대한민국 초등 아이에게 최고의 교재로 추천하고 싶습니다.

O.R.T.만이 가진 리더스북으로서의 특징을 하나씩 살펴보겠습니다.

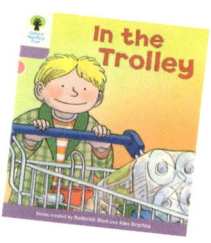 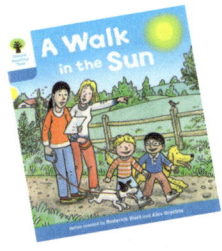 

| O.R.T 시리즈 |

특징 1
읽을수록 빠져드는 재미있는 이야기

O.R.T.가 대한민국 엄마표 영어 독서에서 교과서 역할을 할 수 있는 이유는 '재미있기' 때문입니다. 초등 시기의 영어 독서에서 재미는 가장 중요한 요소입니다. 초등 아이들은 재미있어야 하고요, 재미있으면 합니다. 재미있으면 아이도 엄마도 훨씬 덜 힘듭니다. 재미있기만 해도 소원이 없겠는데 단어와 문장도 훌륭합니다. 이것만 제대로 해도 영어 읽기 독립은 현실이 되고, 아이는 영어책도 재미있다며 웃으며 읽기 시작합니다. 그래서 O.R.T.입니다. (아무리 읽어봐도 영업사원의 느낌을 지우기 어렵네요. 저는 O.R.T.와 아무 상관이 없는 사람입니다, 믿어 주세요.)

제가 O.R.T.를 처음 들어본 날이 또렷하게 생각납니다. 중·고등학교에서 영어를 가르치는 선생님들과 커피 한잔 중이었습니다. (이분들은 제 영어 교육의 멘토이며 지금도 열심히 배우고 있습니다.) 2학년 큰 애가 파닉스는 간신히 뗐는데 이제부터 어떻게 해야 하냐고 물었더니 입을 모아 O.R.T.를 추천하더라고요.

"그 책이 왜 좋아요?"

"재밌어! 짧은데도 반전이 있어."

"애가 웃으면서 읽어. 내가 봐도 재밌더라."

집에 돌아와 검색을 시작했습니다. '뭔지 몰라도 들이고야 말테다, 애가 영어책을 보면서 웃는다는데 빚이라도 낼 테다' 의지를 불태우면서요. 일단은 중고로 1, 2단계 몇 권을 구했습니다. 정말로 이걸 읽으며 웃는다면 나머지 단계는 새것을 사 줄 거라는 큰 그림을 그리면서 말이죠. (정품 전집의 가격은 매우 사악합니다.)

결과는 짐작되시죠? 아이가 피식 웃었습니다. 한글책도 유튜브도 아닌 영어책을 보다가 웃었습니다. 반전이 있어서 웃었답니다. 큼지막한 그림 아래 겨우 한두 문장짜리에 몇 쪽 되지도 않는데, 모르는 단어가 태반이었을 텐데 재미있다니…. 반신반의하며 3, 4단계 각 10권씩을 중고로 구해 슬쩍 들이밀어 보았습니다. 시간이 오래 걸리긴 했지만 새로운 단계를 만날 때마다 '재미있다', '얘 좀 웃기다' 같은 반응이 한결같았습니다. 내용이 재미있으면 공부인데도 마치 이야기를 듣는 것처럼, 만화 영화를 보는 것처럼 덜 지루하게 느낄 수 있습니다.

특징 2
매력적인 캐릭터의 일상 에피소드

O.R.T.의 전 시리즈에는 씩씩한 엄마, 허당 아빠, 장난꾸러기 3남매 비프, 칩, 키퍼(Biff, Chip, Kipper)와 사랑스러운 강아지인 플로피(Floppy)가 나옵니다. 주인공인 또래 아이들이 일상에서 충분히 겪을 수 있는 다양한 경험담을 담고 있어 공감하게 됩니다.

1+ 단계에서 4단계까지는 일상에서 벌어지는 이야기들을 다루고 있습니다. 동일 캐릭터가 반복해서 나오니까 친근하게 받아들일 수밖에 없겠죠. 그 소재도 매우 현실 밀착형이라 줄넘기, 놀이터, 자전거, 쇼핑 등 또래 아이들의 일상생활을 그대로 다루고 있습니다.

5단계에서는 시리즈 전체 중 가장 중요한 사건이 벌어지게 됩니다. 비프와 칩이 매직 키(Magic key)를 발견하게 되고 이 매직 키가 아이들을 마법의 여행으로 이끌게 됩니다. 마법의 여행에서 아이들은 다양한 경험을 하게 됩니다. 시간 여행을 하기도 하고 얼룩말을 사냥하는 밀렵꾼들로부터 동물들을 구해내기도 합니다. 글밥이 훌쩍 늘어난 만큼 더 다양하고 흥미진진한 스토리가 펼쳐져 억지로 보라고 할 이유가 없어질 만큼 아이 스스로 재미를 느끼고 빠져듭니다.

| O.R.T. 시리즈의 등장인물 |

방문 수업 활용 가능

　엄마표로 진행하기 어려운 경우에는 영어 독서라는 훌륭한 공부법을 포기하고 문제 풀이, 단어 암기 위주의 어학원을 알아보는 경우가 많습니다. 학원에서는 영어책보다 문제 위주의 교재를 활용하기 때문에 영어 독서의 레벨을 올리기가 어렵죠. 영어 독서가 유익하다는 것은 알지만 엄마가 아니면 진행할 방법이 없어 포기하는 경우도 있는데요, 이런 경우라면 방문 수업을 이용해보세요.

　O.R.T. 시리즈로 수업하는 방문 수업이 있습니다. 한솔 교육

에서 신청할 수 있으며 학습지 방문 수업과 비슷합니다. 영어 독서의 틀이 잡히지 않는 초기 몇 달, 1년 정도는 방문 수업을 받으며 그 틀을 잡아가다가 점차 스스로, 혹은 엄마표로 진행하는 것도 괜찮은 방법입니다.

3, 4단계 정도까지가 고비이고요, 이후에는 편안하고 즐겁게 읽으면서 영어 문장의 구조를 제대로 단단하게 익혀갈 수 있으니 엄마표를 못 하는 상황이라고 아예 포기하지 말고 방문 수업의 도움을 받아보길 추천합니다.

> **핵심 정보**

O.R.T. 단계별 본문 살펴보기

1단계 : 그림책 (Picture Book)

그림만으로 구성되어 있어 어리둥절할 수 있습니다. 하지만 신기하게도 그림만으로 전체 내용이 이해되기 때문에 영어를 잘 모르는 아이도 영어 독서 초반에 흥미를 붙일 수 있습니다.

| 1단계 | 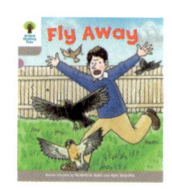 |  |

| O.R.T. 1단계 그림책 |

1+ ~ 9단계 : 리더스북 (Reader's Book)

영어책 읽기 연습을 위한 리더스북 단계. 단계별로 차츰 글밥과 어휘가 늘어나며 이전 단계의 어휘들이 다음 단계에 반복적으로 노출됩니다. 3, 4단계의 수준이 비슷하고, 5, 6단계의 수준이 비슷하여 두 단계의 책을 같은 시기에 활용하면서 자연스럽게 단계를 올리기 좋습니다.

| O.R.T. 1+~9 단계 리더스북 |

| 9단계 |  |  |

10 ~ 12단계 : 챕터북 (Chapter Book)

글밥이 많아지면서 한 권의 책이 작은 장(챕터)으로 나뉘어 구성된 단계입니다. 본 책의 6장, 챕터북 읽기 부분(※234쪽)에서 자세하게 소개하고 있습니다.

O.R.T.로 차근차근
독서 레벨 높여가는 법

O.R.T.를 단계별로 본문과 그 특징을 살펴보려 합니다. 크게 픽처북, 리더스북, 챕터북 세 가지로 나누어지며 각각의 단계가 세분화되어 있어 전체는 1단계부터 12단계까지입니다.

여기까지만 읽고 12단계까지를 확 결제해버리지 않았으면 합니다. 모든 단계가 필요한 것도 아니고, 각 단계마다 전권을 끝내야 다음 단계로 갈 수 있는 것도 아니거든요. 들인 돈의 액수만큼 기대하고, 기대한 만큼 실망합니다. 비싼 책 사주면 그만큼 화가 날 가능성이 높다는 뜻입니다.

방법 1

아이 단계 파악하는 법

영어 독서의 모든 단계에 적용할 수 있는 아이의 수준에 맞는 영어책 고르는 법을 소개합니다. 지금 아이의 수준이 몇 단계인지를 알고 싶다면 도서관을 활용하세요. 웬만한 공공 도서관에서는 O.R.T.를 보유하고 있습니다. 단계별로 두 권씩 필요합니다.

본문을 펼쳐 한 쪽을 읽어주거나 읽어보라고 해보세요. 소리 내어 읽을 수 있느냐는 관건이 아닙니다. 파닉스를 제대로 뗀 아이라면 영문 의학 백과사전도 소리 내어 읽을 수 있습니다. 발음을 정확하게 낼 줄 아느냐를 보지 말고 이 문장의 의미를 어느 정도 이해하느냐에 따라 단계를 정해야 합니다.

제목을 이해하기 어려운 건 넘어가도 괜찮습니다. 한글책도 그렇지만 몇 단어로 시선을 끌어야 하는 책 제목의 특성상 은유적, 함축적 표현을 활용한 경우가 많아 제목은 단숨에 해석하기 곤란하기도 합니다.

아래와 같은 반응을 보인다면 아이에게 적당한 수준의 책이라고 생각해도 괜찮습니다.

☐ 한쪽 내에 모르는 단어의 개수가 5개를 넘지 않는다.
☐ 어떤 내용인지 대략 감을 잡는다. (그림의 도움을 받아도 됨)

☐ 책의 내용을 구체적이고 정확하게 설명하지는 못하지만 완전히 엉뚱한 해석은 아니다.
☐ 주인공 이름, 에피소드가 일어난 장소 등을 대략 눈치챘다.
☐ 다음 쪽도 읽어보라고 하면 큰 거부감 없이 진행한다.

단계 설정이 잘못되었을 때 교정하는 법

선택한 단계에서 위의 반응이 나오지 않는다면 마음 아프지만 아래 단계로 어서 내려가야 합니다. 자존심과 기대 때문에 수준보다 어려운 단계를 고집하는 만큼 읽기 독립은 늦어질 겁니다.

어려운 책을 많이 읽어야 실력이 빨리 늘 거라 기대하시죠?

아쉽게도, 신기하게도 절대 그렇지 않습니다. 용어를 전혀 이해할 수 없는 의학 논문을 열심히 매일같이 정성스레 읽고 베껴 쓴다고 해서 실력이 성장하지 않습니다. 같은 원리입니다.

O.R.T.를 선택한 건 '재미' 때문인데 어려운 단계는 그 '재미'가 빠져 있습니다. 대략이라도 상황 파악이 되어야 웃든가 말든가 할 텐데 기본적인 인물 파악, 상황 파악이 안 된 상태에서는 아무리 대단한 반전도 내 것이 아닙니다. 읽기는 읽는데 맨 뒷장까지 읽고 "뭔 소리야" 하고 덮습니다. 그러고 엄마를 부릅니다. "엄마, 나 영어책 다 읽었어!" 기특해서 달려온 엄마에게 뭐 딱히 할 말이 없습니

다. 뭔 소리인지 모르겠는데 무슨 말을 할까요. 읽긴 했는데, 실력은 늘지 않았습니다. 열심히 읽고는 있지만 읽기 독립은 좀 멀어 보이네요.

욕심을 내려놓고 좀 쉽다 싶은 단계에서 시작하길 권해드립니다. 얼핏 돌아가는 것처럼 보이는데요, 실은 가장 **빠르게 직진하는** 방법입니다. 쉬운 단계의 잘 이해되는 문장들 사이에서 물고기처럼 마음껏 헤엄치던 아이는 단단하게 영어 읽기 근육을 만드는 중입니다. 어느 시점, 어떤 단계에서 그 포텐이 터지며 훌쩍 뛰어오를지 지금은 결코 알 수 없습니다.

방법 3
다음 단계로 올라가는 법

3, 4단계 혹은 4, 5단계처럼 두 단계를 섞어서 보세요. 한 단계에 정확하게 머물렀다가 칼로 자르듯 다음 단계로 올라갈 필요가 없거든요. 3단계를 무난히 읽어내는 정도의 수준이라면 2단계를 봐도 괜찮고 4단계도 읽을 만합니다. 단계가 높아지는 것을 두려워하지 않게 만드는 방법이기도 합니다.

두 단계의 책을 섞어서 책장에 함께 꽂아두고 그중 원하는 책을 골라 읽게 하세요. 어른의 눈에는 단계가 보이지만, 아이의 눈에는 책 제목과 사건이 더 중요하게 느껴지기 때문에 더 재미있어 보인다면 위 단계의 책도 자연스럽게 읽게 됩니다.

같은 원리로 4단계를 보는 중이라면 5, 6단계를 구해 슬쩍 같이 꽂아주면 됩니다. 재미있어 보이면 단어를 찾아보고 뜻을 물어보면서라도 내용을 이해하기 위해 애쓸 것이고요, 그러는 사이 더 복잡하고 새로운 형식의 문장을 경험하고 익숙해지게 됩니다.

방법 4
워크북 활용하기

O.R.T. 책만 구입해도 충분하지만 워크북이 동반된 세트 구성을 구입하는 경우도 많습니다. 워크북은 책에 나온 단어를 써보고, 알맞은 칸에 스티커를 붙이고, 정답을 찾아 색칠하고, 퀴즈를 푸는 형식 등 다양하고 재미있는 활동으로 구성되어 있습니다. 이러한 종류의 활동을 좋아하는 아이라면 성취감을 느끼고 좀 더 즐겁게 공부할 수 있는 도구가 될 수 있습니다.

그런데 아직 영어 독서에 익숙하지 않거나 저학년이거나 남자아이라면 영어책을 읽고 나서 워크북까지 풀어야 한다는 것 자체가 부담일 수 있습니다. 워크북은 보조교재일 뿐 필수는 아닙니다. 시간이 충분하고 아이가 좋아한다면 열심히 활용하시고, 책 읽는 것만으로도 시간이 바쁘다면 책을 읽는 그 자체에 더 많은 노력을 쏟으세요.

리더스북 단계에서
읽기 독립 완성하는 법

이제 O.R.T.를 가지고 본격적으로 읽기 연습을 해보겠습니다. 영어 독서의 시작은 언제나 낭독입니다. 음독이라고도 하는 소리 내어 읽기를 말합니다. 언어이기 때문에 그렇습니다. 가만히 생각해보면 모국어도 그랬습니다. 우리는 아이에게 한글로 된 책을 소리 내어 읽어줬었고, 한글을 막 뗀 아이는 더듬거리며 소리 내어 읽기 시작했습니다. 같은 원리로 접근하면 쉽습니다. 언어를 습득하는 기본 원리와 과정은 한국어와 영어가 흡사합니다.

모든 과목이 그렇습니다만 초등 아이들은 수시로 질리고 꾸준하지 못합니다. 우리 애만 아빠 닮아 저렇게 진득하지 못한 게 아니고 아이들은 그게 정상입니다. (사실, 어른도 그렇습니다.) 매일 같은 방법으로 같은 책을 반복해 읽으면서 싫증 내지 않을 아이는 없습니다. 제대로 했나, 안 했나를 감시하는 것은 우리의 주된 일이 아닙니다. 슬럼프가 오고, 정체되는 듯한 느낌이 들고, 어제가 오늘 같고 지난주가 이번 주같이 느껴져 앞으로 나갈 힘이 떨어졌다고 느껴질 때 새로운 방법이 필요합니다. 지루해진 아이를 탓하기보다 새로운 방식을 제시해주고 활력을 불어넣어주는 것이 우리의 진짜 일입니다.

그래서 아는 게 힘입니다. 다양한 방법을 알려드리지만 무리하게 한꺼번에 시도할 필요도 시간도 없습니다. 저축해놓은 돈으로 편안한 노후를 보내는 것 같은 마음으로 읽기에 관한 여러 가지 방법들을 확보해두세요. 지금 아이가 인형처럼 예쁘게 잘하고 있어도 여전히 낯선 방법은 필요합니다. 아이는 로봇이 아니니까요. 날마다 자라는 아이에게 늘 같은 방식을 강요하는 것은 노력 대비 효율이 떨어지는 공부법입니다.

낭독 (소리내어 읽기, 음독)

영어책 읽기의 기본은 낭독입니다. 하지만 아이는 처음부터 낭독이 안 되겠죠. 읽어주세요. 이미 말씀드렸듯 발음 좀 어색한 건 괜찮습니다. 아이 발음 망가질까 봐 걱정하지 말고 부지런히 읽어주세요. 이제 영어책의 바다에 풍덩 빠질 아이에게는 엄마의 발음은 다양한 발음 중 한 가지일 뿐입니다. 한글, 영어 그림책을 읽어주듯 편안하게 천천히 그림과 내용을 음미할 시간을 충분히 가지면서 읽어주기로 시작하세요.

많이 바쁜 부모라면 세이펜을 활용해도 괜찮아요. 하지만 일주일에 한 번이라도 직접 읽어주세요. 아이가 세이펜의 유창한 발음에 기죽어 낭독하지 않으려고 할 수 있어요. 아빠, 엄마의 한국식 영어를 듣고는 나도 저 정도는 하겠다, 싶은 자신감을 갖게 해주세요. 동그랗게 굴러가는 발음이 아니어도 당당하게 읽을 수 있다는 것을 보여주세요. 그래야 부끄러워하지 않고 거침없이 읽어나갑니다.

연예인과 사진을 찍으면 찍을 때만 좋지, 오징어가 되어버린 내 모습이 속상해지고 맙니다. 아이가 스스로 오징어라고 느끼지 않게 너도나도 그냥 막 자신감 충만하게 읽을 수 있게 해주세요. 여기는 미국이 아니고 우리 아이는 미국인이 아니에요. 한국에서 배우는 한국 아이의 영어는 자신감이 시작이자 전부입니다.

정독 (뜻을 새기며 자세히 읽는 것)

정독은 다독이나 속독과 달리 글자와 낱말의 뜻을 하나하나 알아가며 자세히 읽는 것을 말합니다. 정독을 통해 책의 내용을 구체적으로 상상하며 판단할 수 있고 머릿속에 글의 내용을 잘 정리

정돈하며 읽을 수 있습니다. 영어 독서에서 정독은 문장의 의미를 이해하면서 그 문장이 모인 문단의 의미까지도 대략 파악하며 천천히 읽는 방식을 의미해요. 입으로만 소리 내어 읽거나, 의미를 이해하지 못해도 상관없이 휘리릭 읽고 끝내지 않아야 정독입니다.

추천하고 싶은 방법은 O.R.T. 한 권을 매일 낭독 1회로 시작하여 정독 2회 이상 읽는 방법입니다. O.R.T.는 책이 얇습니다. 얇아서 좋습니다. 얇은 책이라고 결코 그 수준이 낮거나 부족하다고 생각할 필요 없이 얇은데 꽉 차 있습니다. 리더스북 단계에서 익혀야 할 문장의 구조와 어휘가 알짜로 가득하니 얇다고 불안해할 필요가 없습니다.

그래서 반복이 중요합니다. 아이가 싫어하지 않는다면 한 권을 반복하며 다지는 방법, 반복을 싫어한다면 매일 세 권의 책을 골라 읽는 방법이 있습니다. 어쨌든 매일 O.R.T.를 세 권 정도씩 읽으며 그 분량, 시간, 수준을 올려가면 됩니다.

집중 듣기

CD가 함께 구성되어 있거나 음원이 별도로 제공되거나 세이펜, 퓨처팩 등으로 책의 내용을 들을 수 있는 오디오가 가능한 상황이라면 집중 듣기도 좋은 방법입니다. 우리가 추구하는 '듣고 이해하는 영어'를 위한 방법인 동시에 읽기 독립이 되지 않은 아이가 잠시라도 혼자 영어책을 붙잡고 있는 방법입니다.

영어 독서의 모든 시간을 엄마가 바로 옆에 붙어 앉아 책 골라주고 읽어주고 모르는 단어 알려주면서 가려면 얼마 못 갑니다. 한 달도 못 가 고성이 오가고 엄마 체력은 바닥납니다. 영어 학원 한 달 학원비가 보통 30만 원이에요. 아이에게 새로운 언어를 경험하게 하는 일이 그만큼 어려운 일이니까 다른 과목에 비해 수업료가 높은 겁니다. 그만큼 힘든 일 맞아요. 그러니 쉬엄쉬엄 가야 합니다.

집중 듣기 자체에 너무 큰 기대를 갖거나 야심 찬 계획을 세우기보다 목 아파서 못 읽어줄 때, 단어 하나하나 설명해줄 여유가 없을 때, 혼자 못 읽겠다고 징징댈 때는 세이펜도 좋고, CD도 좋고, 온라인으로 읽어주는 프로그램을 틀어주는 것도 괜찮습니다. 기본은 종이책이라는 사실과 바빠도 일주일에 한 쪽씩은 함께 앉아 읽어주는 루틴만 기억한다면 여타의 디테일한 방법들은 영어 독서의 큰 그림에서 특별히 좋거나 나쁘지 않습니다.

영어책 음원 흘려듣기

흘려듣기는 보통 영어 동영상을 시청할 때 눈으로는 영상을 보고 귀로는 음성을 들으며 대화의 의미를 추측해보며 듣기 실력을 올리는 방법입니다. 듣고 이해하는 영어를 위해 강력하게 추천하고 있습니다. 그렇다면 책을 읽는 중도 아니고 영상을 보는 중도 아닌 거실에서 블록을 가지고 노는 아이에게, 혹은 운전 중 뒷자리에 앉아 멍을 때리는 아이에게 O.R.T. 음원을 틀어주는 건 어떨까요? 결론부터 말하자면 노력에 비해 효과가 크지 않습니다. 오히려 악영향을 미칠 수도 있고요.

영어책 음원을 잘 모르던 시절 아이 영어에 대한 강박으로 제가 썼던 방법인데요, 노출이 많아야 귀가 뚫린다는 얘기에 낮이고 밤이고 라디오처럼 영어를 틀어놓고 지냈습니다. 집 안에서도 운전 중에도 줄기차게 틀어놓았습니다. 계속 들으면 귀가 뻥, 뚫리는 줄 알았습니다.

그런데 결과적으로 잘 모르고 무턱대고 열심히만 하다가 망했죠. 과하게 힘쓰다가 매일같이 쏟아지는 영어에 질려서 저도 아이도 한동안 영어를 완전히 놓아버렸습니다. 어떤 내용인지 모르는 상태로 음원만 듣기 때문에 고작 단어 한두 개 정도 들리면 오히려 더 답답하고 알아듣지 못하는 것에 대한 불만이 생길 수 있어요.

따라서 영어책 읽는 습관이 조금씩 자리 잡고 있다면 굳이 낮이고 밤이고 집 안이고 차 안이고 계속해서 음원을 노출할 필요는 없답니다.

방법 5
함께 읽기

아이가 음원을 따라 읽는 방법도 있습니다. 혼자 읽으라고 하면 좀처럼 읽지 않는 아이들도 음원을 틀어주고 음원의 속도에 맞추어 함께 읽으라고 하거나 한 줄씩 듣고 따라 읽기를 하면 덜 힘들어합니다. 따라 읽기 초기에는 음원의 속도에 정확하게 맞추기 버거울 거예요. 음원이 책 읽기를 리드하고 아이는 웅얼거리는 느낌으로 따라 읽는다, 정도의 기대를 가지고 시도해보세요.

음원과 함께 읽다 보면 음원의 유창한 발음과 낭독을 마치 나의 실력인 것처럼 착각하기도 하면서 영어에 자신감이 생깁니다. 아이가 잘하지 못해도 티가 나지 않게 최대한 큰 소리로 음원을 틀어주는 것이 포인트입니다.

리더스북 시리즈 추천

O.R.T.만으로도 충분하지만 O.R.T.를 재미없어하거나 지겨워할 때는 비슷한 수준과 역할을 가진 리더스북을 추천합니다. 아무리 좋은 책도 모든 사람의 마음에 쏙 들기는 어렵기 때문입니다. O.R.T.는 시간과 정보가 넉넉지 않은 바쁜 엄마에게 영어 독서의 교과서 같은 존재라고 생각하세요.

교과서에 흥미를 보이지 않거나 그 내용을 빤히 알고 있는 아이에게도 교과서가 최고의 교재는 아니기 때문에 비슷한 다른 시리즈를 알고 있으면 활용할 수 있습니다.

또 O.R.T.와 다른 시리즈를 병행하는 것도 영어 독서의 재미를 더할 수 있습니다. 새로운 시리즈에는 새로운 주인공과 친구들이 등장하기 때문에 그것만으로도 영어 독서에 지친 아이가 의욕을 보이기도 합니다.

| 리더스북 시리즈 추천 목록 |

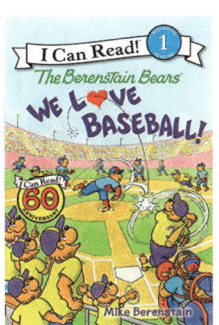

I Can Read!(아이 캔 리드)

- 1, 2, 3단계로 구분되며 단계마다 주인공이 달라진다. 동물이 주인공인 경우가 많아 아이들의 호기심을 자극한다.
- O.R.T.에 비해 저렴하며 거의 모든 도서관에 소장되어 있어 O.R.T.를 구하지 못한 경우 대안으로 활용하기 적당하다.
- 이야기가 재미있고 주인공의 캐릭터가 또렷하여 아이가 시리즈 속의 특정 주인공에게 매력을 느끼는 경우 한동안 빠져들어 읽기 적당하다.

STEP INTO READING (스텝 인투 리딩)

- 시리즈 전체가 다섯 단계로 구분되어 있어 간단한 문장 읽기에서 시작하여 그 수준을 높여간다. (총 127권)
- 그림책 느낌의 창작 이야기부터 곤충, 식물 등의 실사를 활용한 관찰책 느낌의 책까지 그 소재와 구성이 다양하다.
- 마지막 5단계는 챕터북 수준의 많은 글밥을 가지고 있어 리더스북부터 챕터북까지 자연스럽게 연계가 가능하다.

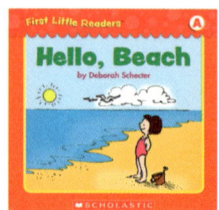

First Little Reader
(퍼스트 리틀 리더)

- 스콜라스틱에서 나온 읽기 교재로 A, B, C 단계의 3세트로 구성되어 있는데 크기가 CD 크기 정도로 작아 여행 갈 때 또는 차 안에서 유용하다.
  (총 116권의 책과 7장의 음원 CD)
- O.R.T.보다는 조금 쉬운 편이며 기본 문장을 여러 번 반복할 수 있어 O.R.T. 이전이나 기초 단계에서 병행할 만하다.
- 삽화가 호기심을 자극하기에는 좀 심심한 느낌이다.

▶ [2단계 리더스북 베스트 50] 부록(※325쪽)에 계속

영어 독서를 통해
영어 단어 쌓아가는 법

"엄마, 이거 무슨 뜻이에요?"

고작 한 쪽 읽으면서 몇 번씩 이어지는 질문들, 그때마다 하나씩 알려주기도 힘들고 그냥 넘어가자니 찝찝하고, 사전을 찾으며 읽다 보니 겨우 한 쪽 읽는 데에도 시간이 너무 오래 걸립니다. 그림책부터 챕터북, 원서까지도 뜻을 모르는 단어는 쉴 새 없이 등장합니다. 그게 정상이에요. 모르는 단어가 나온다는 건 미세하게 그 수준이 올라가고 있다는 의미거든요.

해결하는 방법은 여러 가지가 있는데요, 이상적인 방법부터 현실적인 방법까지 우리가 시도할 수 있는 모든 방법을 생각해보겠습니다. 정답이라고 하는 이상적인 방법만으로는 현실적으로 영어 독서가 너무 어려워질 수 있고요, 항상 쉬운 길로만 가다가는 생각하는 힘을 기르기 어렵기 때문입니다. 아이의 성향, 부모가 도움을 줄 수 있는 정도, 영어책의 수준 등을 고려하여 다음의 방법을 적절히 섞어 활용하기를 권합니다.

단어의 뜻 추측해보기

| O.R.T. 4단계 본문 |

O.R.T. 4단계 책의 본문입니다. 본문의 문장 중 house라는 단어의 뜻을 모르는 상태라 하더라도 세 명의 어린이들이 도착한 장소를 그림을 통해 추측해볼 수 있습니다. '집'이라는 정답을 바로 알아내는 아이도 있지만 '건물', '학교', '친구의 집' 등 비슷한 다른 의미로 추측할 가능성도 있습니다. 그럼에도 교과서적인 방법으로

대접받는 이유는 전체 내용, 문단, 문장, 그림을 바탕으로 아이 스스로 단어의 의미를 유추할 수 있게 기회를 주기 때문입니다. 맞고 틀리고의 문제를 떠나 잠시라도 고민해보았느냐의 문제인 거죠.

이렇게 유추해본 단어의 뜻이 맞았을 때 아이의 성취감은 대단합니다. 생각하는 습관이 잘 형성되어 있고 생각하기를 즐겨하고 당장 그 뜻을 몰라도 여유가 있는 아이라면 이 방법은 대단히 효과가 있습니다. 긴가민가했던 단어의 의미가 정답임을 확인하고 나면 그때 느끼는 성취감과 즐거움이 더해져 주입식으로 암기했던 단어에 비해 훨씬 오랜 기간 기억됩니다. 이 과정이 반복되면 억지로 외우지 않아도 머리에 남는 단어가 늘어가게 되지요.

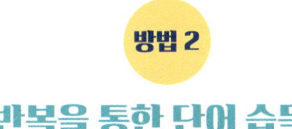

반복을 통한 단어 습득법

억지로 외울 필요는 없지만 이왕 접한 단어라면 머릿속에 넣어보는 과정도 의미가 있습니다. 어휘력, 독해력 향상을 목표로 하기 때문에 오늘 새로 알게 된 이 단어는 분명히 다른 책, 다른 단계에서 또 나오거든요. 알아두면 편하겠지요.

재미있게 키득거리며 O.R.T.를 읽었는데 단어를 정리하고 달달 외워서 시험을 보는 독후 활동이 남아 있다면 아이에게 O.R.T.는 지겨운 공부일 뿐이겠지요. 새롭게 알게 된 단어를 잊어버리지 않을 수 있는 가장 좋은 방법은 그 책을 반복해서 읽는 것입니다. 읽고 나서 홀딱 잊어버린 단어라 해도 다시 한번 읽는 데에는 장사가 없습니다. 아이가 반복을 싫어하지 않는다면 한 권을 두세 번씩 읽으며 새 단어를 눈에 익게 만드는 것이 최고의 단어 공부입니다.

나만의 단어장 만들기

자주 등장하는 단어를 자기만의 방법으로 정리하고 싶은 의욕이 있는 아이라면 나만의 단어장 만들기도 괜찮은 시도입니다. 쓰고, 그리고, 꾸미고, 정리하는 것을 싫어하는 성향의 아이에게는 억지로 시키지 않습니다. 영어에 대한 거부감만 커질 뿐이에요.

단어장을 만드는 방법은 정해진 틀이 있진 않아요. 오늘 읽은 책에서 새롭게 알게 된 단어를 공책에 순서대로 정리해보기, 단어를 A4 미니북에 정리해서 나만의 미니 사전으로 만들어 보기, 단어 카드 만들어서 게임으로 확장해보기, 집에 있는 화이트 보드나 벽 한 쪽에 새롭게 알게 된 단어 정리해보기 등 쓰기와 암기의 콜라보가 가능합니다.

때로 단어를 머릿속에 넣기보다는 쓰고 꾸미는 활동에 지나치게 많은 시간과 정성을 들이는 아이도 있는데요, 주객이 전도된 경우이지요. 이 과정을 통해 단어를 한 번 더 읽어보고 적어보는 것에 의미를 두는 정도면 충분합니다.

방법 4
초등용 영단어 교재 활용하기

챕터북을 읽을 정도로 영어 독서가 편해지고 오랜 기간의 습관으로 자리잡혀 가는 중이라면 이제까지 머릿속에 가지고 있던 단어들을 한번 정리해보는 과정도 필요합니다. 초등 5학년 정도, 챕터북 수준에서 시도해볼 학습이고요, 그 이전 시기라면 독서 자체에 조금 더 힘을 주는 게 훨씬 효과적입니다. 챕터북을 편안하게 읽을 수 있는 정도의 수준을 만드는 것이 영어 단어를 달달 외우는 것보다 중요하다는 의미예요.

서점에 나가 보면 '초등 필수 영단어'와 비슷한 제목의 교재가 다양하게 보일 거예요. 대부분 교육부 지정 초등 필수 영단어 800개를 담고 있어 그 내용은 큰 차이가 없습니다. 디자인, 책의 두께 등을 고려하여 아이에게 선택권을 주기를 추천합니다. 첫 영어 단어 교재이니만큼 마음에 쏙 드는 것으로 골라서 열심히 공부하고 싶게 만드는 거죠. (사실, 다른 문제집도 이 방식으로 고르면 실패가 적습니다.)

교재를 처음 보면서는 이미 알고 있는 apple, house 등의 쉬운 단어를 찾아내면 되고요, 뜻이 헷갈리거나 처음 접하는 단어를 형광펜으로 표시해두고 그것을 하나씩 마스터하는 방식으로 진행하면 됩니다. 빠르면 몇 개월, 늦어도 초등 6학년 졸업 전까지는 800개의 단어를 외우겠다는 목표로 날마다 정해진 분량을 공부하게 하세요.

교육부 지정 초등 필수 영단어 800개를 사용 빈도, 수준, 영어과 교육 과정 등에 근거하여 4단계로 정리해 책 뒤편 부록(※334쪽)으로 담았습니다. 아이가 아는 단어가 어느 정도 되는지, 초등 시기의 필수 단어의 종류는 어떤 것인지를 확인하는 용도로 활용해 보세요.

핵심 정보

초등 영어과 교육 과정 읽기 영역 학년별 분석

분석1. 3, 4학년 군

초등 교육 과정은 학년이 아닌 학년 군 단위로 운영되고 있습니다. 그래서 영어 역시 3, 4학년 군의 교육 과정 목표가 세워져 있고 이를 교과서라는 형태의 교재를 바탕으로 학습하고 있어요.

3, 4학년의 초등 아이들은 영어 시간에 알파벳 대소문자를 식별하여 읽을 수 있어야 하고요, 파닉스 법칙에 근거하여 철자를 소리 내어 읽을 수 있어야 해요. 또 쉽고 간단한 어구, 문장을 따라 읽고 그 의미를 이해하는 것까지를 목표로 하고 있답니다. 3, 4학년 시기의 영어는 알파벳 습득, 파닉스 이해하기, 간단한 문장 읽고 이해하기를 목표로 가정에서도 파닉스, 사이트 워드, 리더스 단계의 영어 독서를 병행해주는 시기라고 생각하면 맞습니다.

아래 제시된 3학년 영어 교과서의 본문을 보면 이해가 될 거예요.

| 3학년 영어 교육 과정 알아보기 |

읽기 영역 목표	▪ 알파벳 대소문자를 식별하여 읽을 수 있다 ▪ 소리와 철자의 관계를 이해하여 낱말을 읽을 수 있다 ▪ 쉽고 간단한 낱말이나 어구, 문장을 따라 읽을 수 있다 ▪ 쉽고 간단한 낱말이나 어구를 읽고 의미를 이해할 수 있다 ▪ 쉽고 간단한 문장을 읽고 의미를 이해할 수 있다
학습 요소	▪ 알파벳 대소문자, 낱말의 소리, 철자 ▪ 낱말, 어구, 문장
평가 요소	아래 학습 활동의 결과를 병행하여 평가함 ▪ 알파벳 소리 내어 읽기 ▪ 알파벳 대소문자 연결하기 ▪ 흩어진 알파벳 찾아 맞추기 ▪ 첫소리가 같은 낱말 찾기 ▪ 첫소리 알파벳 채우기
교과서 본문	Read and Write 빈칸에 짝이 되는 알파벳 대·소문자를 써 봅시다. A b C a B c

• 출처 : 와이비엠 디지털교과서

분석2. 5, 6학년 군

3, 4학년의 영어 수업을 잘 따라온 아이들에게 5, 6학년 군의 영어 수업이 갑자기 어렵게 느껴지지는 않습니다. 문제는 회화, 찬트, 노래, 게임 위주의 수업이 지속되면서 영어책을 소리 내어 읽지 못하는 채로 중학교에 진학하는 경우가 생긴다는 점이에요.

5, 6학년 시기의 영어는 문장, 그림, 도표, 짧은 글을 읽고 그 의미를 파악할 수 있어야 해요. 그렇기 때문에 공부해야 할 단어의 범위를 넓히고 문장을 해석하는 방법을 익히는 시기라고 생각하면 맞습니다. 실제로 5, 6학년이 되면 영어 시간에 단어 쪽지 시험을 보는 경우도 많은데 기본 단어를 모르면 교과서 본문을 이해하기 힘들어요. 따라서 이 시기에는 초등 기본 영단어를 반복하고 리더스북을 막힘없이 술술 읽고 이해할 정도의 수준을 목표로 해주세요.

아래 제시된 6학년 영어 교과서의 본문을 보면 이해가 될 거예요.

| 6학년 영어 교육 과정 알아보기 |

읽기 영역 목표	■ 쉽고 간단한 문장을 강세, 리듬, 억양에 맞게 소리 내어 읽을 수 있다 ■ 그림이나 도표에 대한 쉽고 짧은 글을 읽고 세부 정보를 파악할 수 있다 ■ 일상생활 속의 친숙한 주제에 관한 쉽고 짧은 글을 읽고 세부 정보를 파악할 수 있다 ■ 쉽고 짧은 글을 읽고 줄거리나 목적 등 중심 내용을 파악할 수 있다

학습 요소	■ 알파벳 대소문자, 낱말의 소리, 철자 ■ 낱말, 어구, 문장 ■ 줄거리, 목적 ■ 강세, 리듬, 억양
평가 요소	아래 학습 활동의 결과를 병행하여 평가함 ■ 그림, 도표에 대한 짧은 글을 읽고 세부 정보 파악하기 ■ 글을 읽고 퀴즈에 답하기 ■ 참과 거짓 문장 가리기 ■ 글과 관련된 과제 완성하기
교과서 본문	**C Read and Write** 그림을 보고, 빈칸에 알맞은 낱말을 알파벳 띠에서 찾아 써 봅시다. s f i r s t n e i n s i x t h y t h i r d c a f o u r t h q g r a d e What grade are you in? 1. 1st I'm in the _____ grade. 2. 3rd I'm _____ the _____ grade. 3. 4th I'm in the _____ _____. Tip 학년을 말할 때 낱말 'first, second, third, fourth'는 숫자와 함께 '1st, 2nd, 3rd, 4th'로 쓰기도 해요. • 출처 : 와이비엠 디지털교과서

레벨업
꿀팁 ①

O.R.T. 구입 방법

O.R.T.는 영국에서 물 건너온 책이고 워낙 전 세계적으로 인기가 높다 보니 그 버전, 금액, 내용, 권수, 세트 구성, 국적이 다양합니다. 이 책을 처음 접하고 몇 번 검색하다 보면 너무 다양한 종류와 높은 금액에 놀라 어디서부터 알아봐야 할지 막막해지기 쉽습니다.

참고로 저는 이제까지 O.R.T. 구입을 위해 6만 원을 들였습니다. 도서관 대출이 툭하면 연체되어 스트레스가 이만저만이 아니었어요. 그래도 꾸준히 상황에 맞춰 할 수 있는 만큼만이라도 계속했더니 조금씩 길이 열렸습니다. 그러니 겁먹지 말고 도전하시라는 용기를 드리고 싶습니다.

아이 영어 실력은 들인 돈이 아니라 엄마의 꾸준함에 비례합니다. 이 사실을 기억하면서 다음 페이지에 정리한 O.R.T. 구입 방법을 참고하셔서 상황에 따라 잘 활용해보시길 바랍니다.

| O.R.T. 구입 방법 |

종류	구성	금액	특이사항
인북스	1 ~ 12단계 기본책 300권	1 ~ 12단계 : 180만 원 1 ~ 9단계 : 120만 원	■ 직수입 그대로 판매되는 제품 ■ 과거 시제 ■ 페이퍼북 ■ 가장 금액이 높음 ■ 가끔 홈쇼핑에서 특가 판매 ■ 세이펜 포함 가능
한솔 O.R.T	1 ~ 5단계 72권	1, 4, 5단계 : 16만 원 2, 3단계 : 21만 원	■ 현재 시제 ■ 하드 커버 ■ Kipper 이야기 18권, 일반 12권 ■ 방문 수업용 ■ 기관용과 겹치는 책 없음
한솔 기관용	1 ~ 3단계 기본책 90권 워크북 90권 활동책 30권 CD 30장	카페 등의 공동구매를 통해 구입 가능	■ 유치원, 학원 등에서 교재로 활용 ■ 현재 시제 ■ 페이퍼북 ■ 인북스에 비해 저렴함 ■ 중고로 구하기 쉬운 편
퓨처팩	1 ~ 9단계 기본책 300권 리딩 진도표 제공	전권(300권) 1년 구독권 : 24만 원	■ eBook ■ 리딩앤 홈페이지에서 결재 후 사용 가능 ■ 금액에 비해 많은 책을 읽을 수 있으나 전자기기만으로 사용이 가능한 아쉬움이 있다

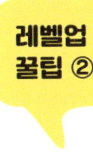

O.R.T. 구입에 관한 고민 Q&A

고민1. O.R.T. 전권, 전 단계를 구입해야 할까요?

아니에요, 그럴 필요는 없습니다.

잠깐만 알아봐도 알게 되겠지만 O.R.T. 전집의 금액은 100만 원이 넘어갑니다. 영어 학원, 학습지 등을 병행하면서 O.R.T.를 진행하려면 영어 한 과목에 드는 비용이 너무 커지죠. 전권, 전 단계를 모두 구해서 빠짐없이 읽을 필요는 없습니다.

도서관에서 빌려보는 것도 괜찮고요, 영어 독서의 성패를 결정짓는 3, 4, 5단계 정도는 중고로 장만하면 좋습니다. 단계별로 10권 정도면 충분합니다.

다양한 책을 읽기보다는 재미있는 책을 여러 번 반복하는 것이 자신감을 갖기에 훨씬 좋기 때문이지요.

고민2. 꼭 종이책을 별도로 구입할 필요가 있을까요?

내용이 똑같은데 가격은 더 비싼 종이책, 꼭 구입해야 할까요? O.R.T. 구입을 알아보다가 혹은 전자책인 퓨처팩을 활용하다 보면 드는 궁금증입니다.

비용을 들여서 전자책과 종이책 중 한 가지를 고르는 상황이라면 종이책을 추천합니다. 성장기 아이들의 시력 보호를 위해 초등 시기에는 가능한 종이책으로 제작된 교재가 좋습니다.

또 결국 아이들이 다져진 실력을 발휘해야 할 시험, 입시에서는 종이로 된 문제를 읽고 종이로 된 답안지를 사용하게 되기 때문입니다. 종이에 익숙한 공부를 했으면 하는 이유입니다. 종이책으로 읽고 공책에 쓰는 것이 자연스럽다는 것은 상당히 유리한 조건입니다. 전자사전, 스마트폰 앱보다 종이로 된 영한 사전, 국어사전 활용을 추천하는 이유이기도 합니다.

이미 퓨처팩을 활용하는 중이고 아이가 꾸준히 잘하고 있다면 새삼스레 종이책으로 갈아탈 필요는 없습니다. 단계별로 중고로 몇 권씩이라도 구해서 종이책과 병행하는 방법, 챕터북 단계부터는 종이책을 주로 활용하는 방법 등을 염두에 두고 진행해주세요.

O.R.T.를 시작하는 첫 1년은 전자책으로, 독서 습관이 자리 잡고 읽기 독립이 이루어진 2년 차부터는 종이책으로 진행하는 것도 대안이 될 수 있습니다. '줄곧 전자책으로만 진행하지 않기'를 기억해주세요.

고민3. 과거 시제 vs. 현재 시제

동사가 과거 시제인 것과 현재 시제인 것 중 선택해야 합니다. 두 가지를 모두 볼 필요까지는 없고요, 어느 한쪽이 확실히 유용하다고 말하기도 어렵습니다. 결국은 동사의 현재 시제와 과거 시제 모두를 알아야 할 테고, 어느 시제를 먼저 접하게 할 것인가의 문제이기 때문입니다.

실제 영어와 O.R.T. 이후의 챕터북 단계에서는 동사의 원형보다는 과거 시제가 흔하게 사용됩니다. 그렇기 때문에 미리 익혀두는 의미에서 과거 시제를 선택하는 방법이 있고요, 리더스 단계에서라도 현재 시제를 충분히 익히게 하기 위해 현재 시제를 선택하는 방법도 있습니다.

얻는 것과 잃는 것이 똑같은 선택이기 때문에 시제는 O.R.T. 선택의 기준으로 삼지 않는 것도 방법입니다.

시제 말고도 금액, 세트 구성, 권수, 단계 등 O.R.T.를 장만하기 위해 고려해야 할 기준은 많으니까요.

현재형이든 과거형이든 어느 한쪽을 충분히 경험하고 나면 이후 챕터북 단계에서 자연스럽게 둘을 구분할 수 있게 될 거예요. 그래도 걱정이 된다면 초기 단계와 이후 단계의 시제를 달리하여 들이는 것도 방법입니다.

엄마의 진짜
속마음

BTS,
이런, 너무 멋지잖아!

유명인사들만 선다는 유엔총회 무대에 2018년 9월, 방탄소년단(BTS)이 한국 가수로서는 최초로 올랐습니다. 배우 현빈을 좋아하는 저는 단 한 번도 아이돌에게 마음을 뺏겨본 적이 없었으며 어떤 칼군무와 꽃미남도 제 맘을 흔들지 못했는데, 이런! BTS가 유엔에서 했던 연설 앞에서는 눈이 반짝했습니다. 심장이 쿵, 소리를 내더군요.
이 연설에서 방탄소년단의 리더 RM이 약 7분간 본인에 대한 이야기를 풀어냈는데요, 춤 잘 추고 노래 잘 부르는 연예인이라고만 생각했었는데, 어머! 이 사람, 뭐죠? 유창한 영어 발음에 자연스러운 제스처와 표정까지, BTS를 다시 보게 되었답니다. 내 아들도 저렇게 컸으면 좋겠다는 엄마로서의 사심이 가득 담긴 눈으로 한참을 넋을 놓고 봤습니다.
그리고 검색을 시작했어요. RM이라는 저 리더는 어느 나라 출신인

가. 다시 눈이 커졌습니다. 한국에서 나고 자란 토종이래요. 미국드라마 〈Friends(프렌즈)〉를 보며 영어 공부를 했대요. 와우, 기특한 마음이었는데 고마운 마음까지 드네요. 그렇다면 우리 아이들도 언젠가 저렇게 될 수도 있는 거잖아요.

팬심과 엄마 미소를 가득 담아 당당하고 소신 있게 발표했던 연설문 전문을 공유해봅니다. 우리 아이들도 이렇게 멋지게 잘 키워보자고요.

BTS 리더 RM의 유엔 연설 전문

My name is Kim Namjoon, also known as RM, the leader of the group BTS. It is an incredible honor to be invited to an occasion with such significance for today's young generation. Last November, BTS launched the Love Myself campaign with UNICEF built on our belief that true love first begins with loving myself. We've been partnering with UNICEF's End Violence program to protect children and young people all over the world from violence. And our fans have become a major part of this campaign with their action and with their enthusiasm. We truly have the best fans in the world.

저는 BTS 그룹의 리더, RM입니다. 오늘날의 젊은 세대에게 의미 있는 이 자리에 참석하게 되어 대단히 영광으로 생각합니다. 지난 11월 BTS는 유니세프와 함께 Love yourself(너 자신을 사랑하라) 캠페인을 시작했습니다. 진정한 사랑은 자기 자신을 사랑하는 것에서 출발한다는 믿음에서 시작된 캠페인입니다. 저희는 유니세프의 End Violence(비폭력) 캠페인 프로그램에 동참함으로써 전 세계 아이들과 청소년들을 폭력으로부터 보호하고 싶습니다. 그리고 저희 팬들의 열정적인 실천이 이 캠페인의 큰 부분을 담당하고 있습니다. 저희는 세계에서 가장 멋진 팬을 가진 팀입니다.

I'd like to begin by talking about myself. I was born in Ilsan, a city near Seoul, South Korea. It is a really beautiful place with a lake, hills, and even an annual flower festival. I spent a very happy childhood there, and I was just an ordinary boy. I used to look up at the night sky and wonder, and I used to dream the dreams of a boy. I used to imagine that I was a super hero who could save the world. In an intro to one of our early albums, there's a line that says, 'My heart stopped when I was maybe nine or ten.'
Looking back, I think that's when I began to worry about what other people thought of me, and started

seeing myself through their eyes. I stopped looking up at the night skies, the stars. I stopped daydreaming. Instead, I just tried to jam myself into the molds that other people made. Soon, I began to shut out my own voice, and started to listen to the voices of others. No one called out my name, and neither did I. My heart stopped, and my eyes closed shut. So, like this, I, we, all lost our names. We became like ghosts.

저에 관한 이야기로 시작해볼게요. 저는 대한민국 서울 근처 일산에서 태어났습니다. 호수와 작은 산이 있고요, 해마다 꽃 축제가 열리는 아름다운 지역이랍니다. 그곳에서 행복한 유년 시절을 보냈던 평범한 아이였어요. 밤하늘을 보고 감탄하고, 보통의 아이들처럼 꿈이 많았어요. 저는 세상을 구하는 슈퍼 영웅이 되는 상상을 즐겼답니다. 저희 초창기 앨범 인트로에 "내 심장은 아홉, 열 살쯤 멈췄다"라는 가사가 있습니다.

돌아보면, 그때가 바로 남들이 날 어떻게 생각할까 걱정하고 다른 사람의 눈으로 저 자신을 보기 시작했던 때인 것 같습니다. 전 밤하늘과 별 보기를 그만했고요, 더는 몽상에 젖지도 않았어요. 대신 사람들이 만들어놓은 틀에 저 자신을 밀어 넣으려 했습니다. 그렇게 곧 제 목소리를 닫고, 다른 사람들의 말에 귀 기울이기 시작했어요. 아무도 제 이름을 불러주지 않았고, 저 자신도 그랬습니다. 제 심장은 멈췄고, 눈은 닫혀버렸죠. 이렇게 저와 우리는 자기의 이름을 잃어버렸습니다. 우리는 유령과 비슷해진 거죠.

But I had one sensory, and that was music. There was a small voice inside of me that said, 'Wake up, man, and listen to yourself.' But it took me a long time to hear music calling my real name. Even after making the decision to join BTS, there were a lot of hurdles. Some people may not believe, but most people thought we were hopeless. Sometimes I just wanted to quit.

하지만 제겐 안식처가 있었는데, 그건 바로 음악이었습니다. 제 안에서 '깨어나 너에게 귀 기울여!'라고 하는 것 같았습니다. 하지만 음악이 제 진짜 이름을 불러주기까지는 꽤 오래 걸렸어요. BTS에 합류한 후에도 많은 장애물이 있었습니다. 믿지 않는 분도 계시겠지만 많은 사람이 저희에게 가능성이 없다고 했습니다. 그만두고 싶은 마음이 들었습니다.

But I think I was very lucky that I didn't give it all up. And I'm sure that I, and we, will keep stumbling and falling like this. BTS has become artists performing in those huge stadiums and selling millions of albums right now, but I am still an ordinary 24-year-old guy. If there's anything that I achieved, it was only possible that I have my other BTS members right by my side, and because of the love and support that our ARMY fans all over the world make for us. And maybe I made a mistake yesterday, but yesterday's me is still me. Today, I am who I am with all of my faults and my mistakes.

하지만 그때 포기하지 않았던 건 정말 행운이라고 생각해요. 확신합니다. 저와 우리는 계속 이렇게 장애물을 만나고 실패하기도 하며 살아갈 겁니다. BTS는 이제 큰 공연장에서 공연하고 수백만 장의 앨범이 팔리는 가수가 되었습니다. 하지만 전 여전히 스물네 살의 평범한 청년입니다. 제가 이룬 것이 있다면, 그건 제 옆에 있는 BTS 멤버들이 있었기에 가능했던 것이고, 오늘의 저희가 있을 수 있게 해준 전 세계 ARMY(팬클럽 명칭) 팬들의 사랑과 지지 덕분이었습니다. 지금껏 제가 실수를 한 적도 있었지만 그 또한 저입니다.

Tomorrow, I might be a tiny bit wiser, and that'll be me too. These faults and mistakes are what I am, making up the brightest stars in the constellation of my life. I have come to love myself for who I am, for who I was, and for who I hope to become. I'd like to say one last thing: After releasing our Love Yourself albums and launching the 'Love Myself' campaign, we started to hear remarkable stories from our fans all over the world. How our message helped them overcome their hardships in life and start loving themselves. Those stories constantly remind us of our responsibility.

앞으로의 저는 조금 더 현명해질지 모르지만, 그 또한 저일 것입니다. 이렇게 제가 했던 잘못과 실수들은 제 삶의 별자리에 놓일 밝은 별들을 만들어줄 겁니다. 전 지금의 저와 과거의 저, 그리고 앞으로 희망하는 저의 모습까지 사랑하게 되었습니다. 마지막으로 한 가지 말씀드리고자 합니다. 〈Love yourself〉 앨범을 내고 Love myself 캠페인을 시작한 후, 저희는 전 세계 팬들로부터 놀라운 이야기를 듣기 시작했습니다. 저희가 보낸 메시지가 저희 팬들이 인생의 어려움을 극복하고 자기 자신을 사랑하는 데에 어떤 도움이 되었는지에 대해 말이죠. 이런 이야기들은 저희에게 끊임없는 책임감이 들게 합니다.

So let's take all one more step. We have learned to love ourselves, so now I urge you to speak yourself. I'd like to ask all of you, What is your name? What excites you and makes your heart beat? Tell me your story. I want to hear your voice, and I want to hear your conviction. No matter who you are, where you're from, your skin color, your gender identity, just speak yourself. Find your name and find your voice by speaking yourself.

우리, 이제 모두 한 발자국만 더 가볼까요? 우리는 자신을 사랑하는 법을 배워왔으니 이제는 나만의 목소리를 내어보세요. 여러분께 묻고 싶습니다. 당신의 이름은 무엇인가요? 여러분을 기쁘게 하고 심장 뛰게 하는 것은 무엇인가요? 당신의 이야기를 들려주세요. 여러분의 목소리를 듣고 싶고요, 여러분의 신념을 듣고 싶습니다. 당신이 누구건, 어디 출신이건, 피부색이 무엇이건, 어떤 성별이건 상관없이 자신의 목소리를 내세요. 나의 이름을 찾고 나의 소리를 내면서 나의 목소리를 발견하세요.

I'm Kim Nam-joon, and also RM of BTS. I am an idol, and I am an artist from a small town in Korea. Like most people, I've made many and plenty mistakes in my life. I have many faults, and I have many more fears, but I'm going to embrace myself as hard as I can, and I'm starting to love myself gradually, just little by little.
What is your name? Speak yourself. Thank you very much.

저는 김남준이고, BTS의 RM입니다. 아이돌이고, 대한민국의 작은 도시에서 온 가수입니다. 다른 많은 사람처럼 저 역시 이제껏 살아오면서 수많은 실수를 저질렀습니다. 제게는 결점이 많고 두

> 려움은 훨씬 더 많지만 전 저 자신을 최대한 감싸 안으며 아주 조금씩 저를 사랑하는 일을 시작했습니다. 여러분의 이름은 무엇인가요? 당신의 소리를 내주세요. 감사합니다.

오래 고민하며 작업했던 이 책을 마무리하는 2020년 9월은 마침 BTS의 신곡 'Dynamite(다이너마이트)'가 통산 3주 미국 빌보드 차트 1위를 차지하는 새로운 기록을 만들어내는 중입니다. 전 세계 팬들을 위해 최초로 멤버 전원이 영어 가사를 소화한 점도 화제가 되고 있습니다.

이들의 뮤직비디오를 찾아보느라 신나게 유튜브의 바다를 헤엄치고 있는 우리 집의 초등 아이도 이들처럼 언어와 국적의 한계를 넘어 세계 무대에 자신의 목소리를 내는 청년으로 성장하길 기대합니다. 그 시작이 '영어 독서'라는 행복한 공부이길 바랍니다.

CHAPTER 06.

영어 독서 실전
챕터북으로 레벨 점프하기

챕터북으로 훌쩍 영어책 레벨 점프하기

O.R.T. 기준으로는 9단계까지가 리더스북이고요, 10단계부터 챕터북 즉, 단편 소설 형식의 책입니다. 그래서 9단계까지만 O.R.T.로 단계를 높인 후, 이후에는 아이 취향을 반영한 챕터북을 시도할 단계입니다. 아이에 따라서는 9단계까지 진행하지 않아도 챕터북에 관심을 보이고 자연스럽게 넘어가는 경우도 있습니다. O.R.T. 기준 5, 6단계 정도라면 아이의 취향과 수준에 맞는 챕터북 검색을 시작해주세요.

챕터북을 시도하는 방법에 대해 알아보겠습니다. 이 방법 중 어떤 방식으로 진행할지는 아이의 결정을 존중해주세요. 다들 어떻게 진행하고 있는지보다 우리 아이의 독서 성향이 어떤지를 관찰하고 결정하면 그게 맞습니다.

방법 1
O.R.T. 챕터북 단계 진행하기

무던하고 변화를 싫어하는 성실한 성향의 아이에게 좋은 방법입니다. 저희 아이는 O.R.T.가 지겹다고 했는데, 비슷하게 가고 있던 아이 친구는 O.R.T.로 계속 진행하기를 원했고, 12단계까지 마무리한 후에 챕터북으로 넘어갔습니다. 읽어오던 책에 큰 거부감이 없는 상태이고 아이가 싫증 내지 않는다면 O.R.T.로 꾸준하게 단계를 높여보세요.

싫증을 빨리 내는 저희 아이는 실은 5단계가 O.R.T.의 마지막이었습니다. O.R.T.로 영어 독서를 진행하는 과정은 어린이용 실내 수영장에서 자유 수영을 하는 것과 비슷합니다. 수영복을 사주고 수영장에 데려가는 것까지는 엄마인 저의 일이고, 몇 시에 가서 몇 번 레인에서 몇 바퀴를 돌지는 안에 들어간 아이의 선택입니다. 너무 길거나 짧게 하려고 할 때는 아이를 설득하여 어느 정도 약속한 만큼을 채우도록 하는 것도 엄마의 몫이죠.

책을 정확히 들여다보면 10~12단계는 O.R.T. 시리즈라고 하기엔 애매한 구석이 있습니다. 이 책들은 O.R.T.의 핵심 리더스북인 〈Biff, Chip and Kipper's Story〉가 아닌 별개의 시리즈입니다. 시리즈 이름은 〈Tree Tops : Time Chronicles〉이고요, 세 명의 주인공은 같지만 부쩍 성장해 있습니다.

| O.R.T. 10~12단계 |

영어 만화책 활용하기

한글로 읽기 독립을 할 때 한참 학습 만화에 빠져 지내던 시절을 생각해보면 그 원리가 같습니다. 영어도 만화책을 활용하여 수준을 높일 수 있습니다. 리더스북 이후에 글밥이 눈에 띄게 늘어난 챕터북은 부담스러울 수밖에 없는데 만화책으로 다리를 놓는 방법이지요. 스토리는 재미있어지는데 만화라 부담이 없고, 조금이라도 더 한글책의 수준과 키 맞추기를 시도할 수 있는 방법입니다.

영미권 초등 아이들이 열광하는 영어 만화책 시리즈들은 우리 아이들에게도 인기가 많습니다. 특히 사춘기가 시작되어 영어 그림책, 리더스북을 유치하게 느껴 영어책에 흥미를 못 붙이는 아이라면 또래의 심리를 반영한 영어 만화책으로 챕터북을 시도해보길 추천합니다.

| 영어 만화책 추천 목록 |

The Smurfs (스머프)

- Peyo 지음
- 애니메이션으로 제작된 만화계의 고전, 스머프 이야기
- 만화책처럼 말풍선이 중간중간 들어가 있고 어느 정도의 글밥이 같이 있어 부담 없이 도전해볼 만하다.
- 챕터북보다는 리더스북 수준에 가깝기 때문에 리더스북에서 챕터북으로 올라갈 때 유용하다.

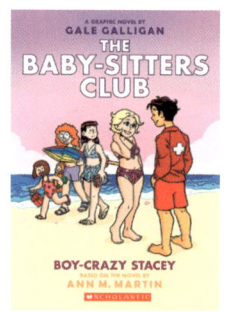

The Baby-Sitters Club (베이비시터 클럽)

- Ann M. Martin 지음
- 1980년대 미국에서 엄청난 인기를 끈 소설을 원작으로 5권까지 출간되었고, 계속해서 나오고 있다.
- 작가가 10대들을 위해 만든 소설이다. 이혼 가정의 재혼, 사춘기 소녀가 겪는 친구와의 갈등 등 5학년~중학생 여자아이에게 추천할 만하다.

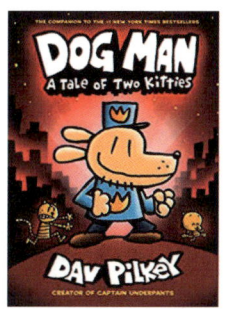

DOG MAN (도그 맨)

- 총 6권 시리즈물
- 영어 원서 시작하는 책으로 추천
- 악당이 나오고 이를 저지하는 영웅이 등장하는 전형적인 히어로물이기 때문에 영어 독서에 흥미를 보이지 않던 아이들, 특히 남자아이들이 열광하고 즐겨보는 만화 시리즈
- 한글 번역서도 출간되어 있다.

캐릭터북 활용하기

　삽화, 말풍선, 간단한 설명으로 구성된 삽화북을 활용해보세요. 대표적인 시리즈로는 〈Wimpy Kid Diary(윔피 키드 다이어리)〉가 있지요. 주인공인 엉뚱한 남자아이가 일기 형식으로 일상을 나누는데요, 걔가 좀 웃깁니다. 무심하기도 하고 발랄하기도 합니다. 우리 아이들이 한 번쯤 시도해보고 싶었을 엉뚱한 사건을 툭툭 저지릅니다.

　전권이 한글판으로 번역되어 판매되고 있으니 한글판을 먼저 시도하는 것도 좋습니다. 학습 만화에서 글밥 책으로 넘어가는 용도로도 괜찮습니다. 한글판을 통해 내용을 대략 아는 상태에서 영어판으로 챕터북을 시도하는 것이죠.

　O.R.T.를 하고는 있지만 여전히 영어에 대해 자신이 없고 거부감이 심한 아이라면 한글로 반응이 괜찮았던 책을 원서로 넣어주세요. 그렇다고 해서 한글판과 영어판을 동시에 펼쳐두고 한 문장씩 직역하며 읽는 건 추천하지 않습니다.

| 영어 캐릭터북 추천 목록 |

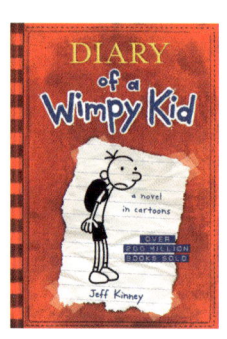

Diary of a Wimpy Kid (윔피 키드 다이어리)

- 총 10권 시리즈물
- 주인공 남자아이의 엉뚱하고 호기심 넘치는 모습과 사춘기 아이들이 이해할 만한 유머 코드라서 저학년보다는 4학년 이상에서 반응이 좋다.
- 그림과 말풍선의 비중이 높아서 유치하고 만만해 보이지만 AR 5점이 넘는 만만치 않은 책이다.

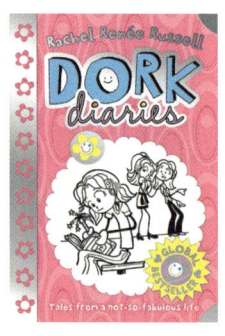

Dork Diaries (도크 다이어리)

- 총 12권 시리즈물
- 윔피 키드가 남자아이 버전이라면 도크 다이어리는 여자아이들이 열광하는 책이다.
- 300페이지가 넘는 두께가 있는 책이지만 중간중간 귀여운 그림들이 있고 글씨체가 사랑스러워 술술 잘 읽히는 편이다.

온라인 영어 독서 프로그램 활용하기

　책만 가지고 끌어가기 어렵다면 온라인으로 활용할 만한 영어 독서 프로그램의 도움을 받는 것도 위기와 정체기를 이기는 방법이 됩니다. 이전의 초등 영어 교육이 '학원표'와 '엄마표'로 뚜렷하게 양분화되었다면 코로나를 계기로 온라인 프로그램을 활용한 엄마표가 대세가 되었습니다.

　전염병으로 인한 불안감으로 학교와 학원이 정상적으로 그 기능을 다하지 못하는 시기에도 아이의 공부는 계속되어야 하는데요, 그렇기 때문에 외부 상황에 영향을 덜 받는 엄마표 공부의 가치가 높아졌고, 엄마 혼자 진도를 끌고 가기 어렵기 때문에 온라인 프로그램을 병행하고 있습니다.

원칙 1
엄마표의 불안함을 다스리는 용도로 활용하세요

저는 파닉스 이후의 영어 독서 진행이 힘들고 불안한 마음에 초등 저학년 시기에 온라인 프로그램을 1년간 활용했었고, 결과는 대성공이었습니다. 무작정 읽으라고 했다면 지겨워했을 저학년 남자아이는 다양한 책을 고를 수 있고 바로바로 포인트가 쌓이는 게임과 같은 시스템을 마음에 들어했습니다. 아는 책이 별로 없고 직장에 다니며 날마다 책을 읽어주기 부담스러웠던 엄마인 제게도 큰 힘이 되었습니다.

파닉스, 영어 그림책 수준부터 챕터북 이후까지 두루 활용할 수 있는 온라인 영어 독서 프로그램을 소개합니다. 무료 체험이 가능한 경우가 있으니 어떤 식의 프로그램인지 체험해본 후 아이와 상의하여 결정하세요.

원칙 2
아이 혼자 할 수 없습니다

프로그램 결제만 해주면 혼자 척척 할 거라 기대하지만 쉽지 않습니다. 엄마 손이 덜 갔으면 하는 마음에 큰맘 먹고 시작한 프로그램이라 며칠 못 가 흐지부지되는 아이를 보면 속이 터지지요. 프로그램을 시작하는 첫 3개월은 집 안이 난장판이 되고 세수도 못 하고 잠들 수도 있다는 마음으로 온라인 프로그램을 함께하는 것에 집중해야 합니다. 3개월도 못 가 습관이 잡히고 단계를 올려갈 거예요. 아무리 길어도 3개월이면 혼자 하게 되는데, 첫 3개월을 함께 해주는 것으로 성패가 갈리게 됩니다.

온라인 독서 프로그램에는 놀랄 만큼 다양하고 많은 책이 들어 있습니다. 각 프로그램들은 얼마나 더 많은 권수의 책을 소장하고 있는지를 경쟁적으로 홍보할 만큼 그 권수에 대해서는 부족함이 없습니다. 아시겠지만, 너무 많은 선택지가 주어지면 오히려 선택이 쉽지 않습니다. 독서보다 선택에 더 많은 시간과 에너지가 들 때는 아이의 수준과 취향을 반영해 몇 가지를 추리고 그중 선택해보게 하는 것도 코치인 우리의 역할입니다.

무료 체험을 활용하세요

거의 대부분의 온라인 영어 독서 프로그램은 일주일에서 열흘 정도의 무료 체험이 가능합니다. 일일이 체험을 해보고 결정하는 번거로움이 있긴 하지만 1년 단위로 결제하고 이용하는 방식이 일반적임을 생각해보면 다행스러운 제도라고 생각합니다.

아이가 직접 활용할 수 있게 해당 홈페이지가 직관적으로 구성되어 있는지, 영어책의 권수는 너무 적지 않은지, 수상작이나 권장 도서 등의 좋은 책을 수록해두었는지, 책을 읽어주는 경우 그 발음은 나쁘지 않은지, 아이가 흥미를 보일 만한 적절한 보상 시스템을 갖추고 있는지 등을 기준으로 결정하면 됩니다.

| 온라인 영어 독서 프로그램 |

Reading Gate
(리딩 게이트)

- 1년 이용권 22만 원
- Pre K : 알파벳, 파닉스, 사이트 워드
- eBook : 전문 원어민 성우의 음성과 학습 제공
- pBook Quiz : 원서에 대한 독후 학습

Reading Oceans
(리딩 오션스)

- 현재 무료, 2021년 유료화 예정
- 픽션, 논픽션 등 1,000개 이상의 스토리 제공
- 파닉스(유치원)부터 중등 과정까지 레벨별로 세분화되어 있다.

ABCeggs
(에이비씨에그)

- 1년 이용권 23만 원
- Junior, Reading Eggs, Egg-spress, Math의 네 가지 과정으로 구성
- 게임 형식의 보상 프로그램이 잘 운영되고 있어 흥미롭게 참여할 수 있다.

Raz-Kids
(라즈키즈)

- 1년 이용권 33,000원
- 기본에 충실하면서 가성비가 좋아 학원 등의 기관에서 많이 활용하는 편
- eBook으로 제공되는 원서를 읽고 퀴즈 풀기

챕터북 단계에 활용하는
영어 독해 문제집

　책의 내용을 어느 정도 이해하고 있는지 확실하고 간편하게 확인할 수 있는 용도로는 사실 독해 문제집만 한 게 없습니다. 책을 읽고 난 아이에게 내용을 설명해보게 하는 등의 독해 활동을 하나하나 붙어서 돕는 일은 쉽지 않습니다. 엄마가 바쁘거나 아프면 언제든 중단될 수 있기 때문에 아이 스스로 독서를 점검해볼 수 있다는 점에서 독해 문제집은 매력적입니다. 제시된 지문을 읽고 밑에 나온 문제를 풀어보라고 하고, 다 풀면 잘 풀었는지 확인하면 끝이거든요.

　득점률로 아이의 독해 수준, 이해력, 영어 수준 전체를 가늠해볼 수 있기 때문에 여럿이 함께 진도를 나가는 학원 수업에 최적화

된 방식입니다. 일대일 코칭이 어렵다면 그룹 수업의 진도에 발맞추는 방식도 나쁘지 않습니다. 다만, 학원 수업은 최고의 공부법이 아니라 '다수를 위한 진도'를 고민하고 도입하고 프로그램화시킨다는 사실을 잊지 말아야 합니다. 한 분의 선생님이 비슷비슷한 수준을 가진 여러 아이의 수업을 진행하는 방식입니다.

원칙 1

독해 문제집은 필수가 아니에요

다수를 위해 최적화된 방식, 즉 학원 수업에서의 최고의 방식이 영어 독서 공부법에서의 필수는 아니에요. 어떤 학원에서 어떤 레벨이 되면 어떤 문제집을 풀린다더라, 라는 정보를 얻은 건 기쁜 일이지만 바로 사다 풀리는 게 내 아이를 위한 최선이 아니라는 거예요.

특히나 리더스북 단계에서 문제집으로 단계를 높여가는 건 노력과 시간 대비 결과가 낮습니다. 짧은 문단의 글을 읽고 그보다 더 긴 문제들을 풀기 위해 들이는 시간이라면 책을 한 번 더 반복하는 게 훨씬 낫습니다. 문제를 많이 풀고 다 맞아야 레벨이 올라간다고 착각하지만 읽고 있는 책, 읽을 수 있는 책의 글밥이 늘어나야 레벨이 올라가는 겁니다.

리더스북에서 충분히 독서를 경험한 아이가 이제 챕터북을 접하기 시작했다면 독해 문제집을 함께 시도해보는 것도 좋습니다. 어디까지나 영어 독서를 진행하면서 보조 교재 느낌으로 활용하는 정도입니다. 리더스북에서 더 오르지 못하고 정체된 느낌이 든다면 이때도 독해 문제집으로 힘을 써볼 수 있습니다. 매일 비슷비슷한 책을 읽는 게 지겹고 따분해진 탓이지 아이가 갑자기 멍청해졌거나 엄마에게 반항을 하는 게 아닐 수 있어요.

원칙 2
뛰어난 교재도 못난 교재도 없어요

시중 독해 문제집 중 가장 무난한 것은 '미국 교과서 읽는 리딩' 시리즈인데요, 미국 교과서의 지문을 그대로 가져와 읽기 자료로 제시한 후 내용을 이해했는지 확인할 수 있는 문제를 지문당 두세 개씩 풀도록 구성되어 있습니다. 영어 학원에서 가장 많이 사용하는 교재이기도 하기 때문에 학원의 도움 없이 진행할 때의 막연한 불안감을 해소하기에 괜찮습니다.

시중의 문제집 어떤 것도 별다르게 좋거나 나쁘지는 않습니다. 내용의 차이가 두드러지지 않는다면 얇은 문제집이 아이의 자신감을 세웁니다. 한 학기를 풀어도 끝나지 않는 두껍고 빽빽한 문제집은 엄마의 욕심일 수 있어요. 지겨워지지 않게 해주세요. 한번 시작한 문제집은 끝까지 풀어냈다는 유쾌한 경험을 가질 수 있도록, 그 경험을 통해 성취감을 얻고 또 다른 시도를 할 수 있게 얇고 만만해 보이는 느낌의 문제집을 추천해주세요.

원칙 3

문제집에 제시된 학년은 크게 고려하지 마세요

읽은 내용을 얼마나 이해하는지가 중요한데, 표지에 표시된 '몇 학년용'인가에 너무 신경 쓰지 않아도 괜찮습니다. 독해력은 책을 읽어왔던 경험과 정비례하는 능력이기 때문에 학년 수준과 맞지 않는 경우가 더 흔합니다.

그래서 영어 독해 문제집은 학년이 아니라 단계로 구분되어 있는 경우가 흔합니다. 추천된 단계만 보고 구입했다가 너무 쉽거나 어려운 경우가 많아, 독해 문제집은 실제 매장에서 책을 펼쳐 지문을 하나 골라 수준을 확인하는 것이 실패를 막는 법입니다. 단어의 수준, 지문의 길이, 문장의 길이 등을 종합하여 아이의 수준보다 살짝 쉬운 정도로 시작하면 최고의 선택입니다. 쉽고 만만하고 얇은 문제집 한 권을 풀어본 경험이 있어야 다음 단계에 대한 거부감을 갖지 않겠지요.

원칙 4

한 가지 시리즈만 고집하지 마세요

괜찮다는 소문을 듣고 문제집을 결정하고 나면 아이가 흥미를 잃어도 줄곧 그 시리즈만 고집하기도 하는데요, 굳이 그럴 필요가 없습니다. 시중 독해 문제집의 구성, 수준은 큰 차이가 나지 않기 때문에 한 시리즈를 계속해 풀면서 권태롭고 지겨워질 필요가 없습니다. 다음 단계로 올라갈 때는 아이가 선택한 새로운 디자인, 색다른 구성의 문제집으로 바꿔도 괜찮습니다.

수준이 꾸준히 오르는 중이라면 중학 독해 문제집 중에 골라 보는 것도 아이에겐 색다른 도전이 됩니다. 중학 교재 중 기본서의 경우는 초등 고학년 아이들에게 크게 어렵지 않은 수준인 것들도 많습니다. 역시나 책을 펼쳐 보지 않으면 알 수가 없지요.

영어책을 꾸준히 읽고 영어에 자신감이 있는 아이들은 '중학'이라는 단어만 봐도 설레고 으쓱합니다. 따져보면 지금껏 풀고 있던 문제집과 수준 차이가 나지 않기 때문에 중학 문제집을 시도하고 거기서부터 수준을 차츰 올려가는 것도 아이의 성취감을 높이는 좋은 방법이 됩니다.

영어 독서 슬럼프 극복하는 법

리더스북을 곧잘 읽고 따라오던 아이들도 챕터북 단계에서 한 번씩 정체기를 맞습니다. 슬럼프가 왔다는 건 열심히 했다는 증거예요. 답답해할 것도 불안해할 것도 없습니다. 훌쩍 도약하기 위해 잠시 숨을 고르고 있다고 생각하면서 불안함을 감추고 의식적으로 아이를 믿는 따뜻한 시선으로 바라봐주세요.

누구에게나 당연하게 찾아오는 슬럼프이지만 조금이라도 덜 힘들게 빠져나오는 방법은 있습니다. 지나가기만을 바라며 영어 독서를 지속하는 것도 방법이 되겠지만 조금 더 적극적으로 노력해볼 만한, 저의 경험에서 깨닫게 된 방법을 공유합니다. 따라서 모든 아이에게 적용되기 어려울 수는 있다는 점 미리 말씀드립니다.

방법 1
작년 레벨로 돌아가보기

챕터북 단계까지 왔다면 영어 독서를 시작한 후로 꾸준하게 독서를 지속해왔을 가능성이 높습니다. 최근 1년 사이에 급속하게 수준이 오르는 중이기도 할 거고요. 그래서 1년 전쯤 읽었던 책을 찾아 읽어보는 것은 아이와 엄마 모두에게 예상치 못한 활력을 줍니다.

정확한 기록이 없다 해도 대략 작년 즈음에 어떤 수준의 책을 읽었는지는 기억할 수 있을 거예요. 작년에는 분명 챕터북은 시작도 못 했을 거고요, 리더스북을 더듬거리며 읽는 정도의 수준이었을 거예요. 그래서 슬럼프가 닥친 당분간은 1년 전에 읽던 리더스북으로 영어 독서를 지속해보세요.

'내가 이렇게나 쉬운 책을 쩔쩔맸었어?'라며 신기하고 뿌듯한 마음이 듭니다. 올챙이 적을 기억하지 못하는 개구리가 되는 거예요. 더 어려운 책, 더 두꺼운 책, 더 다양한 책을 향해 앞만 보고 달리다 보니 실력이 늘어나고 있다는 걸 의식할 틈이 없어요. 그래서 뒤를 돌아보는 겁니다. 뒤를 보면서 성취감을 느끼고, 노력했던 시간들을 돌아보고, 그래서 힘들지만 한 번 더 힘을 내어보아야겠다고 다짐하며 슬럼프에서 천천히 빠져나올 수 있게 된답니다. 오랜만에 쉬운 책을 읽으면 영어가 이제 좀 만만하고 재미있게 느껴지게 됩니다.

영어 독서 쉬기, 그러나 그냥 쉬지 않기

슬럼프를 이겨내는 최고의 방법은 휴식입니다. 지칠 만큼 오랜 시간 동안 해와서 슬럼프가 오는 것이기 때문에 한동안 휴식하는 것은 늦어지는 것처럼 보여도 매우 빠른 탈출법이 될 수 있습니다. 핵심은 그냥 쉬지 않는다는 거예요. 영어 독서의 휴식기를 갖는 것일 뿐, 큰 그림으로 보면 영어 독서에 도움이 될 활동을 꾸준히 해주는 것이 핵심입니다.

영어 독서를 중단하면서 생긴 여유 시간을 한글 독서와 영어 영상 시청에 쓰는 방법입니다. 지겨운 영어 독서를 쉴 수 있다는 것만으로도 아이는 충분히 행복한 상태이기 때문에 그 시간을 한글 독서와 영어 영상 시청에 활용하는 것으로 협의를 보고 진행하면 아이도 엄마도 덜 불안한 시간을 보낼 수 있습니다.

한글책을 읽고 영어 영상을 보는 것은 슬럼프 이후의 도약을 위한 최고의 무기입니다. 그냥 흘려보내는 시간이라 생각하지 말고요, 영어 독서를 달리느라 소홀했던 다른 공부들을 챙기는 의미 있는 시간이라고 생각해도 괜찮습니다. 작전이 바뀐 것일 뿐, 늦어지거나 빠진 것은 없습니다.

방법 3

새로운 영어책 들이기

집에 이미 많은 영어책이 있다고 해도 아이 눈에는 모두 지겹고 뻔한 이야기처럼 보일 거예요. 슬럼프를 지나는 중이니까 그렇습니다. 이것저것 다 권해봐도 반응이 시원찮을 땐 서점으로 출발하세요. 원서의 금액이 부담된다면 알라딘 등의 중고 서점도 훌륭합니다. (저는 새 영어책을 사준 적이 거의 없습니다. 실패하면 너무 마음이 아프니까요.)

한글책, 학습 만화를 마음껏 고르게 해주고 덤으로 영어책도 한 권 골라보라고 해보세요. 당장 읽을 수 있는 수준의 책이 아니어도 괜찮고 사줬더니 쳐다보지도 않아도 괜찮습니다. 아이가 스스로 골랐다면 아무리 이해되지 않는 선택이라 해도 사주세요. 아이의 마음을 움직인 이유가 있을 것이고, 그 책을 집으로 데리고 와야 합니다. 그 책이 언제 어떻게 우리 아이의 영어 독서를 끌고 가줄지 지금은 알 수 없을 뿐이에요.

견물생심입니다. 호기심을 자극하는 책이 있어야 잠시라도 들춰보게 되고, 잠시 들춰봤을 뿐인데 다음 이야기가 궁금해지고, 그림이라도 재미있다면 몇 번 더 펼쳐보게 마련입니다. 제대로 재미있는 한 권을 만날 때까지 서점 나들이를 계속해보세요.

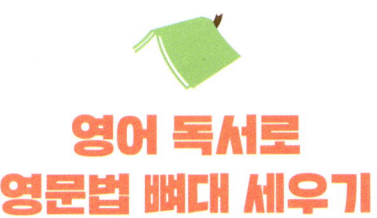

영어 독서로
영문법 뼈대 세우기

"그래서 문법은 언제, 어떻게 해야 하나요?"

리더스북을 읽던 아이가 글밥 많아진 챕터북으로 점프한 모습을 보면 얼마나 사랑스러운지 모릅니다. 그런데 그게 끝이 아니라는 게 문제죠.

제가 되도록 시간을 내어 오프라인 강연 기회를 만드는 이유는 초등 맘들의 요즘 가장 큰 고민이 무엇인지를 직접 만나서 듣고 싶은 마음 때문인데요. 아이의 영어 독서가 챕터북 수준인 부모님들의 걱정 중 문법이 꽤 큰 비중을 차지한다는 사실을 느끼고 있습니다.

결론부터 말씀드릴게요. 아이가 꾸준히 영어 독서를 진행하고 있다면, 챕터북을 이해할 정도의 수준까지 올라왔다면 문법은 크게 걱정할 영역이 아닙니다. 영어라는 언어의 문법을 마스터했다는 것의 의미를 생각해보면 이해가 가는데요, 예를 들어 설명해드릴게요.

'내일 비가 올 것 같아'라는 문장이 있습니다. 자연스럽죠? 이 문장이 자연스럽게 느껴진다면 한국어 문법을 제대로 아는 것입니다. 이번엔 어떨까요? '어제 비가 올 것 같아.' 이상하다는 걸 바로 눈치채셨을 거예요. 동시에, 이 문장을 어떻게 바꾸어야 문법적으로 완전해지는지도 알 거예요.

우리는 한국어의 문법을 정확하게 알고 있습니다. 이 두 문장의 옳고 그름을 판단하기 위해 문법책으로 공부한 적이 없는데도 말이에요. 한국어를 쓰고 한글책을 읽는 동안 '문법적으로 올바른 문장'에 계속 노출되었고, 그 덕분에 문법적으로 오류가 있는 문장을 들으면 자연스럽게 '뭔가 이상해'라는 느낌을 받게 됩니다.

그래서 영어 독서가 단어, 독해, 문법을 동시에 잡을 수 있는 효율 높은 방법이라고 하는 거예요. 영어책을 읽는 아이는 문법적으로 완벽에 가까운 문장을 눈으로 익히고 뇌에 새기는 중입니다. 어떤 언어든 책 속 문장만큼 문법적으로 완벽에 가까운 훌륭한 예시는 드뭅니다. (저자의 초고에 오류가 있었더라도 이후 편집 과정을 거치면서 문법적 오류들이 대부분 잡힙니다.) 아이가 읽고 있는 건 단순히 영어로 쓰인 단어 몇 개, 재미있는 에피소드가 아니고, 문법 공부의 탄탄한 기초가 될 바른 예문이라는 의미예요.

이렇게 독서를 통해 '문법적으로 정확한' 문장에 충분히 노출된 아이는 훗날 '문법적으로 잘못된' 문장을 스스로 찾아내게 되니다. 구체적으로 어떤 부분이 잘못되었고, 그 오류를 어떻게 수정해야 할지를 바로 답하기 어렵다 하더라도 말이에요. '어제 비가 올 거야'라는 의미의 영어 문장을 듣고 "뭔가 이상한데?"라는 반응이 나온다면 문법 정리를 시작할 준비가 된 것입니다.

영문법을 시작하려고 하면 첫 장부터 부딪히는 벽이 있습니다. 영어를 몰라서가 아니라 한자어를 몰라서 영어가 어려워지는 일, 바로 한자로 만들어진 용어들 때문입니다.

품사를 예로 들어 설명해볼게요.

우리가 만드는 문장은 모두 단어의 조합인데요, 단어가 문장 안에서 어떤 역할을 하는지에 따라 8개로 구분하였고 그래서 '8품사'라는 개념이 있습니다. 바로 명사, 대명사, 동사, 형용사, 부사, 전치사, 접속사, 감탄사의 여덟 가지입니다. 영어도 아니고 한글인 이 여덟 단어의 의미를 이해하지 못해 쩔쩔매다가, 이해가 안 되니까 그냥 외워버리고, 무작정 외웠다가 헷갈리거나 잊어버리고 맙니다. 그래서 문법책 속의 용어에 대한 개념을 정확하게 확인하는 과정이 필요합니다. 그게 '문법 한번 훑는다'는 엄마들만의 전문용어이고요, 이 과정을 초등에서 한번은 경험했으면 합니다.

그 방법을 소개해드릴게요.

초등 영문법은 이르면 4학년, 늦게는 6학년 무렵이 적당하고요, 챕터북을 이해하며 읽는 수준이라면 문법 정리에 오랜 시간이 걸리지 않을 겁니다. 삽화와 말풍선 등으로 초등 눈높이에 맞추어 부담 없이 공부할 수 있는 교재들이 시중에 많이 나와 있습니다. 책마다 영상 강의, 온라인 강의, 음성 파일 등을 제공하고 있어 아이 혼자 교재만 붙잡고 끙끙거리지 않아도 됩니다.

제공되는 강의 속 용어, 용법 등의 설명을 듣고 교재에 정리된 개념을 암기하고 예시 문제를 풀면서 연습하는 방식으로 진행해주세요. 초등 영문법을 한번 훑는 데는 한 학기 정도의 시간을 잡으면 적당합니다. 중학 진학 직전 겨울방학에 한 번 더 확인할 수 있으면 더욱 좋습니다. 교재로 진행했으나 영상 강의의 한계 때문에 제대로 이해하지 못했다면 동네 영어 학원의 '초등 영문법 4주 특강' 등의 수업을 활용하는 것도 괜찮은 방법입니다.

영문법은 초등에서 시작하여 수능 시험을 볼 때까지 끊임없이 반복하고 심화하는 과목입니다. 중등 영문법, 고등 영문법 등의 수업과 교재가 줄줄이 나오는 이유가 그것입니다. 어차피 지금 한 번으로 완벽하게 할 필요가 없으며 그럴 수도 없다는 의미입니다.

영어책에서 자주 반복되었던 형태의 문장이 알고 보니 '현재 완료 시제'라는 사실, 영어책의 모든 쪽에서 매일 보던 나(I)와 너(You)라는 단어가 '인칭 대명사'라는 사실을 접하면서 처음 보는 낯선 한자어 개념들을 눈에 익히는 작업이 바로 초등 영문법 과정입니다.

| 초등 영문법 추천 강의 목록 |

혼공TV

- 현직 영어 선생님의 영문법 강의 채널
- 2020년 출간된 《혼공 초등영문법 8품사편》의 저자로, 이 책의 저자 직강을 유튜브 채널에 무료로 공유하고 있다.
- 영문법을 처음 접하는 초등 아이에게 최고의 강의

어션영어 BasicEnglish

- 파닉스 단계부터 기초 영문법, 기초 영어회화까지 다양한 영상이 제공되고 있다.
- 주로 성인을 대상으로 하고 있어 강의가 차분하고 지루한 면도 있지만, 초보자 눈높이에서 쉽게 설명해 도움이 된다.

| 초등 영문법 추천 교재 목록 |

혼공 초등영문법 8품사편

- 현직 영어 선생님이자 EBS 영어 강사의 초등 영문법 교재
- 이 책의 저자 직강을 유튜브 채널에 무료로 공유하고 있다.
- 초등 영어의 핵심 문법이라고 할 수 있는 8품사의 용법을 총 54개의 개념으로 정리했다.
- 개념학습 → 기본문제, 실전문제 → 종합문제로 예시 문제 제공

문법이 쓰기다

- 초등 영어 전 과정에서 다루는 문법 내용을 특징 중심으로 구성
- 매일 적은 분량씩 진행할 수 있게 구성
- 문법 규칙을 익힌 뒤에는 이 지식을 바탕으로 수수께끼를 풀듯 문장 쓰기 연습을 시작하게 하여 문법을 쓰기로 연결한다.

초등영문법 777 (총 7권 시리즈)

- 초등 영어 교과서의 단어와 표현 반영
- 문법 개념을 귀여운 삽화와 함께 아이들 눈높이에서 쉽게 설명한다.
- 단어 듣고 따라 쓰기 연습장과 원어민 음성 MP3 파일 무료 제공

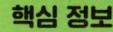

핵심 정보

초등용 챕터북 시리즈 추천 목록

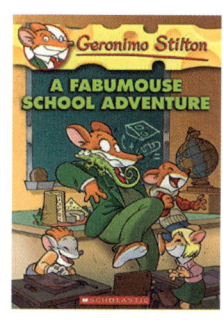

Geronimo Stilton (제로니모 스틸턴)

- 총 64권 시리즈물
- 신문사를 운영하는 주인공 제로니모의 환상 모험
- 이야기 사이사이 역사, 과학 상식도 곁들여 있다.
- 유튜브 영어 영상으로 먼저 시도해봐도 좋다.
- 하얀 내지, 컬러 인쇄, 컬러 삽화 구성

Arthur (아서)

- 총 10권 시리즈물
- 대화가 많은 편, 거의 정확한 표현으로 보여준다.
- 평범한 초등 아이가 할 만한 엉뚱한 걱정과 사소한 것을 진지하게 생각하는 모습이 사랑스럽다.
- 또래 아이의 미국 생활을 그대로 표현하고 있어 초등 아이가 흥미롭게 읽을 만하다.

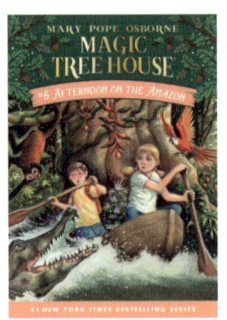

Magic Tree House
(마법의 시간 여행)

- 총 61권 시리즈물 (2020년 기준)
- 미국 초등학교 교실에 대부분 비치되어 있는 챕터북의 대명사
- 문장이 쉽고 기본에 충실해 읽기 연습용으로 적당
- 역사, 지리, 과학, 음악과 같은 비문학 영역이 배경으로 등장해 독서 과정에서 자연스럽게 지식 습득

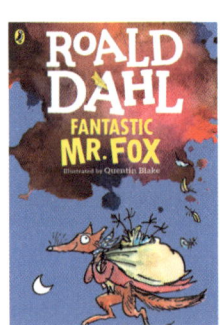

Roald Dahl (로알드 달)

- 단편 모음 (총 15권)
- 세계에서 가장 사랑받는 작가의 대담하고 뻔뻔한 이야기
- 각 권 두께, 글밥의 차이가 있어 얇은 책, 활자가 큰 책부터 순서대로 도전해보면 좋다.
- 《찰리와 초콜릿 공장》처럼 영화로도 제작된 책이 여러 권 있어 영화를 감상한 후에 자연스럽게 독서로 연결하는 방법도 있다.

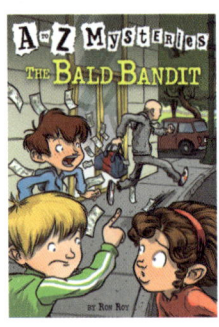

A to Z Mysteries
(에이 투 지 미스테리)

- 총 26권 시리즈물
- A부터 Z까지 알파벳에 맞춰 제목을 붙인 미스터리를 세 아이가 풀어가는 것이 주된 내용
- 비밀을 풀어가는 모험담을 담고 있기 때문에 초등 전 학년 아이들에게 인기 있는 챕터북 시리즈

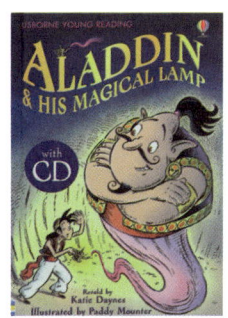

Usborn Young Reading
(어스본 영 리딩)

- 총 50권의 단편 모음
- Usborn First Reading의 다음 단계
- 신데렐라, 알라딘, 라푼젤 등 익숙하면서도 다양한 이야기가 책으로 출간된 시리즈
- 그림이 많고 글씨가 큰 편이며 컬러로 인쇄되어 있어 챕터북을 처음 접하는 아이에게 적당

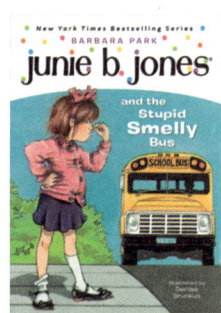

Junie B. Jones (주니 비 존스)

- 총 28권 시리즈물
- Junie B라는 6세 여자아이가 유치원(1~17권)과 초등학교(18~28권)에 다니면서 겪는 일상
- 미국, 영국 등 영어권 국가에서 초등 필독서로 분류된다.
- 공감대를 가질 수 있는 여자아이에게 인기

Nate the Great
(네잇 더 그레이트)

- 총 30권 시리즈물
- 전 세계 누적 판매량 1,700만 부
- 꼬마 탐정 Nate가 미스터리를 해결하는 과정을 담고 있다.
- 호기심 많고 탐정, 모험, 미스터리에 관심 많은 초등 아이에게 인기 있는 시리즈

▶ [3단계 챕터북 베스트 50] 부록(※328쪽)에 계속

레벨업 꿀팁

AR 지수를 영어 독서에 활용하는 원칙

잘하고, 못하고 혹은 시키고, 안 시키고 정도로 구분되던 취학 이전의 영어에서는 비교에서 상대적으로 자유로운 편입니다. 하지만 영어책의 종류가 다양해지고 단계, 지수가 구분되는 본격적인 영어 독서가 시작되면서는 크게 두 가지 고민이 시작됩니다. (사실, 엄마의 고민은 절대 두 가지로 끝나지 않지만 누구나 하게 되는 공통적인 고민부터 생각해보겠습니다.)

첫째, 아이의 영어 독서 수준이 또래에 비해 어느 정도일까?

둘째, 영어 수준을 지금보다 한 단계 높이려면 슬슬 어떤 책을 준비해야 할까?

고민해보신 적, 있으시죠?

특히나 어학원, 영어 도서관 등의 사교육의 도움을 받지 않고 있다면 막연한 불안감을 떨치기 어렵습니다. 이런 막연한 고민을 어느 정도 해소해줄 기준이 되는 '지수'가 있습니다. 반드시 이 지수에 의존해야 하는 건 아닙니다. 적당히, 필요한 만큼만 지혜롭게 활용하면 덜 불안하고 훨씬 편리합니다.

대표적인 영어 독서의 지수는 AR입니다. AR 지수는 영어 독서의 단계를 표현하는 방식 중 하나인데요, 그중 가장 보편적이고 널리 알려진 수준별 분류 방식입니다. 비슷하게 분류하는 몇 가지 방식이 더 있긴 하지만 대표적인 AR 지수 한 가지만 알고 활용해도 부족함은 없습니다.

◆ **AR 지수(Accelerated Reader)**
영어 도서에 사용된 문장의 길이 및 어휘의 개수, 난이도를 종합하여 부여한 난이도 수치. AR 지수 1.7은 미국 어린이들이 1학년 학기 시작 후 7개월 지났을 때 읽기 적당한 책이라는 의미이다. 미국 르네상스 러닝사에서 개발하였고, 독서 학습 관리 프로그램인 Accelerated Reader에서 제공한다.

미국의 아이들이 읽는 책을 연령 기준으로 그 수준을 분류한 것이죠. 한글책에는 이런 지수가 없지만 비슷한 느낌의 개념을 찾아보자면 '1학년 필독 도서', '1학년 교과서 수록 도서', '1학년 권장 도서' 등이 있습니다. 1학년 아이의 수준에 맞는 책이라는 의미이지요. 실제 영어책의 본문을 예로 살펴보면 훨씬 이해가 쉽습니다.

| AR 1점대와 2점대 책 본문 |

위의 두 가지 본문 속 문장의 차이가 느껴지시죠? 위의 것은 AR 지수 1점대(O.R.T. 1+ 단계), 즉 미국 초등 1학년 아이들이 읽는 수준의 책이고요, 아래 것은 2점대(O.R.T. 4단계)로 2학년 수준입니다. 우리도 그래요, 1학년보다는 2학년 아이들의 글밥이 많아지고 어휘는 좀 더 다양해집니다. 그것에 맞춘 지수이기 때문에 아이의 영어 독서 수준을 어느 정도 짐작해보는 기준이 됩니다.
이 지수를 영어 독서에 활용하는 방법을 알려드릴게요.

원칙1. 정확하게 맞추려고 애쓰지 마세요

영어책 선정의 기본은 아이의 취향이지만 취향만 가지고 선정하다 보면 때로 너무 쉬워서 자극을 받기 어렵거나 너무 어려워서 무슨 뜻인지 전혀 이해하기 어려운 경우가 생길 수 있습니다. 지수의 틀에 지나치게 맞출 필요는 없지만 아이의 수준을 확인하고, 다음 단계를 준비할 때 지수의 도움을 받으면 수월한 건 사실입니다. 지수대로만 틀에 맞춰 올라가지는 마세요. 2점대를 읽던 아이가 1점대를 병행해도 되고 3점대를 도전해도 괜찮습니다.

핵심은 '정확하게 꼭 지수에 맞추어 단계를 밟아나가기 위해 애쓰지 말라'는 점입니다. 위의 개념을 정확히 반영하자면 AR 지수 2.3인 아이와 3.3인 아이는 눈에 띄게 확연한 차이가 나는 수준의 영어 독서를 하고 있어야 하지만 실제로 그렇게까지 세분화하여 정확하게 꼭 맞아떨어지는 책을 날마다 제공하는 일은 불가능합니다. 꼭 그래야 할 필요도 없고요.

원칙2. 아이가 고른 책을 잘 본다면 일단 기다려주세요

때로 조금 쉽거나 어려워도 아이가 골랐다면, 그 책에 빠져들어 보고 있다면 그 자체로 의미가 있습니다. 수준보다 쉬운 책을 획획 반복해 보면서는 쉬운 문장, 확실한 어휘를 통해 기본을 다지며 자신감을 키울 것이고요, 어렵다 싶은 책을 끙끙대며 붙잡고 있는 시간 동안 그림을 보며 유추하는 힘, 처음 보는 단어의 뜻을 짐작해보는 일을 하면서는 사고력과 어휘력을 확장해갈 것입니다.

수준에 정확하게 잘 맞느냐보다 중요한 것은 영어 독서라는 자체에 거부감을 갖지 않는 것이고요, 그 때문에 아이에게 이 책, 저 책을 골라주고 읽도록 강요해서는 안 된다는 것입니다. 읽기 레벨은 독서라는 행위를 통해서만 올릴 수 있습니다. 책을 읽어야 더 어렵고 유익한 책도 읽을 수 있지요.

원칙3. 억지로 지수를 올리려 하지 마세요

아이의 독서 수준은 어휘 수준과 정비례하지 않아요. 도저히 이해하기 어려운 어휘가 등장하는 책을 붙들고 유심히 빠져들어 보고 있는 아이는 어떤 생각을 하고 있을까요? 친구들보다 훨씬 쉬운 책을 읽고 있는 아이라고 해서 아이의 수준이 낮거나 아이의 어휘가 부족하다고 단정 지을 수 없기는 마찬가지입니다.

영어 독서는 영어 어휘, 영어 문법, 영어 독서 이력 등에만 영향을 받지 않기 때문에 매이지 않아야 합니다. 한글 독서와 영어 독서는 생각하는 것보다 훨씬 더 밀접하게 연결되어 있기 때문입니다. 또 영어권에서 살고 있지 않기 때문에 미국 아이들의 독서 지수를 무리하게 따라갈 필요도 없습니다. 다른 문화, 다른 환경에서 성장하고 있다는 점을 인정하고 유연하게 반영해야 합니다.

2학년인 대한민국 아이에게 AR 2점대의 책을 강요하고 기대해서는 안 됩니다. 또 아이가 버거워하는 게 뻔히 보이는데도 눈에 보이는 지수를 올리기 위해 어려운 책을 들이밀며 읽기를 강요할 필요도 없습니다. 억지로 지수만 올릴 수는 있지만 그에 맞는 독해 실력은 장담할 수 없답니다.

각 지수의 대표적인 영어책을 추천합니다.
하지만 아이가 싫다고 하면 그만이라는 사실, 꼭 기억하세요.

| AR 지수별 추천 도서 목록 |

지수	추천 도서 베스트 3		
0	Are you ready to play outside? (0.6) 〈An elephant & Piggie〉 시리즈	The pigeon wants a puppy (0.7) 〈The Pigeon〉 시리즈	Rosie's walk (0.6)
1	I spy fly guy (1.5) 〈Fly guy〉 시리즈	We're going on a bear hunt (1.3)	Knuffle Bunny: A cautionary tale (1.6)
2	Little Miss Trouble (2.1) 〈Little Miss〉 시리즈	Imogene's antlers (2.6)	Caiilou sends a letter (2.7) 〈Caillou〉 시리즈

3	Where the wild things are (3.4)	Love you forever (3.4)	Something from nothing (3.3)
4	No jumping on the bed (4.5)	Forget their manners (4.3) 〈The Berenstain Bears〉 시리즈	Rapunzel (4.6)
5	Wimpy Kid Diary 〈Wimpy Kid〉 시리즈	Percy Jackson Series 〈Percy Jackson〉 시리즈	Harry Potter Series 〈Harry Potter〉 시리즈

| AR 지수 확인 사이트 |

웹 사이트	**Accelerated Reader Bookfinder** 들어가서 student, parent 아무거나 클릭 후 책의 제목을 검색창에 입력하면 해당 도서의 AR 지수 등 정보를 확인할 수 있습니다.
스마트폰 앱 (안드로이드)	**AR BOOK FINDER** 스마트폰에 설치한 후 책의 바코드를 스캔하면 AR 지수 등의 정보가 바로 검색됩니다.

엄마의 진짜
속마음

버스에서
내리지 않겠어!

아이러니하게도 잘해보려고 욕심을 낼수록 더 복잡해지는 느낌이 들었습니다. 열심히 달리다 보면 어렵던 문제가 풀려가고 부족함이 메워지고 슬금슬금 속도가 나야 정상인데 이건 뭐 하면 할수록 어려워지는 느낌이더라고요. 수시로 지치고 툭하면 그만두고 싶었습니다.

지금 이와 비슷한 상황에서 멈추어 서 있는 것 같은 느낌이 든다면 잘 가고 계신 거 맞아요. 영어 독서를 시도하는 아이라면 누구나 겪게 되는 자연스러운 과정이에요. 이유는 간단해요. 아이는 로봇이 아니고 엄마도 사람이기 때문이지요. 한글도 아니고 영어로 책을 읽는데 맘처럼 술술 잘되면 그게 이상한 거 아닌가요? 옆집 아이는 잘하는 것 같아 부러워 죽겠지만 그 집의 속사정을 어찌 다 알 수가 있을까요.

저도 똑같은 과정을 겪었어요. 다른 과목도 비슷하겠지만 영어 독서라는 등산을 시작하고 보니 욕심이 끝도 없더군요. 파닉스를 이해하는 아이가 기특하고 신기해 자려고 누웠는데 설레더라고요. 그 마음은 다 어디로 사라졌는지 지금은 흔적도 없습니다.

한 권만 더 읽었으면 좋겠는데 딱 시키는 만큼만 읽고 끝내는 아이를 보며 드는 아쉬운 마음, 좀 더 유창한 발음으로 읽었으면 좋겠는데 딱딱하고 촌스러운 발음을 들으며 드는 답답한 마음, 서점에서 셀 수 없이 많은 종류의 독해, 단어, 문법 문제집을 둘러보며 드는 두려움까지. 끝이 있긴 한 걸까 싶은 막막함에 점점 익숙해질 정도였습니다.

유튜브 영상 속 제 모습을 보시고 엄청 착한 엄마일 것 같다거나 끝까지 참아주는 엄마일 거라 예상하시는데요, 저는 그런 사람이 아니에요. 영상 찍을 때는 제 아이들이 옆에 없잖아요. 사자처럼 소리 지를 일도 없고 제가 잘했다고 생각되는 점들만 추려서 말해도 되잖아요. 그래서 영상 속 제가 얼핏 좋은 엄마처럼 보이는 것에는 성공했을지 모르지만 제 실체는 제가 알고 애들 아빠가 알고 무엇보다 아이들이 잘 알고 있어요. 책에 대고 거짓말을 해봤자 들통 날 게 뻔한데 손바닥으로 하늘을 가릴 수 있을까요. 몇 번씩 알려줘도 제대로 못 읽는 아이 때문에 제가 찢은 책이 버젓이 남아 있는데 말이에요.

툭하면 욱해서 언성이 높아지는 다혈질 엄마와 정해진 분량 말고는 단 한 줄도 더 읽을 마음이 없는 아들이 영어 독서라는 산을 계속

오를 수 있었던 힘은 '대충'에서 나왔습니다. 꼼꼼하게, 거르지 않고, 정확하게, 정성껏, 빈틈없이, 계획대로, 철저하게 하지 않았고요, 대충 했습니다. 저 자식이 지금 완전 건성으로 읽고 있다는 게 눈에 빤히 보여도 약속한 시간과 분량을 채우기만 하면 그냥 두었습니다. 하긴 했거든요.

운동, 외식, 외출, 모임 등으로 바빴던 저녁이면 슬그머니 안 하고 넘어가려고 애쓰는 모습이 보였지만 모르는 척했습니다. "엄마, 오늘은 늦었으니 다는 못하겠고 조금이라도 읽고 잘게요"라는 말을 먼저 꺼내주기를 바라긴 했지만 마음을 접고 눈을 감았습니다. 아이도 숨 좀 쉬어야지요. 숨을 쉬어야 또 올라가지요. 오늘 쉰만큼 내일 조금 더 힘차게 오를 거라는 기대를 품고 아쉬움을 달래며 하루를 마감했습니다.

이런 큰 깨달음은 뜻밖에도 우리 집의 저녁 밥상에서 시작됐어요. 요리와 살림에 서툰 저는 저녁 밥상 차리는 일이 세상에서 가장 곤란하고 싫습니다. (지금도 그래요.) 냉장고에 있던 차가운 밑반찬을 밀폐 용기 그대로 식탁에 올려놓고는 옆에 계란말이 하나 부쳐서 차려낸 저녁 밥상은 초라하고 맛도 없고 부끄럽고 지겨워요.

하지만 아무리 형편없는 밥상이라도 안 차리는 날은 없습니다. 오늘은 특별하고 맛있는 반찬이 없기 때문에 저녁 식사를 생략하겠다고 말하는 엄마는 없습니다. 김 하나만 꺼내 싸 먹이는 한이 있어도 굶기지는 않습니다. 그 별것 아닌 매일의 저녁 식사가 아이들을 자라게 했어요. 그게 집밥의 힘이에요.

굶지 않고 뭐라도 일단 먹어서 아이의 몸으로 들어가면 그 덕분에 살 수 있고, 자랄 수 있어요. 내가 저녁밥을 주로 대충 차리지만 가끔 외식도 하고 배달 음식도 먹고 고기도 열심히 볶는 것처럼 아이도 주로 대충 공부하는 듯하지만 때로 열심히 하기도 하고 재미있다고 하기도 하는 정도에서 만족하기로 했습니다.

나의 욕심과 기대에 미치지 못할 뿐 아이는 매일 '대충'이라도 듣고 읽는 시간을 통해 성장해가고 있습니다. 언어는 일정 시간이 쌓여야만 비로소 완성되는 독특한 종류의 학습입니다. 그만큼 엄마와 아이 모두의 인내심을 시험하는 과목이죠.

아이의 '대충'을 때로는 슬쩍 느슨하게 못 본 채 해주어도 괜찮습니다. 매사에 대충하는 습관이 생길까 봐, 계속 이렇게 대충대충 계속하는 아이가 될까 봐 불안해하지 마세요. 아이도 숨을 쉬고 틈을 보며 자기가 올라갈 목표를 점검할 시간을 가지며 자연스럽고 단단하게 성장합니다. 멈추지 않고 가고 있다면 그걸로 충분합니다.

CHAPTER 07.

영어 독서 도약
영어 소설 정복하기

두개운 영어 소설, 언제 어떻게 시도할까요?

제법 두껍고 내용이 복잡해지는 챕터북을 읽어내는 것까지가 초등 영어 독서의 1차 목표입니다. O.R.T.로 단계를 보자면 12단계까지 모두 마친 수준이고요, 〈윔피 키드 다이어리〉 등의 미국 초등용 이야기책을 읽는 수준이기도 합니다. 여기까지 닿았다면 초등 영어 독서의 큰 산을 넘은 것입니다.

5, 6학년 무렵 챕터북 수준에 도달하는 것을 목표로 하세요. 그런 다음 수학 공부의 비중을 늘리고 영어 독서는 '달리기'보다는 '유지하며 천천히 수준 높이기'의 느낌으로 꾸준히 진행하면 됩니다. 영어 한 과목만 잘해서는, 영어책만 열심히 읽어서는 전체 과목의 균형이 맞지 않아 입시 결과를 장담하기 어렵습니다.

6학년인데 챕터북을 힘들어하고 있다고 해도 많이 늦은 건 아니에요. 하지만 상대적으로 여유가 없는 건 맞기 때문에 챕터북을 편안하게 읽어내는 것을 초등 시기의 마지막 목표로 세우고 수학과 영어에 들이는 공부 시간의 균형을 맞춰야 합니다.

원칙 1
내 아이의 시기는 달라요

"그 집 딸, 〈해리포터〉를 원서로 읽는다며?"

엄마들의 눈이 동그래지고 부러움의 눈길이 한 엄마를 향하는 미묘한 순간입니다. 초등의 영어 실력이 〈해리포터〉를 읽는가, 아닌가로 평가되는 분위기, 느껴봤을 수 있어요. 초등 시기에 읽을 수 있는 영어 원서 중 가장 두껍고 어려운 책, 전 세계 어린이의 사랑을 받는 영어로 쓰인 판타지 소설의 대명사, 〈해리포터〉. 이에 쏠리는 관심은 당연하겠지요. 한글로 읽어도 기특할 것 같은 두꺼운 소설을 영어로 읽어내는 일, 우리 아이도 과연 가능할까요?

그렇습니다.

챕터북 읽기가 가능해지면 이제 어느 정도 여유로운 마음으로 다음 단계를 위한 도약을 시작할 차례입니다. 아이가 직접 고른 흥미로운 책의 도움이 필요합니다. 부쩍 두꺼워지고 눈에 띄게 어려워지는 원서를 시작할 때는 '제대로 재미있는 한 권'을 찾는 일에 공을 들여야 합니다. 재미있게 읽은 책 한 권의 도움으로 원서의 세계로 천천히 스며들게 만들겠다는 큰 그림을 그려놓으세요. 내 아이만의 '인생 책'이 필요합니다.

원칙 2
전집으로 시작하지 마세요

아이는 많아지는 글밥이 부담스럽고, 엄마는 더욱 두껍고 촘촘한 책을 들이밀며 줄다리기하듯 신경전을 하는 시기입니다. 이 시기를 무난하게 넘기면 '공부하다가 쉬고 싶을 때 영어 소설을 집어 드는 아이'가 될 수 있고요, 무리한 욕심을 부리면 '영어책이 세상에서 제일 싫은 아이'가 되어버립니다.

책 잘 읽는 아이를 질리게 만드는 게 전집입니다. 〈해리포터〉 시리즈를 예로 들어볼게요. 아이가 읽기를 바라는 마음, 살짝 관심을 보이는 아이의 반응을 보며 의욕 가득한 엄마는 〈해리포터〉 시리즈 전권을 주문해놓고 읽어보라고 떠밀어봅니다. 아이는 서점에서 아주 잠시 그 책을 펼쳐본 것뿐인데 어느새 책장에 전집이 꽂혀 있는 상황이지요. 딱 한 권만 중고로 사주는 것으로 충분합니다. 얼마나 많은 돈을 들이고 충분한 교재를 제공했느냐로 결과가 보장되지 않습니다.

전집은 최대한 멀리하세요. 딱 한 권만 가지고도 충분합니다.

원칙 3

내 아이만의 인생 책을 만날 때까지 시도하세요

딱 한 권이면 충분합니다. 이 시기는 다독이 큰 의미가 없습니다. 한 권이라도 재미있게 스스로 제대로 읽어본 경험이 있어야 다음 책에 도전할 수 있고 영어 독서를 지속할 수 있습니다. 그래서 도서관과 서점의 도움이 필요합니다. 도서관과 서점에 꽂혀 있는 무수한 책 중 관심이 가고 읽어보고 싶은 책을 고를 기회를 주세요.

이 단계까지 왔다면 아이는 맘에 드는 책을 골라보려 할 거예요. 실패해도 좋으니 대출하게 해주고, 구입하게 해주세요. 그래서 중고 서점을 추천드립니다. 알라딘 등의 중고 서점에서는 사놓고 한 번도 읽지 않았을 법한 상태 최상의 원서를 다양하고 저렴하게 구입할 수 있습니다. 주말의 나들이 일정에는 근처의 알라딘 매장을 필수로 포함시켜 한 권 사 들고 돌아가게 해주세요. 커피 한 잔 참으면 영어책에 관한 다양한 시도를 할 수 있습니다.

원칙 4

한글 번역서를 활용하세요

인기 있었던 영어책들은 한글로 번역되어 출간되는 일이 흔합니다. 아이가 내용을 궁금해하며 읽고 싶어 하지만 엄두가 나지 않아 첫발을 떼기 어렵다면 한글 번역서를 먼저 시도해보세요. 한 문장씩 영어와 한글을 번갈아가며 읽을 필요는 없고요, 한글 번역서를 읽고 난 후에 내용에 대한 두려움을 없앤 여유로운 상태에서 영어 버전을 시작하는 거지요.

미드로 영어 공부를 할 때 한글 자막을 켜고 보면서 내용을 파악한 후에 자막 없이 다시 보면서 표현을 익히는 것과 같은 원리입니다. 이 단계의 아이에게 절실하게 필요한 건 자신감입니다. 아무리 몇 쪽을 넘겨봐도 내용이 절반도 이해되지 않고 여전히 캄캄한 곳을 헤매는 느낌이라면 책을 읽고는 있지만 실력으로 연결되기 어렵습니다. 지속적으로 읽어나갈 동력도 잃어버리고요.

한글 번역서를 읽고 나서 영어책에 도전했는데도 버겁다면 일대일 문장 번역이 되어 있는 책으로 첫발을 떼는 것도 좋습니다. 영화의 내용을 소설로 옮기고, 한 줄씩 번역하여 그 뜻을 바로 이해할 수 있게 편집된 책도 있고요. (그 목록은 ※292쪽에 수록되어 있습니다.)

영어 소설 시도하고
끝까지 읽어내는 법

어른도 시도하기 어려운 수준의 두꺼운 소설책을 읽어내는 중·고등학생을 보면 초등 부모 맘은 다 비슷합니다.

'우리 아이도 저 나이가 되면 저런 책을 읽게 될까?'

'힘들 것 같은데, 비결이 도대체 뭘까?'

'어떤 수업을 받으면 저렇게 될 수 있는 걸까?'

아이는 로봇이 아니니까 지치고 지루하고 흥미를 잃을 수밖에 없습니다. 그 사실을 인정하면 오히려 길이 보일 때가 있습니다. 우리 아이가 한결같은 근면함으로 꾸준함을 이어가며 성장을 보이기를 바라지만 그렇지 않을 가능성이 훨씬 높다는 것을 전제해야 합니다. 정체된 듯한 위기를 만나고, 눈에 보이는 성장이 없을 때 그 어려운 순간을 함께 돌파하는 노력은 부모만이 해줄 수 있습니다.

원서 읽기가 자리 잡히는 과정에서 마주하는 어려움과 그 어려움을 돌파해낼 방법을 함께 고민해볼게요.

그래, 할 수 있어. 어느 정도 읽을 수 있을 것 같은 아이에게 야심차게 〈해리포터〉를 들이밀어 봅니다. 재미있게 푹 빠져 읽어내기를 바라며 반들한 새 책을 사 주어보지만 반응은 신통치 않을 수 있습니다. 아직 때가 아닐 수도 있고, 취향이 아닐 수도 있습니다. 초등 시기의 영어책을 선택하는 기준은 아이의 수준과 취향입니다. 그림책 시기부터 그랬고 〈해리포터〉를 읽어내는 수준에 이르기까지도 마찬가지입니다. 수준이 맞아도 취향이 별로일 수 있고요, 취향은 맞는데 수준이 아직 아니라서 시간이 더 필요한 경우도 있습니다.

고민 1
초등학생, 너무 바빠요

영어 소설이 자리잡히기 위해서는 그 안에서 충분히 무르익을 시간이 필요하지만 요즘 초등학생들, 참 바쁩니다. 아이의 스케줄을 들여다보고 있자면 부모인 나도 못 할 것처럼 빡빡함이 느껴집니다. 원서를 읽을 정도의 수준이라면 대부분 초등 고학년인지라 학교 숙제, 학원 숙제, 과목별 공부에다 운동, 악기까지 하고 나면 여유롭게 책 읽을 시간이 없습니다.

외국어라는 언어를 학습하는 중이기 때문에 매일 읽는 것이 가장 좋습니다. 10분이라도, 20분이라도 매일 읽는 습관을 근육처럼 단련해두면 이 습관이 중·고등 시기로 자연스럽게 연결될 수 있습니다. 초등 때 없던 공부 습관을 더 바쁘고 감정이 널뛰는 중·고등 시기에 더하기는 어려운 일입니다.

매일이 어렵다면 일정이 상대적으로 덜 바쁜 요일을 정해 주 3회 정도 이어가주세요. 그것도 어렵다면 주말에 한 시간을 약속하고 지속해주세요. 꾸준함을 당할 수 있는 건 많지 않습니다. 결과가 쉽게 눈에 보이지 않기 때문에 바쁜 일정을 핑계로 그만두기는 참 쉽습니다. 초등의 공부는 부모의 꾸준함으로 근근이 이어가는 겁니다. 아이들은 대개 비슷합니다.

고민 2

좀 읽는 듯하더니 금방 흥미를 잃어버려요

친구들이 원서를 읽는 모습을 보거나 들으면 웬만큼 욕심 있는 아이들은 "나도 한 번 읽어 볼래"라며 의욕적인 모습을 보입니다. 그게 기특하고 사랑스러워 비싼 원서를 새 책으로 사 주고 기대해보지만 몇 장 읽는 둥 마는 둥 하더니 구석에 처박아버립니다. 기대했던 게 허무하기도, 아이에게 실망스러운 마음이 들기도 할 거예요. 너무 속상해하지 마세요. 누구나 겪는 비슷한 과정이라는 위로를 먼저 드릴게요. 이 과정 없이 성장하는 아이는 없습니다. 중요한 건 엄마의 반응입니다. 열심히 할 것처럼 책 사 달라고 조르던 아이의 반응이 시들하면 이런 말이 툭 튀어나옵니다.

"그럼 그렇지, 네가 웬일인가 했다. 이 책이 얼마나 비싼 건데, 얼마나 구하기 힘든 건데 아까워 죽겠네. 안 읽을 거면 내놔, 중고로 팔아버려야겠다!"

폼 나는 책 사 놓고 몇 장 읽다 만 아이에게 제가 했던 못난 말입니다. 사 주기만 하면 당연히 줄줄 읽어낼 거라 기대하고 다그쳤던 엄마였어요. 지금 조금이라도 빨리 가지 않으면 아이 인생이 당장에 어떻게 되는 줄 알았습니다. 다행인지 불행인지, 아무리 조급하게 닦달해도 아이의 속도는 조금도 빨라지지 않았습니다. 모든 걸 내려놓고 포기하는 심정으로 반응을 바꾸었습니다.

"그래 맞아, 이게 얼마나 어려운 책이야. 이런 책이 이 정도의 느낌이란 걸 느껴봤으면 충분히 의미 있었다. 이거 읽다가 예전 읽던 책 다시 읽으면 엄청 쉽다고 느껴질걸? 잘 보이는 곳에 꽂아놓고 1년 후쯤 이 책에 다시 도전하는 걸 목표로 하자."

아직 수준에 맞지 않는 책을 오래도록 붙들고 있다고 해서 그 책의 수준으로 저절로 올라가게 되지 않습니다. 욕심입니다. 아쉽지만 다시 내려오세요. 전진을 위한 후퇴입니다. 이전 단계에서 충분한 시간을 보내고 나면 1년 전에는 엄두가 나지 않았던 수준으로 자연스럽게 올라갈 수 있습니다.

고민 3
보상이 없으면 안 읽으려 해요

당연합니다. 큰 재미도 없고 어렵기만 한 영어책을 읽는 초등 아이가 열심히 읽는 것에 대한 보상을 바라는 건 당연합니다. 잘못이 아니고요, 우리 아이만 그런 것도 아니에요. 정교하게 계획된 적절한 보상만큼 성취감과 독서 레벨을 동시에 올릴 수 있는 장치도 없습니다. 책 한 권을 완독했을 때, 매일 10분씩 책 읽기를 지속했을 때, 읽을 책의 권수가 목표(예를 들면 10권)에 도달했을 때, 주말 영어책 읽기로 한 약속을 지켰을 때 등등 영어책 읽기로 아이가 성취감을 느끼고 보상을 얻을 기회는 많습니다. 갖다 붙이기 나름이니 아이의 성향, 이제껏 공부해왔던 습관과 경험을 토대로 정교한 보상을 계획해보세요.

의지로, 습관으로 더 나갈 힘이 없을 때는 눈에 보이는 보상이 아이를 움직이기도 합니다. 그렇게 성취감을 맛보고 원하는 것을 얻어본 아이는 그 경험을 통해 영어책 읽기는 그렇게까지 힘들고 고통스러운 일이 아니라는 것을 느끼고 서서히 외적 보상이 아닌 스스로 동기를 가지고 움직이는 내적 보상을 경험하게 됩니다. 보상이 없다고 안 읽으려고 한다면, 보상을 주고서라도 읽게 하며 몸에 익어버리게 하면 됩니다. 보상은 두려워서 피할 것이 아니고, 여우처럼 활용해야 하는 도구랍니다.

고민 4
레벨이 정체되는 느낌이 들어요

챕터북을 꾸준히 읽어내다 보면 어느 순간 글밥이 껑충 뛰면서 눈에 띄게 성장하는 시기가 오는데요, 많은 부모가 이때를 기다리지 못합니다. 영어책을 이제까지 몇 년을 읽었는데 이것도 못 읽냐고 하거나, 친구 누구는 이 정도 두꺼운 책도 읽던데 너는 왜 못 읽냐며 죄인 취급합니다.

조금이라도 더 빠르게 이 시기를 만나기 위해서는 내 아이만의 속도 존중, 취향 존중이 원칙입니다. 챕터북에서 점프해 두꺼운 소설책에 도전하는 일은 정독, 다독을 수없이 반복해야만 가능한 일이며 성인들도 이 수준에 도달하기란 쉽지 않습니다. 책을 정말 많이 좋아해야 하고요, 스토리가 궁금해 먼저 읽으려고 덤빌 만큼 아이가 '재미있다'라고 느껴야 합니다. 강요한다고 될 일이 아닙니다.

문학으로 시작하는 원서 읽기

 글밥이 눈에 띄게 늘어나는 원서는 소설과 같은 문학 작품으로 시작하는 것이 효과적입니다. 국어와 영어 과목에 등장하는 지문은 크게 문학과 비문학으로 구분할 수 있고, 결국 둘 다 잡아야 하지만, 순서를 정하자면 문학이 먼저이고, 이후에 비문학 영역으로 넓혀주세요.

 문학 작품은 모두 '이야기'입니다. 실제가 아닌 누군가 지어낸 이야기를 읽으면서 이야기 속 주인공의 마음을 짐작해보고, 이야기의 결말을 상상해보고, 주인공들 간의 갈등이 해결되는 과정을 지켜보며 부지런히 뇌를 사용합니다.

 그래서 결정적 성장기인 초등 시기에 접하는 문학 작품의 가치는 생각보다 훨씬 높습니다. 쓸데없는 소설 나부랭이를 읽고 있는 게 아니고요, 문학 작품을 통해 다른 어떤 경험과도 바꾸기 어려운 값진 성장을 하는 중입니다.

초등 시기에 도전해볼 만한 문학 원서의 종류를 소개합니다.

| 문학과 비문학의 구분 |

문학 영역 (픽션, Fiction)	비문학 영역 (논픽션, Nonfiction)
일반적으로 소설(Novel)로 구분되는 문학 텍스트들을 지칭하는 용어	소설과 같이 허구로 꾸며진 이야기가 아니라 르포르타주, 여행기, 전기, 일기, 사회, 인문, 자연과학 등 사실을 바탕으로 줄거리를 구성하는 형식
그림책, 동화, 소설 등의 이야기책	사회, 과학, 역사 등의 지식책

판타지 소설

판타지를 싫어하지 않는 아이라면 판타지로 시작하는 것이 가장 성공 확률이 높습니다. 취향을 고려하되 선택을 주저하고 있다면 판타지로 시작하세요. 〈해리포터〉로 원서 읽기에 도전하는 친구들이 많은 것이 그 이유랍니다. 뚜렷한 취향이 없다면 〈해리포터〉를 시도해보는 것도 괜찮습니다.

　재미로 시작하지만 판타지 소설을 영어로 읽어내는 일은 만만치 않습니다. 좋아하는 장르의 책을 발견해서 읽어보겠다고 하면 무조건 허락해주고 격려해주세요. 지나치게 선정적이거나 폭력적이지 않은지를 확인하는 과정은 필요하겠지요.

　판타지 소설이 영어 학습에 도움이 되는 이유는 상상력을 자극하는, 일상과 동떨어진 이야기에 빠져드는 아이들의 특성과 연결됩니다. 유난히 이야기를 좋아하는 초등 시기에 그 호기심을 판타지 소설에서 해소할 수 있게, 더불어 마음껏 상상하고 이야기를 이해하기 위해 애쓰면서 생각하는 힘을 키우게 해주세요. 일단 뭐든 한 권을 읽어본 경험이 있어야 다음 책으로 옮겨갈 수 있습니다.

| 판타지 소설 추천 목록 |

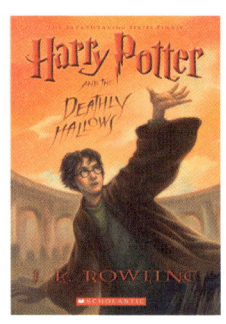

Harry Potter (해리포터 시리즈)

- 1997년 출간된 이래 200개국 이상 80개의 언어로 번역되어 5억 부 이상 판매된 베스트셀러
- 전형적인 판타지 소설로 시리즈가 다양해 한번 재미를 붙이면 시리즈 전체를 빠르게 읽을 수 있어 영어 독서의 필독서로 분류된다. 그렇다고 취향이 맞지 않는데 강요할 필요는 없다.
- 한글책을 재미있게 읽었던 아이라면 도전해보기를 추천. 성취감을 쌓는 데 상당히 도움이 된다.

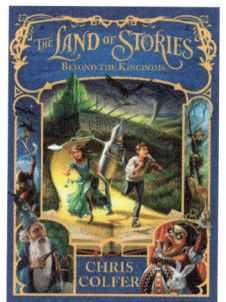

The Land of Stories (이야기의 나라)

- 크리스 콜퍼라는 배우가 쓴 어린이 동화책
- 남매 사이인 두 주인공이 마법의 책을 통해 잘 알려진 고전 동화(백설 공주, 개구리 왕자 등) 속으로 들어가면서 벌어지는 이야기
- 고전 동화들이 다른 이야기로 전개되어 흥미롭다.
- 무서운 이야기를 읽을 수 있다면 추천

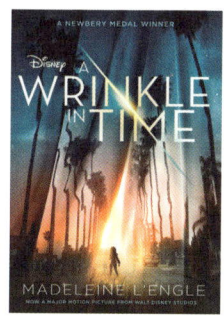

A Wrinkle in Time (시간의 주름)

- 영화 '시간의 주름'의 원작 소설
- 1962년 출간된 이래 오랫동안 많은 사람에게 사랑받고 있는 고전이자 1963년 뉴베리상 수상작
- 세 아이가 미 항공 우주국의 비밀 업무를 띠고 파견된 채 소식이 없는 아빠를 찾아 나서면서 겪게 되는 흥미진진한 모험 이야기

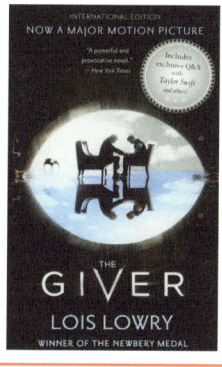

The Giver (기억 전달자)

- 청소년 판타지 도서, 모두가 잃어버린 감정을 찾기 위해 나서는 소년의 이야기
- 위의 책들에 비해 수준이 낮고 책 볼륨도 그렇게 두껍지 않다.
- 금방금방 사건이 바뀌어서 집중하기 좋다.
- 영어 원서 시도할 때 첫 책으로 추천

▶ [4단계 영어원서 베스트 50] 부록(※331쪽)에 계속

선택 2
세계명작 시리즈

한글로 세계명작을 읽어본 아이라면, 판타지 소설을 통해 영어 원서를 경험해본 아이라면 세계명작을 영어 원문으로 도전해보세요. 독서 수준을 업그레이드하는 데에 좋은 방법이 됩니다. 물론, 어렵습니다. 부모의 지지와 격려가 아니면 한두 장 읽고 끝날 일입니다. 어려워 보여도 관심을 보이는 책이 있다면 한 권을 골라 소장하게 해주세요. 지금 못 읽어도 취향에 맞는 책 한 권이 책장에 있으면 가끔 들추어보는 것만으로도 도전이 되기도 합니다. 이때 한글 번역서를 먼저 읽고 나서 영어 원문에 도전하면 훨씬 수월합니다.

| 세계명작 시리즈 추천 목록 |

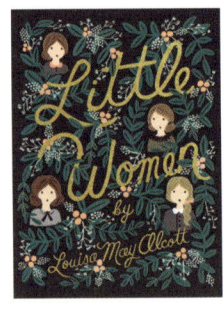

Little Women (작은 아씨들)

- 루이자 메이 올콧의 장편 소설
- 뉴잉글랜드에 사는 네 자매(모성적인 메기, 의지가 강한 조, 명랑한 베스, 천진난만한 에이미)의 이야기
- 2019년 새롭게 영화화되어 인기를 끌었는데, 영화를 먼저 보고 나서 한글 번역본, 영어 원서 순으로 시도해보면 효과적이다.

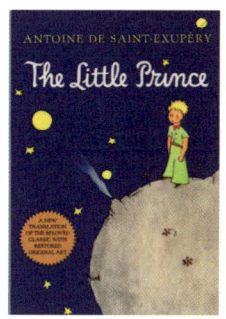

The Little Prince (어린 왕자)

- 생텍쥐페리가 쓴 동화
- 1935년 비행 도중 사하라 사막에 불시착했다가 기적적으로 살아나는 과정을 바탕으로 쓰였으며 전 세계적으로 높은 사랑을 받는 작품
- 한글 번역본을 먼저 읽어보는 것도 좋은 방법이다.

Alice's Adventure in Wonderland (이상한 나라의 앨리스)

- 동화작가인 루이스 캐럴의 장편 소설
- 순종과 도덕을 가르치는 기존 동화와는 달리, 주인공이 신기하고 허무맹랑한 캐릭터들과 만나 모험을 하는 파격적인 동화
- 한글로 번역된 세계명작 소설 시리즈 먼저 읽기를 추천

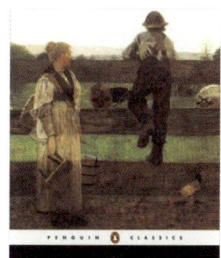

The Adventure of Huckleberry Fin (허클베리 핀의 모험)

- 마크 트웨인이 쓴 동화
- 인종이 다른 헉과 짐, 십 대 두 소년의 모험담을 그리고 있지만, 남북전쟁 직전의 미국 사회를 풍자하는 걸작으로 꼽힌다.
- 한글 동화를 먼저 접하고 난 후 시도해보면 좋다.

▶ [4단계 영어원서 베스트 50] 부록(※333쪽)에 계속

선택 3
영화, 애니메이션 대본 수록집

좋아하는 영화와 애니메이션이 책으로도 출간되어 있다면 적극적으로 활용해보세요. 영화를 먼저 보고 재미있었다면 책을 시도하여 좋아하는 영화 속 주인공의 대사를 외우고 OST를 부르는 과정에서 레벨이 쑥 올라가는 경우도 적지 않습니다. 영화 원작 소설이 그대로 번역되어 출간된 책이 있고요, 영화의 영어 대본이 번역되어 나온 책도 있습니다. 아이가 푹 빠져 여러 번 반복한 애니메이션 영화가 있다면 책으로도 성공할 확률이 높아요.

| 대본 수록집 추천 목록 |

Aladdin (알라딘)

- 2019년 디즈니 실사 영화 '알라딘' 전체 대본 수록집
- 국내 유일 '알라딘'의 전체 대본 제공
- 디즈니 추천 성우가 녹음한 MP3 CD를 제공하여 영화를 돌려보지 않아도 정확한 발음을 확인할 수 있다는 것도 이 책의 장점

Frozen (겨울왕국)

- 전 세계, 특히 대한민국 초등 여학생들의 사랑을 받았던 애니메이션 '겨울왕국' 1, 2편을 각 권으로 출간, 전체 대본 수록집
- 한글 해석본이 첨부되어 있다.

Avengers (어벤져스)

- 국내 유일, 영화 '어벤져스'를 소설화한 원서 영한 대역본
- 단어장과 표현 해설을 담은 워크북 포함
- 〈어벤져스〉 시리즈 중 '에이지 오브 울트론'과 '인피니티 워'도 출간되어 있다.

Toy Story (토이 스토리)

- 어린이들의 많은 사랑을 받은 영화 '토이 스토리 4'에서 선택한 40개 장면 중 80개의 핵심 영어 표현이 담겨 있다.
- 핵심 문장 80개는 초등 교육 과정에서 다루는 기본 의사소통 표현이 들어간 대사로 선정되었다.

비문학 영역
독서 도전하기

　영어책을 읽긴 하는데 판타지 소설에만 매달려 있는 아이를 보면서 불안한 마음이 들기도 합니다. 언제까지 저렇게 원하는 대로 읽게 내버려둬야 하는 걸까, 언제부터 어떻게 개입해야 전문적인 지식 영역의 원서도 읽게 되는 걸까, 하는 마음이 드는 게 당연합니다. 소설인 원서를 읽어낼 수 있을 정도의 수준에 도달했다면 이제 비문학에도 도전해볼 수 있습니다.

　이야기책으로 시작한 원서 읽기에 익숙해지고 나면 그 시야를 조금씩 넓혀보는 시도가 필요합니다. 장기적인 목표인 수능 영어 독해 영역을 미리 경험해보는 의미도 있고요, 시사에 관심을 보일 고학년 아이들의 지적인 욕구를 충족시킬 수도 있습니다. 이야기책만 읽던 아이가 신문기사를 접하고 전문 영역에 해당하는 다양한 분야의 글을 읽어보는 것만으로도 아이의 자신감과 성취감은 훌쩍 올라갈 수 있습니다.

이야기책을 읽던 아이가 비문학 영역에 도전하기 위해서는 아이의 관심사가 최우선입니다. 가장 궁금하고 관심 있는 영역을 영어로 접하게 만드는 것이 핵심입니다. BTS를 좋아하는 아이라면 그들에 관한 해외 매체의 기사를 읽어보게 하고, 별자리에 관심이 많은 아이라면 시작은 별자리입니다. 손흥민 선수와 축구에 관심이 많은 아이는 그에 관한 기사를 해외 언론 사이트에서 찾아보는 것으로 시작합니다.

비문학 영역은 거창해 보이지만 관심사, 실생활과 연계하기 쉽기 때문에 이야기의 흐름을 따라가기 힘들었던 아이들에게 자신감을 갖게 만드는 계기가 됩니다. 시도해볼 만한 비문학 영역 읽기 방법을 소개합니다.

구글 검색

요즘 아이들은 책보다 스마트 기기를 더 편하게 느끼고 의욕을 보입니다. 억지로 책만 강요하지 마세요. 모든 시작은 흥미와 관심에서 출발합니다. 나의 관심사에 관해 영어로 쓰인 해외 기사를 찾아보면서 궁금해서 읽게 하면 성공입니다.

영어 실력을 높이는 방법 중 최근 매우 실용적이고 쉬운 방법으로 꼽히는 것이 구글 검색입니다. 궁금해서 네이버에 쳐보게 된 키워드가 있다면 같은 키워드를 영어로 구글 검색창에 넣는 것입니다. 영어로 된 기사, 포스팅, 홈페이지가 낯설지 않는 정도만 되어도 성공입니다.

모든 내용을 다 이해하고 매일같이 영어로 된 기사만 읽는 것까지는 기대하지 마세요. 매일 구글 검색할 시간은 없을 거예요. 주말에 한 번씩은 구글 검색창에 Cute dog이라고 넣어보고, EPL도 넣어보면서 놀이인 듯 공부인 듯한 경험을 갖게 해주세요.

방법 2
영어 신문과 잡지 활용하기

초등 아이들을 위한 영어 신문과 잡지도 훌륭한 독서가 됩니다. 이야기책들을 통해 어느 정도의 영어 읽기 능력을 갖춘 아이들이 읽고 이해할 만한 수준이고요, 일상에 관한 기사들이기 때문에 전혀 낯선 내용이 아닙니다. 이미 뉴스, 한글 기사, 부모님과의 대화를 통해 접해본 내용을 영어로 읽어본다고 생각하면 쉽습니다.

영어 신문은 NE능률에서 발간하는 〈NE TIMES〉 시리즈, 〈TEEN TIMES〉 시리즈가 대표적이고요, 영어 잡지는 〈National

Giographic〉시리즈가 있습니다. 영어 신문의 각 시리즈는 3, 4가지의 레벨로 나뉘어지고, 영어 잡지는 키즈와 성인용으로 나뉘어 있어 연령과 수준에 따라 선택하면 됩니다. 영어 신문의 경우 해당 홈페이지에서 무료 샘플을 신청하면 종이 신문 한 부를 받아볼 수 있습니다. 각 시리즈별로 특징을 살펴볼게요.

| NE TIMES 시리즈 |

NE Times KIDS
(엔이 타임즈 키즈)

- 대상 : 초등학교 3 ~ 6학년
- 발행 주기 : 주 1회, 매주 월요일 발행
- 구성 : 영자신문 + 워크북 제공 (신문 내 포함)
- 신문 내용을 연계한 전화 화상 영어 프로그램이 있어 읽기와 듣기, 말하기를 동시에 익힐 수 있다.
- 국내와 전 세계에서 일어나는 최근 소식을 통해 영어에 재미와 흥미를 주는 어린이 영자 신문

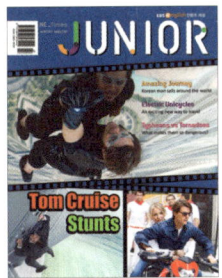

NE Times JUNIOR
(엔이 타임즈 주니어)

- 대상 : 초등학교 5, 6학년 ~ 중학생
- 발행 주기 : 월 1회, 매월 10일 발행
- 매월 초등학교 고학년에서 중학생들을 대상으로 발행되는 교육용 영어 잡지
- 기사를 영역별로 깊이 있게 학습할 수 있도록 다양한 활동으로 구성된 워크북이 잡지 내에 수록

NE Times
(엔이 타임즈)

- 대상 : 중학교 3학년 ~ 고등학생, 성인
- 발행 주기 : 주 1회, 매주 월요일 발행
- 구성 : 영자신문 + 워크북 제공(신문 내 포함)
- 중·고등학생들이 반드시 알아야 할 최신 시사 상식으로 구성된 교육용 영자 신문
- 국내외 뉴스, 과학, 문화 등 다양한 콘텐츠로 영어 실력 향상 및 시사 상식과 배경 지식 습득

| TEEN TIMES 시리즈 |

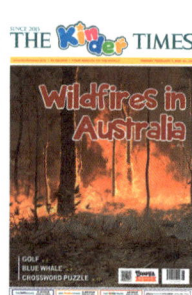

THE Kinder TIMES
(킨더 타임즈)

- 대상 : 미취학 ~ 초등 1학년, 영어를 처음 배우기 시작한 어린이
- 발행 주기 : 주 1회, 매주 월요일 발행
- 의사소통, 자연 탐구, 사회관계, 예술, 신체, 운동, 건강
- 유아를 위한 누리 과정 5개 영역별 기사 배치
- 온라인 프로그램으로 기사 음성 지원 서비스

THE Kids TIMES
(키즈 타임즈)

- 대상 : 초등학교 1~5학년
- 발행 주기 : 주 1회, 매주 목요일 발행
- 국내외 최신 뉴스, 세계 문화, 기초 과학 상식, 동물, 자연, 영어 표현 익히기, 초등학생 수준의 찬반 토론
- 난이도에 따라 3단계 중 선택 가능

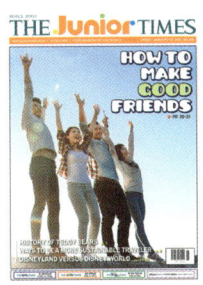

THE Junior TIMES
(주니어 타임즈)

- 대상 : 초등학교 5학년~중등 3학년
- 발행 주기 : 주 1회, 매주 금요일 발행
- 국내외 최신 뉴스, 세계 지리, 시사, 경제, 스포츠, 해외 문화, 최신 과학 소식, 인물, 영어 편지, 영화, 중학생 수준의 찬반 토론 등
- 기사 설명 동영상 강좌 제공

THE Teen TIMES
(틴 타임즈)

- 대상 : 중등 3학년 ~ 고등 3학년, 대학생
- 발행 주기 : 주 1회, 매주 화요일 발행
- 국내외 최신 뉴스, 세계 지리, 시사, 경제, 사회 문제, 스포츠, 해외 인물, 최신 과학 소식, 세계 문화, 엔터테인먼트, 고등학생 수준의 찬반 토론 등
- 난이도에 따라 3단계 중 선택 가능

| NATIONAL GEOGRAPHIC 시리즈 |

NATIONAL GEOGRAPHIC Little Kids

- 대상: 미취학 ~ 초등 3학년, 영어를 처음 배우기 시작한 어린이
- 발행 주기: 격월(연 6회), 낱권 구입 가능
- 20~30쪽 분량 (일반 잡지의 약 2/3 판형)
- 영어권 미취학 아동을 위한 교양 잡지
- 동물과 자연을 소재로 한 짧은 이야기, 색깔과 크기 구별하기, 미로찾기, 단어 공부 등
- 논리적 사고 훈련, 간단한 과학 실험, 게임 형식의 숫자, 색깔 공부, 단어 카드 등 영어 공부 초기 단계의 교재로 활용 가능

NATIONAL GEOGRAPHIC KiDS

- 대상 : 미취학 ~ 초등 전 학년
- 발행 주기 : 월간(연 10회), 낱권 구입 가능
- 영어권 초등 어린이용 교양 잡지
- 동물과 과학 소재, 세계 지역별 문화 소개, 자연과 과학의 신비, 환경, 애완동물 등으로 구성
- 흥미롭고 신비로운 소재들로 구성되어 있어서 아이들이 심취하여 읽게 되며 자연스럽게 영어 실력을 향상할 수 있다.

NATIONAL GEOGRAPHIC

- 대상 : 초등 고학년 ~ 성인
- 발행 주기: 월간(연 12회), 낱권 구입 가능
- 지구 곳곳의 다양하고 독특한 문화에 대한 이해를 돕고 인종 문제, 환경 문제, 공해, 핵 문제 등 시사성이 강한 사회 문제를 다루고 있다.
- 권위 있는 사진작가들의 생생한 화보와 함께 전달되기 때문에 전문가는 물론 일반인, 호기심 많은 청소년도 쉽고 흥미롭게 이해할 수 있는 구성

방법 3

영어 뉴스 집중 듣기

비문학 영역에 처음 도전하는데 혼자 읽기 부담스러워한다면 자막이 있는 시사 관련 영상을 자막과 함께 보는 것도 만만한 시도가 됩니다. 뭐든 만만하게 시도하고, 실력이 느는 게 느껴지지 않을 만큼 서서히 그 수준과 분량을 높여야 합니다.

원서 읽기가 시작된 초등 고학년, 중학생의 매일 듣기, 시사 상식 넓히기를 위한 사이트를 소개합니다. 처음에는 가볍게 듣기 위주로, 익숙해지면 자막을 읽으며 집중 듣기 하는 느낌으로 지속해 보세요. 매일 10분의 습관으로 듣기, 읽기, 시사 상식을 잡을 수 있어요. 엄마의 영어 공부에도 훌륭한 습관이 될 수 있어, 아이가 보는 시간을 놓치지 말고 함께하길 권합니다.

| 영어 시사 사이트 추천 목록 |

CNN 10 (씨엔엔 텐)

- 매일 10분짜리 영상 제공
- 미국 뉴스 방송국. 비즈니스, 정치, 교육 뉴스 듣기
- 유쾌하고 유머러스한 앵커의 진행이 돋보인다.
- 영어권 학교에서 시사 교육용으로 활용하는 자료

TED (테드)

- 기술, 엔터테인먼트, 디자인 회의, 강연 영상자료
- 미국의 비영리 재단으로 정기적으로 열리는 기술, 오락, 디자인 등에 관련된 강연회를 개최하고 있다. 성인 수준의 강연이지만 주제에 따라서는 아이와 함께 볼 만한 것도 있다.

BBC (비비씨)

- 영국 공영 방송 BBC 운영, 영어 교육, 동영상 강좌, MP3 제공
- 위의 두 사이트가 미국 발음 위주라면 영국 발음을 경험할 수 있는 좋은 영어 프로그램이다. 시사 뉴스 사이트이지만 영어 교육을 목적으로 한 동영상 강좌도 알차다.

arirang news (아리랑 뉴스)

- 한국 홍보 채널, 24시간 영어 방송
- 국제방송교류재단이 개국한 한국 문화 종합 편성 채널로 외국어로 방송한다. 한국인이 한국 시사 뉴스를 영어로 전하고 있기 때문에 내용과 진행이 친근하여 이해하기 쉽다.

핵심 정보

어린이를 위한
영어 능력 시험 정보

영어 학원을 다니고 있다면 레벨 테스트를 통해 아이의 실력을 한 번씩 확인할 수 있지만 온전히 엄마표로 진행한다면 실력 확인이 쉽지 않습니다. 아이가 많이 싫어하지 않는다면, 꾸준히 실력이 늘고 있음을 아이도 느끼고 자랑스러워한다면 도전해볼 만한 시험이 있습니다.

하지만 절대로 억지로는 하지 않았으면 합니다. 공부의 주체인 아이와의 충분한 대화와 격려를 통해 도전해보고 싶은 마음이 생기게 만든 후 천천히 도전해도 늦지 않습니다. 스스로 열심히 하며 만족스러워하는 아이에게는 도전 후의 성취감을 느끼게 하는 훌륭한 기회가 될 수 있지요.

| 초등 대상 영어 능력 시험 |

TOEIC Bridge (토익 브릿지)

- 주관 : YBM 시사영어
- 듣기(25분) 50점, 총 60분, 총점 100점

TOSEL (토셀)

- 미취학~성인까지, 7단계 중 선택하여 응시
- 말하기, 듣기, 읽기, 쓰기 4개 영역 평가
- 국내에서 개발되어 응시료 저렴함

TOEFL Junior (토플 주니어)

- 미국 ETS
- 듣기(40분), 문장구조(25분), 읽기(50분), 각 300점
- 총 115분, 총점 900점

주니어 ITT

- 국제통역번역협회 주관
- 1급부터 8급 중 선택하여 응시 가능
- 통역 30분, 번역 60분 (1급 기준)
- 대학 진학 시 가산점 부여됨

레벨업
꿀팁

충분히 읽었다면 쓰기를 시도하세요

영어책 읽기는 영어 독해력을 향상시키는 그 자체로도 충분히 의미를 갖지만 이후의 영어 단어 암기, 영문법 마스터, 영어 글쓰기로 자연스럽게 연결될 수 있다는 점이 상당히 매력적입니다. 영어책을 충분히 읽은 아이는 영어 학습에 필요한 기본기를 탄탄히 다졌다고 생각해도 좋습니다. 단어, 문법, 독해 등 문제집으로 해결했던 여러 영역의 공부를 영어책 읽기로 해결하고 있다는 뜻이에요.

영어로 글을 쓰는 것도 마찬가지예요. 영어책 읽기가 충분해지면 그때 시작해도 늦지 않아요. 영어를 읽은 과정은 결국 영어로 쓸 수 있게 만들어주는 수단이기도 했던 거예요. 이제 갓 읽기 시작한 아이에게 쓰기를 강요할 수는 없지만, 언젠가 쓰게 될 아이를 위해서는 읽기에서 쓰기로 확장하는 방법을 미리 알아두세요. 아직 제대로 읽지도 못하는데 쓰기가 가능할까, 싶지만 충분히 읽은 아이들은 생각보다 훨씬 빠르게 쓰기를 시작하게 됩니다. 한글 읽기 독립이 된 아이가 조금만 지도해주면 일기를 쓰기 시작하는 것과 같은 원리이지요.

글로벌 시대를 살아갈 아이는 영어를 듣고, 말하고, 읽어야 하지만 쓸 줄도 알아야 합니다. 그뿐인가요. 당장 중학생이 되면 영어 문장으로 답안을 채우는 수행평가를 만나게 될 거예요. 결국, 쓸 줄도 알아야 합니다. 쓰기 위해 읽은 건 아니지만 읽기가 넘치고 자신감이 생긴 아이는 써보겠다며 도전하게 될 거예요.

자, 그렇다면 영어책 읽기가 충분하다는 기준은 무엇일까요? 다시 말해 읽기에서 쓰기로 확장해도 괜찮은 시기는 언제쯤일까요? 절대적인 기준은 아니지만 가이드가 될 만한 몇 가지 기준을 알려드릴게요. 우리 아이의 지금 상황에 맞게 결정하세요.

기준1. 한글 글쓰기 습관이 잡혀 있다

일기 쓰기, 독서록 쓰기, 받아쓰기 등 한글로 쓸 수 있어야 영어로도 씁니다. 한글로 일기 쓰기가 부담스러운 아이의 손에 연필을 쥐어주고 A, B, C 쓰는 법을 알려주느라 너무 애쓰지 마세요. 그렇게 서두를 필요가 없어요. 때가 되면 즐겁게 잘 쓸 아이를 친구들보다 조금이라도 더 빨리 쓰게 하겠다는 욕심으로 재촉하지 마세요.

연필, 색연필을 잡고 무언가를 쓰고, 그리고 끄적거리는 것이 익숙하고 편안해야 영어로 쓸 수 있어요. 한글 쓰기가 너무 싫지 않아야 영어 쓰기가 자연스럽습니다. 그러려다 보니 자연스럽게 적정 학년을 생각해보게 되는데요, 빠르면 초등 2학년, 늦으면 초등 5, 6학년이 되면 그간 써왔던 한글 쓰기 경험을 살려 영어 글쓰기를 시도해볼 수 있습니다.

기준2. 뜻을 이해하고 재미있게 읽는 영어책이 있다

영어로 무언가를 쓰기 위해서는 단어를 몇 개라도 알아야 하고, 영어로 된 문장이 대략 어떤 구조로 만들어지는지를 알고 있어야 합니다. 그래야 흉내라도 내지요.

챕터북 이상의 높은 수준의 영어 독서가 뒷받침되어야만 영어 글쓰기를 시작할 수 있는 건 아니에요. 아주 쉽고 유치한 내용이라 해도 영어책에 사용된 영어 문장을 이해하고 그것과 비슷하게 문장을 만들어보는 경험에서 출발합니다.

시작하기 두려운 아이에게는 영어책을 그대로 베껴 쓰는 영어책 필사의 과정도 도움이 되는데, 이때에도 필요한 것이 쉬우면서도 재미있는 영어책 한 권이랍니다. 그 책을 반복해서 보다가 눈에 익은 문장이 생기면 그 문장과 똑같이, 혹은 비슷하게 뭐라도 쓸 수 있게 되지요. 좋아하는 책 한 권을 소리내어 읽고 그 뜻을 이해할 수 있다면 써볼 수 있을 거예요.

기준3. 엉망으로 써도 실망하지 않을 자신이 있다

아이가 처음으로 써온 영어 일기를 보면 기가 막힐 겁니다. 영어책을 곧잘 읽던 아이, 똘똘한 줄 알았던 아이라서 내심 기대를 했을 거예요. 하지만 그 기대는 보기 좋게 빗나갈 거예요. 단어, 문장 모두 엉망이고요, 맨날 영어 독서 한다고 폼 잡던 놈이 맞나 싶으실 거예요. 그게 정상이에요.

핵심은 아이가 엉망으로 써온 첫 영어 일기에 실망하는 내색을 보이지 않을 자신이 있는가입니다. 생각보다 많은 엄마들이 아이의 첫 시도에 실망을 숨기지 못하고, 왜 겨우 이 정도밖에 못하냐고 되묻고, 문장이 이게 뭐냐고 나무랍니다. 난생처음 영어로 글을 써본 아이는 부끄럽기도 하고 자랑스럽기도 한 마음에 칭찬을 기대했는데 실망스러운 부모님의 반응에 기가 죽습니다.

시작이 반이에요. 시작한 아이를 더 격려하고 응원하여 매일 쓰게 만들어야 제대로 쓰는 곳까지 갈 수 있어요. 옆집 애는 영어로 에세이를 쓴다던데 하며 비교하고 기죽여서 얻게 되는 건 무엇일까요? 지금 영어로 글 쓰는 수준은 아이 전체 인생으로 생각하면 먼지보다 작은 수준 차이일 뿐이에요.

욕심과 기대를 내려놓고 아이의 성취를 격려해야 발전합니다. 엉망으로 써온 공책을 들고 감동하고 칭찬을 퍼부을 준비가 되었다면 영어 일기를 시작해도 좋습니다.

엄마의 진짜 속마음

그래서 이제 어떻게 할까요?

아이를 키운다는 건 끊임없이 미래를 계획하고 고민하는 일인 것 같아요. 가깝게는 오늘 저녁 반찬에 관한 고민이고요, 멀리 보자면 다가올 아이의 중·고등학교 시기를 어떻게 보내야 할까가 되겠네요. 아이가 없었다면 하지 않았을 고민이지요. 부모로 산다는 것이 이렇게까지 무수한 고민의 연속인 줄은 정말 몰랐지만, 혹시나 미리 알았더라도 같은 선택을 했을 것 같아요. 아이 때문에 했던 고민의 시간과 고통보다 아이 덕분에 웃고 뿌듯하고 행복했던 기억이 훨씬 많거든요. 앞으로도 그럴 거라 기대하고 있습니다.

한글책 보듯 낄낄거리며 재미있게 두꺼운 영어 소설책을 읽는 아이를 보면 안 먹어도 배가 부를 것 같은데요, 막상 닥쳐보면 꼭 그렇지만도 않습니다. 여기까지 온 건 정말 감사하고 기분 좋은 일인데 그래서, 이제 어떻게 할까에 관한 고민이 시작되지요.

언제까지 집에서 엄마가 코칭하며 영어 독서로 수준을 높여가는 일이 가능할까? 사춘기에 들어선 아이가 엄마와의 공부를 거부하거나, 영어 독서를 지겨워하거나, 대뜸 학원에 보내달라고 요구한다면 어떤 결정을 내려야 할까? 사교육의 힘으로 문법, 어휘, 독해의 속도를 내는 친구들의 속도와는 어떻게 맞추어가야 할까?
늘 그렇지만 잘해도 못해도 어차피 고민은 끝이 없습니다.

아이의 영어 독서를 코칭하며 수시로 머리와 마음에 새긴 건 '아이의 일 년 전과 지금을 비교하자'였어요. 매일이 그날처럼 느껴지게 만드는 정지된 듯한 진도와 속도 때문에 마음이 급해질 땐 정확히 일 년 전의 아이 수준과 반응을 떠올리는 게 가장 큰 위로였어요.
자기가 작년 이맘때 즈음 읽었던 책을 꺼냈다가 시시하다고 덮어버리고, 자기가 썼던 글을 펼쳐보며 너무 못 썼다고 어이없어하는 아이를 보면 아무리 바쁜 숨도 여유가 생깁니다. 엄마인 내가 안달복달하지 않아도 겨우 영어책 하나만 붙잡고 보냈던 평범해 보이는 그 시간의 힘을 똑똑히 확인하게 됩니다.
실은 엄마보다 아이 본인이 더 잘 알아요. 작년에 자기가 얼마나 낮은 수준이었는지, 그리고 지금 얼마나 눈부시게 발전했는지 말이죠. 그래서 이제는 좀 더 과감하게 여유를 부립니다. 여유로운 눈길로 기다려주는 것 말고는 엄마인 내가 할 수 있는 일이 없다는 최고의 교훈을 얻었거든요. 아무리 안달해도 마음처럼 끌려오지 않았고요, 아무리 불안한 눈으로 바라봐도 노력한 만큼은 반드시 성장한다는

311

것을 알았습니다. 진작 알았다면 덜 안달하고 덜 불안했을 것을 굳이 다 경험해가며 불안을 안고 살았네요.

수시로 아이를 확인하고 의심하고 추궁하며 상처를 주고받았던 시간이 훨씬 더 많았지만 그 시간도 나름의 의미가 있었어요. 별스럽게 안달한다고 엄마의 욕심만큼 눈에 띄게 성장하지 않을 거라는 사실과 내버려둔다고 해서 이미 일상이 되어버린 영어책 읽기가 쉬이 중단되지는 않을 거라는 믿음은 무수한 실패에서 생긴 거죠.

그리고 더 중요한 한 가지, 온갖 상처를 주고받았던 아이와 저는 이제 영어 독서에 관한 단단한 믿음이 자리 잡았음을 말하지 않아도 느끼고 있습니다.

그래서 이제 어떻게 할 거냐고요?
중학생이 된다고 해서, 두꺼운 영어 원서를 읽어내는 수준이 되었다고 해서 새삼스레 유난스러워질 생각은 없습니다. 하던 대로 매일 영어책을 읽도록 권하되 그 수준과 분량을 조금씩 올리는 노력을 계속할 거고요, 힘들고 지겨워할 때는 과감히 일주일 정도의 영어 독서 방학을 제안할 거예요. (일주일을 통으로 쉰다고 치명적인 결함이 생기지 않는다는 걸 아니까요.)

자주 가던 중고 서점에는 더 자주 들를 거고요, 아이가 골라온 책은 묻지도 따지지도 않고 웃으며 결제해줄까 합니다. 새 책 파는 서점에도 들를 거예요. 지금 보고 있는 문법, 어휘 교재가 지겹거나 쉬워지면 새로운 교재를 골라보라고 할 거고요, 문법에 관해 낯설고 어려운 내용은 유튜브 강의를 뒤져서 해결해보려고 합니다. 그래도 이해되지 않는다면 학교 선생님께 물어봐서 해결하라고 떠밀거나, 그것도 어렵다면 기가 막히게 정리해준다는 용한 문법 수업을 찾아 나서볼 생각입니다.

맞아요, 저는 아이의 영어 1등급을 간절히 바라는 욕심 많은 엄마고요, 아이에게 외국 대학이든 외국 회사든 먼 땅에서 큰 꿈을 펼칠 기회가 생긴다면 말리지 않을 생각입니다. 아니, 꼭 도전해보라고 힘껏 떠밀 겁니다. 그렇기 때문에 저는 힘을 뺄 거예요.

어쩌다 한 번은 불쑥 생각난 듯 묻기는 하겠지요. 요즘 어떤 영어책 읽고 있냐고, 그 책 재미있냐고. 그게 아이의 영어를 위한 최선이란 걸 이제는 확실하게 알기 때문이지요.

저와 같은 시행착오를 겪지 않으시기를 바라는 마음으로 한 꼭지씩 채워 완성한 원고입니다. 저의 가장 큰 실수는 잘하지는 못해도 꾸준히 하던 아이에게 '잘하지' 못한다고 꾸중했던 거예요. '더 잘하라고' 한다고 더 잘하지 않더라고요. 더 잘할 때까지 기다렸더니 잘하게 되었습니다.

저는 계속 기다릴 겁니다.

저와 같이 기다려주시겠어요?

에필로그

아이의 진짜 속마음
(이규현, 6학년)

초등학교에 막 입학했을 때, 동네 친구가 한 명 있었다. 그 친구와 놀기로 약속을 했기 때문에 놀이터로 나가려는데 엄마가 우리 둘을 방과 후 영어교실로 끌고 갔다. 끌려간 것도 억울했지만 내 인생 최초의 '레벨 테스트'라는 것을 당한 날이기도 했다. 우리 둘을 교실로 밀어 넣은 엄마는 말없이 교실 밖으로 사라졌다.

시험지를 받았으나 뭘 해야 하는 건지 도저히 알 수가 없었다.

나는 시험지의 빈칸을 멍하니 노려보다가 선생님께 무엇을 하면 되는지 여쭤보았다. 알파벳 대문자와 소문자를 쓰면 된다고 하셨다. 나는 내가 대문자와 소문자가 뭔지도 모른다는 사실이 너무도 짜증 났지만, 그렇다고 빈칸 그대로 내는 건 싫은 마음에 아는 알파벳들을 막무가내로 써놓고 나왔다. 한 시간이 훌쩍 지나 있었고, 놀지 못한 것도 시험을 본 것도 모두 화가 났다.

엄마의 밀어 넣기는 거기서 끝이 아니었다. 엄마는 어느 영어 학원에서 한 달 무료 수업을 시켜준다는 말을 듣고 그날로 당장 그 학원에 나를 등록시켜버렸다. 나의 영어는 이렇듯 강제적이었다. 안 그래도 영어는 별로였는데, 무료라는 이유로 끌려가서 배운 영어는 더 별로였다. 파닉스를 배우는 과정이었는데, 도대체 무슨 말인지 모르겠고 애들은 나보다 훨씬 잘하는 듯 보였다. 안 좋은 기억 하나가 더해진 채, 한 달을 버티고 끝이 났다.

알파벳이라는 것을 처음 배운 건 친구들이 이미 영어 단어를 외우고 있던 2학년 때였다. 나의 영어가 한참 늦다는 건 눈치로 알고 있었지만 그렇다고 해서 열심히 영어를 공부하고 싶은 마음은 조금도 없었다. 엄마가 수시로 틀어놓은 영어 노래가 거슬릴 뿐이었다.

사실 엄마는 그전에도 여러 번 내게 알파벳을 가르치려고 시도했었다. 관심도 없었지만 이해가 되지 않았다. 도대체 어떻게 읽으라는 건지 이해되지 않았다. 그게 파닉스라는 사실은 한참을 지나 알게 되었다.

알파벳이라는 것을 알고, 파닉스의 규칙을 알게 되면서 어렵기만 하던 영어책을 소리 내어 읽는 것이 가능해졌다. 전혀 모르던 내가 읽게 되자 엄마는 신기해서 큰 소리로 칭찬해주셨고 그럴수록 나는 점점 더 영어를 잘하고 싶다는 생각이 들었다.

3학년이 되자 엄마는 〈옥스퍼드 리딩 트리〉라는 책을 권했고 그걸 매일 읽었다. 그때는 영어를 잘하고 싶다는 생각만 있었지 그러기 위해서 어떻게 해야 하는지에 대한 계획을 세우지는 않았던 것 같다.

1년 넘게 매일같이 〈옥스퍼드 리딩 트리〉를 읽다 보니 지겨워졌다. 수준이 너무 낮은 느낌이 들었고 재미없었다. 조금 더 어려워 보이는 책, 재미있는 책을 읽고 싶었다. 그래서 중고 서점에서 〈제로니모 스틸턴〉이라는 시리즈 중 한 권을 샀는데 모르는 단어 투성이라 하나도 이해되지 않았다. 그래도 지겨운 것보다는 낫다는 생각이 들었지만 하여간 엄청 힘들었다.

그렇게 〈제로니모 스틸턴〉을 꾸역꾸역 읽던 중, 또 한 번의 레벨 테스트에 끌려가게 되었다.

우리 엄마는 미리 말을 해주지 않고 갑자기 막 끌고 간다.

처음 가본 학원에서 처음 보는 선생님 앞에 앉아 영어 시험지를 풀었다. 정말 별로다. 내가 푼 시험지를 채점하고 나시더니 어떤 책을 읽고 있냐고 물으셨다. '제로니모' 정도면 제법 수준이 있어 보여서 당당하게 대답했는데, 선생님은 단호하게 말씀하셨다. 지금

너의 수준에서는 다시 〈옥스퍼드 리딩 트리〉를 읽어야 한다고. 정확하고 자주 쓰는 문장을 외울 정도로 많이 접해야 한다는 것이었다. 그래서 어쩔 수 없이 〈옥스퍼드 리딩 트리〉로 돌아가 몇 달을 더 읽었다.

그렇게 4학년이 되자 재미있게 읽었던 한글책을 영어로 읽고 싶어졌다. 〈해리포터〉 한글책을 재미있게 읽었던 기억이 있었기 때문에 영어책에 도전해봤지만 너무 어려워서 재미가 없었다. 다행히도 〈옥스퍼드 리딩 트리〉를 열심히 본 덕분인지 어려웠던 〈제로니모 스틸턴〉은 조금 더 이해되었고, 〈윔피 키드 다이어리〉도 대충 이해하며 볼 수 있었다.

5학년을 지냈던 캐나다에서 가장 좋았던 건 큰 서점 나들이였다. 재미있어 보이는 영어로 된 책이 가득했다. 두껍고 어려워 보이긴 했지만 그래도 재미있는 책에 도전해보고 싶어서 《스파이 스쿨》이라는 책을 사 들고 왔다. 내용은 뻔했다. 스파이 학교에서 일어나는 크고 작은 일들, 그리고 범죄 조직과의 전투. 물론 책의 내용은 100퍼센트 이해할 수 없었지만 매일 꾸준히 읽다 보니 모르는 단어의 뜻을 짐작하는 능력이 생겼다. 대략 이럴 것 같다, 싶으면 비슷하게 맞추는 일이 잦아졌다. 책을 읽는 속도도 덩달아 빨라졌.

또 이야기가 흥미로웠기 때문에 완전하게는 아니지만 어느 정도 이해하는 상태로 읽다 보니 읽기로 계획했던 분량과 시간보다 더 많이 읽는 날이 많아졌다. 학교가 끝나면 그 책을 들고 침대에

엎드려 읽는 게 즐거움이었다. 한글책도 그렇지만 영어책은 특히나, 내가 읽고 싶은 책을 읽어야 실력이 는다는 점을 느꼈다.

그렇게 《스파이 스쿨》을 다 읽었고, 책을 다 읽을 때마다 엄마는 새로운 책을 한 권씩 사 주셨다. 넓은 서점에서 재미있는 책을 고르는 시간은 정말 기분 좋았다.

나는 원래 한 번 읽은 책을 반복해서 읽는 것을 좋아하지 않는다. 그런데 다 읽은 책을 처음부터 다시 한번 읽어보는 게 어떻겠냐는 엄마의 말씀에 그렇게 해봤는데 신기하게도 처음보다 훨씬 더 잘 이해되고 더 재미있게 느껴졌다.

더 신기한 건 오늘 책에서 읽은 문장을 영어 일기를 쓸 때 흉내 내고 싶어진다는 점이다. 영어 일기도 처음에는 말도 안 되고 어렵기만 했는데, 매일 쓰다 보니 어느 순간 포텐이 확 터졌다. 어느 때부터인지 정확히 기억나지 않지만 더 이상 힘들지 않아졌다. 매일 영어로 읽고 쓰는 것이 귀찮긴 해도 영어 실력을 올리는 확실한 방법은 맞는 것 같다.

얼마 전에는 부모님의 권유로 토익 시험을 보았는데, 그중 RC(독해 영역) 문제를 풀 때는 이제까지 읽었던 영어책이 정말 큰 도움이 되었다.

우리 엄마는 갑작스러운 결정을 자주 내리고 본인 마음대로 하는 경우가 많긴 하지만, 좋았던 점도 있다. 내가 영어책을 읽고 나면 그것에 대해 물어보지 않는다. 수고했다고만 말씀하시고 내용을 확인하거나 단어의 뜻을 묻지 않으신다. 귀찮아서 그럴 수도 있지만 어쨌든 난 엄마의 질문에 대답할 필요가 없어서 편했다.

앞으로도 나는 재미있는 영어책을 구해서 계속 읽어볼 생각이다.

감사의 말

　엄마와 영어 독서를 해오면서 아이가 느꼈던 감정들을 짧게 나마 들여다볼 수 있어 이렇게 지면을 할애해주심에 감사드립니다. 저는 틈날 때마다 파닉스 교재를 들이민 것을 시작으로 어떻게 해서든 매일의 영어책을 권유하고 강요했던 엄마입니다. 그렇게 보낸 시간이 소복이 쌓여 영어 소설 읽는 일이 만만한 취미가 되어버린 아이는 계속해온 보람이 있다며 씩 웃어 보입니다. 엄마 눈에는 마냥 멈춰 세워진 것처럼 보였던 아이의 수많은 날 중 단 한순간도 멈춘 적이 없었음을 이제야 깨닫고 있습니다.

　저와 비슷한 처지의 엄마들께 위로와 도움이 되길 바라는 진심을 책에 담았습니다. 제게 보내주시는 응원을 기억하며 저는 계속해 더욱 열심히 쓰는 사람이 되겠습니다.
　저를 위해 기도해주시는 모든 가족께 감사의 인사를 드립니다.
　망설이고 두려워하던 저를 북돋아 열정적으로 이끌어주신 비에이블 출판사에 마음 다해 감사의 말씀을 전합니다.

이은경

부록 1

영어책 읽기 단계별 추천도서 200

1단계 그림책 베스트 50

 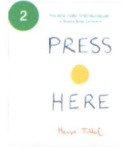   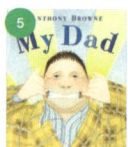

1. **Everybody Poos** – Taro Gomi
2. **Press Here** – Herve Tullet
3. **Brown bear, Brown bear, what do you see?** – Eric Carle
4. **Go Away Big Green Monster** – Ed Emberley
5. **My Dad** – Anthony Browne

   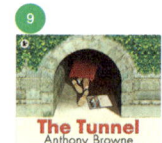 

6. **Changes** – Anthony Browne
7. **Pat The Bunny** – Dorothy Kunhardt
8. **It Looked Like Spilt Milk** – Charles Shaw
9. **The Tunnel** – Anthony Browne
10. **Go away Mr. Wolf!** – Mathew Price

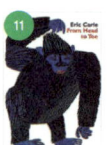 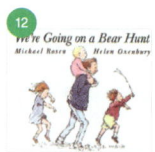 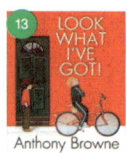  

11. **From Head to Toe** – Eric Carle
12. **We're going on a Bear hunt** – Hclcn Oxcnbury
13. **Look What I've Got!** – Anthony Browne
14. **That's Disgusting!** – Pittau, Gervais
15. **Lost And Found** – Oliver Jeffers

   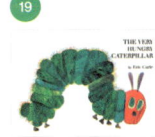 

16. **Can You Keep a Secret?** — Pamela Allen
17. **I Want My Hat Back** — Jon Klassen
18. **Good Night, I Love You** — Caroline Jayne Church
19. **The Very Hungry Caterpillar** — Eric Carle
20. **The Paperboy** — Dav Pilkey

    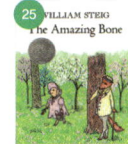

21. **Today Is Monday** — Eric Carle
22. **The Way Back Home** — Oliver Jeffers
23. **How Do You Feel?** — Anthony Browne
24. **My Friends Make Me Happy** — Jan Thomas
25. **The Amazing Bone** — William Steig

   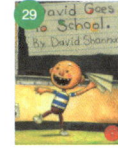 

26. **What's The Time Mr. Wolf?** — Annie Kubler
27. **My Toothbrush Is Missing** — Jan Thomas
28. **Don't Let The Pigeon Drive The Bus!** — Mo Willems
29. **David Goes to School** — David Shannon
30. **Pete's a Pizza** — William Steig

 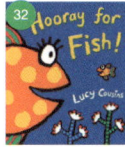   

31. **Piggy Book** — Anthony Browne
32. **Hooray for Fish!** — Lucy Cousins
33. **Someday** — Alison McGhee
34. **The Secret Birthday Message** — Eric Carle
35. **Sam&Dave Dig a Hole** — Mac Barnett

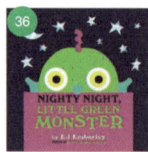 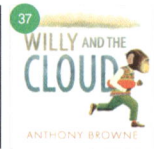   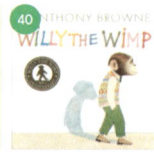

36. **Nighty Night, Little Green Monster** – Ed Emberley
37. **Willy And The Cloud** – Anthony Browne
38. **Knuffle Bunny** – Mo Willems
39. **Dear Zoo** – Rod Campbell
40. **Willy the wimp** – Anthony Browne

41. **Please Mr. Panda** – Steve Antony
42. **Triangle** – Mac barnett
43. **You Are Not Small** – Anna Kang
44. **One Fine Day** – Nonny Hogrogian
45. **A Chair For My Mother** – Vera B Williams

  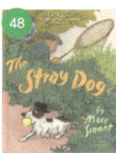  

46. **Frederick** – Leo Lionni
47. **Ketchup on Your Cornflakes?** – Nick Sharratt
48. **The Stray Dog** – Marc Simont
49. **Prince Cinders** – Babette Cole
50. **The Finger Circus Game** – Hervé Tullet

2단계 리더스북 베스트 50

  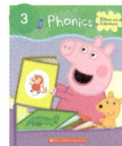  

1. 파닉스 스토리북 LEGO City Phonics – Quinlan B. Lee
2. 파닉스 스토리북 Star Wars Phonics – Quinlan B. Lee
3. 파닉스 스토리북 Peppa Pig Phonics – Scholastic
4. 파닉스 스토리북 Spongebob Squarepants Phonics – Sonia Sander
5. 파닉스 스토리북 My Little Pony: Phonics Box – Joanne Mattern

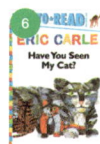 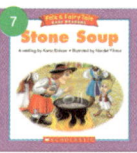   

6. Ready-to-Read – Eric Carle
7. Folk and Fairy Tale Easy Readers – Liza Charlesworth
8. Black Lagoon – Mike Thaler
9. Nonfiction Sight Word Readers – Liza Charlesworth
10. I Wonder Why – Kingfisher Pub

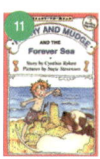  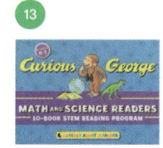  

11. Henry and Mudge – Cynthia Rylant
12. Peppa Pig – Scholastic Pub
13. Curious George Math and Science Readers – H. A. Rey
14. LEGO Nonfiction – Scholastic Pub
15. Big Book of the Berenstain Bears – Stan&Jan Berenstain

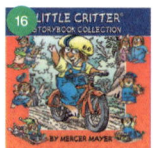   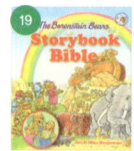 

16. **Little Critter Storybook Collection** – Mercer Mayer
17. **A Positive Power story** – Suzy Capozzi
18. **Mathstart** – Stuart J. Murphy
19. **Berenstain Bears Bible** – Stan&Jan Berenstain
20. **The Fairytale Hairdresser** – Abie Longstaff

   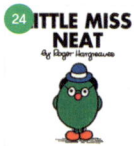 

21. **Caramel Tree Readers** – Caramel Tree
22. **Elephant and Piggie** – Mo Willemss
23. **My Mr. Men World** – Roger Hargreaves
24. **My Little Miss World** – Roger Hargreaves
25. **Now I'm Reading!** – Nora Gaydos

    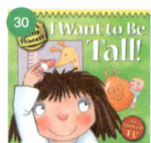

26. **Froggy** – Jonathan London
27. **The Magic School Bus** – Joanna Cole
28. **Go, Diego, Go!** – Alison Inches
29. **Little Critter** – Mercer Mayer
30. **Little Princess** – Tony Ross

 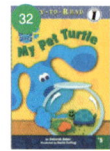 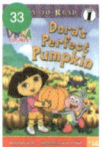  

31. **Spooky Tales** – Veronika Martenova Charles
32. **Blues Clues** – Simon Spotlight/Nickelodeon Pub
33. **Dora the Explorer** – Simon Spotlight/Nickelodeon Pub
34. **Paw Patrol** – Random House Pub
35. **Candlewick Sparks** – Candlewick Pub

   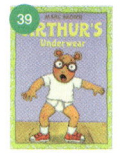 

36. **Welcome to Reading** – World Book
37. **DK Star Wars** – DK Children Pub
38. **DK Readers** – DK Children Pub
39. **Arthur Readers** – Marc Brown
40. **Bad Kitty** – Nick Bruel

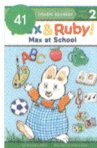  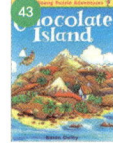  

41. **Max & Ruby** – Rosemary Wells
42. **Stone Arch Readers** – Stone Arch Books Pub
43. **Usborne Young Puzzle Adventures** – Usborne Pub
44. **Who Would Win** – Jerry Pallotta
45. **SpongeBob SquarePants** – Simon Spotlight/Nickelodeon Pub

 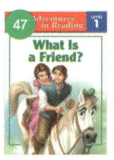   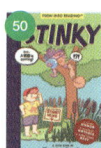

46. **World of Reading** – Disney Book Group
47. **Reading Adventures Disney Princess** – Disney Book Group
48. **Fly Guy Presents** – Tedd Arnold
49. **Ready-to-Read** – Simon Spotlight Pub
50. **Toon into Reading (만화)** – TOON Books Pub

3단계 챕터북 베스트 50

  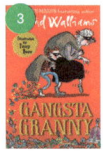  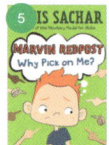

1. **Ricky Ricotta's MIGHTY ROBOT** — Dav Pilkey
2. **Amber Brown** — Paula Danziger
3. **David Walliams** — HarperCollins Pub
4. **Rainbow Magic** — Daisy Meadows
5. **Marvin Redpost** — Louis Sachar

6. **Boris** — Andrew Joyner
7. **Jigsaw Jones** — James Preller
8. **Mr. Putter and Tabby** — Cynthia Rylant
9. **Horrible Harry** — Suzy Kline
10. **The Secret of Droon** — Tony Abbott

  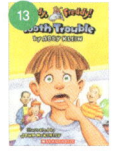 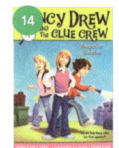 

11. **Roscoe Riley Rules** — Katherine Applegate
12. **Katie Kazoo, Switcheroo** — Nancy Krulik
13. **Ready, Freddy!** — Abby Klein
14. **Nancy Drew and The Clue Crew** — Carolyn Keene
15. **Iris and Walter** — Elissa Haden Guest

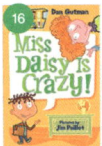 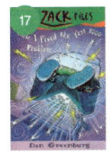   

16. **My Weird School** – Dan Gutman
17. **Zack Files** – Dan Greenburg
18. **Time Warp Trio** – Jon Scieszka
19. **Magic School Bus** – Scholastic Pub
20. **The Freaky Joe Club** – P.J. McMahon

    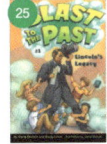

21. **Cam Jansen** – David A. Adler
22. **Tiara Club** – Vivian French
23. **Ivy + Bean** – Annie Barrows
24. **Jacqueline Wilson**
25. **Blast to the Past** – Stacia Deutsch, Rhody Cohon

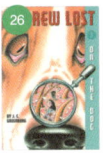    

26. **Andrew Lost** – J. C. Greenburg
27. **Dirty Bertie** – Alan MacDonald
28. **Monster Manor** – Paul Martin
29. **The 39 Clues** – Scholastic Pub
30. **Franny K. Stein, Mad Scientist** – Jim Benton

31. **The Little House** – Laura Ingalls Wilder
32. **Cracked Classics** – Tony Abbott
33. **Magic Ballerina** – Darcey Bussell
34. **Captain Underpants** – Dav Pilkey
35. **The Pain and the Great One Series** – Judy Blume

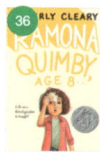    

36. **Ramona** — Beverly Cleary
37. **Andrew Clements School Stories** — Andrew Clements
38. **Encyclopedia Brown** — Donald J. Sobol
39. **Jack Stalwart** — Elizabeth Singer Hunt
40. **Wayside School** — Louis Sachar

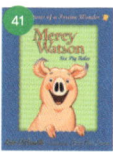    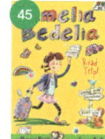

41. **Mercy Watson** — Kate DiCamillo
42. **The Princess in Black** — Shannon Hale, Dean Hale
43. **Kung Pow Chicken** — Cyndi Marko
44. **Bink and Gollie** — Kate DiCamillo, Alison McGhee
45. **Amelia Bedelia** — Herman Parish

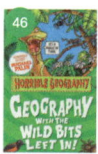 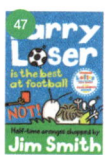   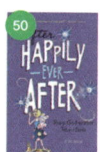

46. **Horrible Geography** — Anita Ganeri
47. **Barry Loser** — Jim Smith
48. **Notebook of Doom** — Troy Cummings
49. **Hilo** — Judd Winick
50. **After Happily Ever After** — Tony Bradman

4단계 영어원서 베스트 50

• 1–40 소설   • 41–50 세계명작

  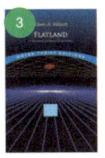  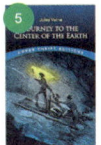

1. **Pippi Longstocking (삐삐 롱스타킹)** – Astrid Lindgren
2. **A Series of Unfortunate Events** – Lemony Snicket
3. **Flatland** – Edwin A. Abbott
4. **The Choronicles Of Narnia (나니아 연대기)** – C. S. Lewis
5. **A Journey to the Interior of the Earth** – Jules Verne

    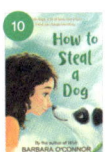

6. **The Mysterious Island** – Jules Verne
7. **Tuesdays With Morrie (모리와 함께한 화요일)** – Mitch Albom
8. **The Invention of Hugo Cabret** – Brian Selznick
9. **A Long Walk to Water** – Linda Sue Park
10. **How to Steal a Dog (개를 훔치는 완벽한 방법)** – Barbara O'Connor

 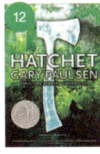   

11. **Warriors** – Erin Hunter
12. **Hatchet** – Gary Paulsen
13. **The Hundred Dresses** – Eleanor Estes
14. **Wonder (원더)** – R. J. Palacio
15. **Flipped** – Wendelin Van Draanen

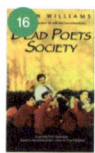    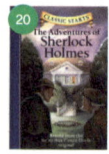

16. **Dead Poet's Society (죽은 시인의 사회)** – N. H. Kleinbaum
17. **The Hunger Games** – Suzanne Collins
18. **River Boy** – Tim Bowler
19. **Charlotte's Web (샬롯의 거미줄)** – E. B White
20. **Sherlock Holmes (셜록 홈즈)** – Sir Arthur Conan Doyle

 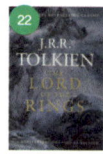 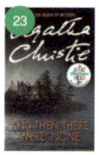  

21. **Keeper of the Lost Cities** – Shannon Messenger
22. **Lord of the Rings (반지의 제왕)** – J.R.R. Tolkien
23. **Agatha Christie (아가사 크리스티 시리즈)**
24. **Percy Jackson** – Rick Riordan
25. **Spy School** – Stuart Gibbs

 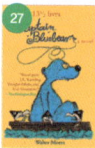  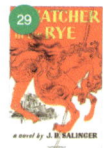 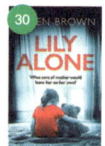

26. **Chocolate Fever** – Robert Kimmel Smith
27. **The 13 1/2 Lives of Captain Bluebear** – Walter Moers
28. **My Side of the Mountain** – Jean Craighead George
29. **The Catcher in the Rye** – J. D. Salinger
30. **Lily Alone** – Vivien Brown

 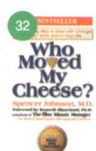 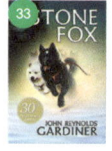  

31. **Double Fudge** – Judy Blume
32. **Who Moved My Cheese? (누가 내 치즈를 옮겼을까?)** – Spencer Johnson
33. **Stone Fox** – John Reynolds Gardiner
34. **The Mysterious Benedict Society and the Riddle of Ages** – Trenton Lee Stewart
35. **Savvy** – Ingrid Law

  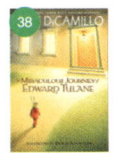  

36. **Feathers** – Jacqueline Woodson
37. **There's a Boy in the Girls' Bathroom** – Louis Sachar
38. **The Miraculous Journey of Edward Tulane** – Kate DiCamillo
39. **Rules** – Cynthia Lord
40. **Hoot** – Carl Hiaasen

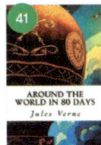   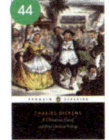 

41. **Around the World in 80 Days (80일간의 세계일주)** – Jules Verne
42. **The Wonderful Wizard of Oz (오즈의 마법사)** – L. Frank Baum
43. **1984** – George Orwell
44. **A Christmas Carol (크리스마스 캐롤)** – Charles Dickens
45. **Oliver Twist (올리버 트위스트)** – Charles Dickens

46. **The Adventures of Robin Hood (로빈후드의 모험)** – Howard Pyle
47. **Jane Eyre (제인 에어)** – Charlotte Brontë
48. **Lord of the Flies (파리 대왕)** – William Golding
49. **Animal Farm (동물 농장)** – George Orwell
50. **Treasure Island (보물섬)** – Robert Louis Stevenson

부록 2

교육부 지정 초등 필수 영단어 800

1단계 200단어

1	a, an	하나의	21	big	큰
2	about	~에 관하여	22	bird	새
3	afternoon	오후	23	birthday	생일
4	again	다시	24	boat	배
5	ago	~전에	25	body	몸
6	all	모두	26	book	책
7	along	~을 따라서	27	box	상자
8	and	그리고	28	boy	소년
9	angry	성난	29	brother	형제
10	any	어떤	30	bus	버스
11	apple	사과	31	but	그러나
12	around	~주위에	32	bye	안녕
13	as	~로서	33	cake	케이크
14	at	~에	34	can	할 수 있다
15	aunt	이모	35	car	자동차
16	away	~로부터 떨어져	36	cat	고양이
17	baby	아기	37	come	오다
18	back	뒤에	38	cup	컵
19	be	~이다	39	cut	자르다
20	bear	곰	40	dad(dy)	아빠

41	daughter	딸	68	happy	행복한
42	day	하루	69	have	가지고 있다
43	do	하다	70	he	그
44	doctor	의사	71	hello	여보세요
45	dog	개	72	hi	안녕하세요
46	door	문	73	how	어떻게
47	down	아래에	74	I	나
48	dress	드레스	75	ice	얼음
49	drink	마시다	76	if	만약
50	egg	계란	77	in	～안에
51	evening	저녁	78	it	그것
52	every	모든	79	juice	주스
53	eye	눈	80	king	왕
54	face	얼굴	81	large	큰
55	father	아버지	82	left	왼쪽
56	for	～를 위하여	83	leg	다리
57	from	～로부터	84	like	좋아하다
58	game	게임	85	lion	사자
59	girl	소녀	86	lip	입술
60	give	주다	87	listen	듣다
61	glove	장갑	88	long	긴
62	go	가다	89	look	바라보다
63	good	좋은	90	lot	많은
64	grandmother	할머니	91	love	사랑하다
65	guitar	기타(악기)	92	lunch	점심 식사
66	hair	머리카락	93	ma'am	아주머니
67	hand	손	94	make	만들다

95	man	사람/남자	122	off	~로부터 떨어진
96	many	많은	123	oh	오!
97	may	~해도 좋다/5월	124	old	늙은
98	meet	만나다	125	on	~위에
99	milk	우유	126	or	또는
100	Miss	~양(여자 이름 앞에)	127	other	그 밖의
101	mom(my)	엄마	128	out	밖에
102	monkey	원숭이	129	over	위쪽에
103	month	달(개월)	130	pen	펜
104	moon	달	131	pencil	연필
105	morning	아침	132	piano	피아노
106	mother	어머니	133	pig	돼지
107	mountain	산	134	pink	분홍
108	mouth	입	135	play	놀다
109	Mr.	~씨(남자 이름 앞에)	136	please	제발
110	Mrs.	~여사(기혼 여성 이름 앞에)	137	radio	라디오
111	much	많은	138	rain	비
112	music	음악	139	red	빨강
113	must	~해야 한다	140	right	오른쪽/옳은
114	name	이름	141	robot	로봇
115	night	밤	142	run	달리다
116	no	아니다	143	school	학교
117	nose	코	144	see	보다
118	not	아니다	145	she	그녀
119	note	공책	146	short	짧은
120	now	지금	147	sing	노래하다
121	of	~의	148	sir	~님

149	sister	자매	175	very	대단히
150	small	작은	176	wait	기다리다
151	some	약간의	177	wake	잠이 깨다
152	son	아들	178	walk	걷다
153	song	노래	179	want	원하다
154	sorry	미안해요	180	wash	씻다
155	student	학생	181	watch	보다
156	sun	태양	182	water	물
157	table	식탁	183	we	우리
158	take	잡다	184	welcome	환영하다
159	than	~보다	185	well	상당히
160	thank	감사하다	186	what	무엇(의문사)
161	that	그것	187	when	언제
162	the	그(정관사)	188	where	어디(의문사)
163	then	그때	189	white	하얀색
164	there	그곳에	190	who	누구(의문사)
165	they	그들	191	why	왜(의문사)
166	this	이것	192	will	~할 것이다
167	to	~으로	193	window	창문
168	too	또한	194	with	~와 함께
169	tree	나무	195	woman	여자
170	uncle	삼촌	196	yeah	예!
171	under	~아래에서	197	year	해/1년
172	until	~까지	198	yellow	노랑색
173	up	위에	199	yes	네
174	use	사용하다	200	you	당신

2단계 200단어

1	air	공기	21	butter	버터
2	album	사진첩	22	button	단추
3	animal	동물	23	calendar	달력
4	arm	팔	24	camera	사진기
5	bad	나쁜	25	camp	캠프
6	bag	가방	26	candle	양초
7	ball	공	27	candy	사탕
8	balloon	풍선	28	cap	모자
9	banana	바나나	29	card	카드
10	basket	바구니	30	center	중앙
11	beach	해변	31	chair	의자
12	bed	침대	32	cheese	치즈
13	bell	종	33	chicken	닭
14	bench	긴 의자	34	child	어린이
15	bicycle	자전거	35	class	학급
16	black	검정색	36	clean	깨끗한
17	blue	푸른	37	cloud	구름
18	bread	빵	38	club	클럽
19	brown	갈색	39	coat	코트
20	brush	솔	40	coffee	커피

41	cold	추운	68	finger	손가락
42	color	색깔	69	fire	불
43	computer	컴퓨터	70	fish	낚시하다, 생선
44	cook	요리하다	71	flag	깃발
45	cool	시원한	72	floor	마루
46	corner	모퉁이	73	flower	꽃
47	cow	암소	74	food	음식
48	crayon	크레용	75	fool	바보
49	cream	크림	76	foot	발
50	cry	울다	77	fork	포크
51	dance	춤추다	78	free	자유로운
52	desk	책상	79	fresh	신선한
53	dial	다이얼	80	friend	친구
54	dirty	더러운	81	fruit	과일
55	dish	접시	82	garden	정원
56	doll	인형	83	gas	가스
57	dollar	달러	84	glad	기쁜
58	dolphin	돌고래	85	glass	유리
59	dream	꿈	86	grape	포도
60	drum	북, 드럼	87	gray	회색
61	duck	오리	88	green	녹색
62	ear	귀	89	group	단체
63	eraser	지우개	90	hamburger	햄버거
64	family	가족	91	hat	모자
65	fat	뚱뚱한	92	head	머리
66	film	필름	93	here	여기에서
67	fine	좋은	94	home	집

95	horse	말	122	movie	영화
96	hotel	호텔	123	neck	목
97	house	집	124	never	결코~않다
98	hungry	배고픈	125	new	새로운
99	idea	생각	126	news	뉴스
100	ink	잉크	127	nice	좋은
101	into	~안으로	128	number	숫자
102	jump	뛰어 오르다	129	oil	기름
103	jungle	정글	130	okay(ok)	좋아
104	key	열쇠	131	orange	오렌지
105	kid	아이	132	page	쪽
106	kind	친절한	133	pants	바지
107	lady	숙녀	134	park	공원
108	lamp	조명	135	party	파티
109	letter	편지	136	picnic	소풍
110	line	선	137	picture	그림
111	list	목록	138	pin	핀
112	little	작은	139	pipe	파이프
113	luck	행운	140	police	경찰
114	mail	우편	141	pool	웅덩이
115	market	상점	142	potato	감자
116	medal	메달	143	pretty	예쁜
117	melon	멜론	144	queen	여왕
118	meter	미터	145	rainbow	무지개
119	mirror	거울	146	restaurant	식당
120	model	모형	147	ribbon	리본
121	money	돈	148	ring	반지

#	단어	뜻	#	단어	뜻
149	river	강	175	step	걸음
150	road	길	176	stick	막대기
151	rock	바위	177	stone	돌멩이
152	rocket	로켓	178	sugar	설탕
153	room	방	179	swim	수영하다
154	rose	장미	180	tape	테이프
155	salt	소금	181	taxi	택시
156	salad	샐러드	182	team	팀
157	sand	모래	183	tennis	테니스
158	sea	바다	184	ticket	표
159	service	봉사하다	185	tiger	호랑이
160	shirt	셔츠	186	time	시간
161	shoe	구두	187	today	오늘
162	shower	샤워하다	188	tomato	토마토
163	skate	스케이트	189	toy	장난감
164	skirt	치마	190	truck	화물차
165	sky	하늘	191	umbrella	우산
166	smile	웃다	192	video	비디오
167	snow	눈	193	violin	바이올린
168	so	그래서	194	week	주
169	soap	비누	195	which	어느 쪽(의문사)
170	soup	스프	196	wind	바람
171	spoon	숟가락	197	write	쓰다
172	sport	운동	198	yesterday	어제
173	star	별	199	zero	영(0)
174	start	시작하다	200	zoo	동물원

3단계 200단어

1	after	~후에	21	cassette	카세트
2	age	나이	22	catch	붙잡다
3	answer	대답	23	chalk	분필
4	apartment	아파트	24	chance	기회
5	ask	묻다	25	church	교회
6	autumn	가을	26	circle	원
7	band	끈	27	clock	시계
8	bath	목욕	28	close	닫다
9	before	~전에	29	coin	동전
10	begin	시작하다	30	curtain	커튼
11	behind	~뒤에	31	dark	어두운
12	below	~아래	32	date	날짜
13	board	판	33	dinner	저녁 식사
14	bottle	병	34	dry	마른
15	breakfast	아침 식사	35	easy	쉬운
16	busy	바쁜	36	eat	먹다
17	buy	사다	37	end	끝
18	by	~옆에	38	engine	엔진
19	call	부르다	39	enjoy	즐기다
20	case	경우	40	excuse	용서하다

41	exercise	운동하다	68	hear	듣다
42	fact	사실	69	heart	마음
43	fall	가을/떨어지다	70	heavy	무거운
44	far	멀리 떨어진	71	help	돕다
45	farm	농장	72	hen	암탉
46	fast	빠른	73	high	높은
47	feel	느끼다	74	hiking	도보여행
48	few	양이 적은	75	hit	때리다
49	find	찾다	76	hole	구멍
50	finish	끝내다	77	holiday	휴일
51	fly	날다	78	hope	희망
52	front	앞	79	hose	호스
53	full	가득 찬	80	hospital	병원
54	fun	즐거운	81	hot	뜨거운
55	gate	문	82	hour	시간
56	gentle	온화한	83	hurry	서두르다
57	get	얻다	84	ill	병든
58	god(GOD)	신	85	job	직업
59	gold	금	86	kick	차다
60	grass	잔디	87	kill	죽이다
61	great	큰	88	lake	호수
62	ground	땅	89	land	땅
63	grow	성장하다	90	last	마지막
64	half	절반	91	late	늦은
65	hall	넓은 홀	92	laugh	웃다
66	handle	자동차 핸들	93	lead	이끌다
67	hard	단단한	94	lesson	수업

95	light	빛	122	read	읽다
96	live	살다	123	ready	준비된
97	loud	소리가 큰	124	real	실재하는
98	low	낮은	125	rest	휴식
99	marry	결혼하다	126	ruler	자
100	move	움직이다	127	sad	슬픈
101	near	가까운	128	same	같은
102	next	다음의	129	say	말하다
103	noise	소음	130	score	점수
104	nurse	간호사	131	season	계절
105	o'clock	~시 정각	132	seat	좌석
106	office	사무실	133	send	보내다
107	often	종종	134	set	놓다
108	once	한 번	135	sheep	양
109	only	오직	136	ship	배
110	open	열다	137	shop	가게
111	paint	칠하다	138	shoulder	어깨
112	paper	종이	139	sick	아픈
113	pear	배	140	side	옆/측면
114	pick	집다	141	sign	신호
115	pocket	주머니	142	silver	은
116	point	점수/핵심	143	sit	앉다
117	poor	가난한	144	size	크기
118	post	우편	145	sleep	자다
119	poster	포스터	146	slow	느린
120	put	놓다	147	smell	냄새나다
121	quick	빠른	148	soccer	축구

149	sock	양말	175	tall	키가 큰
150	soft	부드러운	176	tea	차
151	soon	곧	177	teach	가르치다
152	speed	속력	178	test	시험
153	spring	봄	179	tie	매다
154	stamp	도장	180	till	～까지
155	stand	서다	181	tired	피곤한
156	stop	멈추다	182	tooth	이
157	store	가게	183	top	꼭대기
158	storm	폭풍우	184	touch	만지다
159	story	이야기	185	town	마을
160	stove	난로	186	trip	여행
161	strawberry	딸기	187	true	진짜의
162	street	거리	188	try	시도하다
163	strong	강한	189	tulip	튤립
164	study	공부하다	190	turn	돌다
165	subway	지하철	191	understand	이해하다
166	summer	여름	192	wall	벽
167	supermarket	슈퍼마켓	193	warm	따뜻한
168	supper	저녁 식사	194	way	길
169	sure	확실한	195	weak	약한
170	sweater	스웨터	196	wet	젖은
171	sweet	달콤한	197	wide	넓은
172	swing	그네	198	wing	날개
173	switch	스위치	199	winter	겨울
174	talk	말하다	200	wood	나무

4단계 200단어

1	across	~을 가로질러	21	bring	가져오다
2	act	행동하다	22	build	건설하다
3	address	주소	23	burn	불타다
4	afraid	두려워하는	24	capital	(나라의) 수도
5	airport	공항	25	captain	우두머리
6	always	항상	26	care	돌보다
7	among	~사이에서	27	carry	나르다
8	arrive	도착하다	28	ceiling	천장
9	bank	은행	29	change	바꾸다
10	base	기초	30	cheap	값싼
11	beautiful	아름다운	31	chopstick	젓가락
12	because	~때문에	32	city	도시
13	become	~이 되다	33	classmate	동급생
14	beside	~곁에	34	climb	오르다
15	between	~사이에	35	clothes	옷
16	blow	(바람이) 불다	36	copy	베끼다
17	bowl	그릇	37	count	(숫자를) 세다
18	break	깨뜨리다	38	country	나라
19	bridge	다리	39	course	과정
20	bright	밝은	40	cousin	사촌

41	cover	덮다	68	forget	잊다
42	cross	가로지르다	69	happen	발생하다
43	danger	위험한	70	hate	미워하다
44	dead	죽은	71	hide	숨기다
45	deep	깊은	72	hill	언덕
46	dear	존경하는	73	hold	잡다
47	diary	일기	74	hundred	백(100)
48	dictionary	사전	75	hurt	다치게 하다
49	die	죽다	76	interest	흥미
50	draw	그리다	77	introduce	소개하다
51	drive	운전하다	78	island	섬
52	drop	떨어지다	79	join	가입하다
53	early	일찍	80	just	오직
54	earth	지구	81	keep	지키다
55	east	동쪽	82	kitchen	주방
56	empty	텅 빈	83	knee	무릎
57	enough	충분한	84	knife	칼
58	example	예/보기	85	knock	노크하다
59	exellent	뛰어난	86	know	알다
60	excite	흥분시키다	87	leaf	잎
61	fair	공정한	88	learn	배우다
62	famous	유명한	89	leave	떠나다
63	field	들판	90	let	허락하다
64	fight	싸우다	91	library	도서관
65	fill	채우다	92	lie	눕다/거짓말하다
66	fix	고정시키다	93	lose	잃다
67	follow	뒤를 따르다	94	mad	미친

95	map	지도	122	problem	어려움
96	march	행진하다/3월	123	pull	끌다
97	matter	문제	124	push	밀다
98	meat	고기	125	question	질문
99	middle	한가운데	126	quiet	조용한
100	million	100만	127	record	기록하다
101	minute	분	128	remember	기억하다
102	narrow	좁은	129	repeat	반복하다
103	need	필요하다	130	return	되돌아가다
104	north	북쪽	131	rice	쌀
105	pair	짝	132	rich	부유한
106	pardon	용서하다	133	ride	타다
107	parent	부모	134	roll	구르다
108	pass	통과하다	135	roof	지붕
109	pay	지불하다	136	round	둥근
110	peace	평화	137	safe	안전한
111	people	사람	138	sell	팔다
112	piece	조각	139	shall	~일 것이다
113	pilot	조종사	140	shape	모양
114	pine	소나무	141	sheet	한 장
115	place	장소	142	shoot	쏘다
116	plan	계획	143	shout	외치다
117	plane	비행기	144	show	보이다
118	plant	식물	145	shut	닫다
119	practice	연습하다	146	slide	미끄러지다
120	present	현재/선물	147	smoke	연기
121	print	인쇄하다	148	sound	소리

149	south	남쪽	175	through	통해서
150	space	우주	176	throw	던지다
151	speak	이야기하다	177	together	함께
152	spell	철자	178	tomorrow	내일
153	spend	소비하다	179	tonight	오늘 밤
154	square	정사각형	180	train	훈련하다
155	stairs	계단	181	travel	여행하다
156	station	역	182	twice	두 번
157	stay	머물다	183	usual	보통의
158	steam	증기	184	vacation	휴가
159	straight	곧은	185	vegetable	야채
160	strange	낯선	186	village	마을
161	strike	치다	187	visit	방문하다
162	stupid	어리석은	188	war	전쟁
163	surprise	놀라운	189	waste	낭비하다
164	taste	맛보다	190	wear	옷을 입다
165	telephone	전화기	191	weather	날씨
166	television	텔레비전	192	west	서쪽
167	tell	이야기하다	193	win	이기다
168	temple	절	194	wonder	놀라다
169	thick	두꺼운	195	word	단어
170	thin	얇은	196	work	일
171	thing	사물	197	world	세상
172	think	생각하다	198	wrong	나쁜
173	thirsty	목마른	199	yet	아직
174	thousand	천(1000)	200	young	젊은

참고도서

《영어책 읽기의 힘》, 길벗, 고광윤
《엄마표 영어에 입시를 더하다》, 북폴리오, 허준석
《엄마표 영어 100일의 기적》, 넥서스, 세라샘, 도치해피맘
《야무지고 따뜻한 영어교육법》, 오리진 하우스, 이지영
《영어 독서가 취미입니다》, 반니라이프, 권대익
《자녀의 두뇌를 이해한 영어독서 지도법》, 뉴로사이언스러닝, 미릴리 스프렌저
《영어 독서의 비밀》, 한국문화사, 신규철
《처음 초등 영어 독서법》, 팬덤북스, 박소윤
《첫 영어 그림책》, 북하우스, 정정혜
《엄마표 영어 17년 보고서》, 청림Life, 새벽달(남수진)
《엄마표 영어 이제 시작합니다》, 청림Life, 누리보듬(한진희)
《엄마표 영어책 읽기 공부법》, 로그인, 이지연
《엄마표 영어 교육 10년 플랜》, 책찌, 남효경

참고논문

임승우, 〈영어책 자율독서가 초등학생의 영어 듣기, 읽기 성취도, 학습 동기, 언어 불안에 미치는 영향〉, 국내석사학위논문 연세대학교 교육대학원, 2018, 서울

조현희, 〈아동문학을 이용한 초등 영어 읽기 지도: 독서토론을 중심으로〉, 2011, 대구

이기숙, 〈국어독서 태도가 영어독서 태도에 미치는 영향에 관한 연구〉, 국내석사학위논문 숙명여자대학교 교육대학원, 2012, 서울

강수진, 〈영어 독서 활동이 초등학교 학생들의 쓰기 능력과 영어 학습에 대한 인식에 미치는 영향〉, 국내석사학위논문 전남대학교 대학원, 2020, 광주

류지은, 〈영어 흥미를 높이기 위한 독서지도방안〉, 국내석사학위논문 전북대학교 교육대학원, 2016, 전라북도

최여은, 〈그림책 및 독후감 책 만들기를 활용한 영어이야기책 독서학습 효과에 관한 연구〉, 국내석사학위논문 전남대학교, 2015, 광주

초등 완성 매일 영어책 읽기 습관

2020년 10월 19일 초판 1쇄 | 2024년 3월 28일 19쇄 발행

지은이 이은경
펴낸이 박시형, 최세현

마케팅 양근모, 권금숙, 양봉호, 이도경 **온라인홍보팀** 신하은, 현나래, 최혜빈
디지털콘텐츠 최은정 **해외기획** 우정민, 배혜림
경영지원 홍성택, 강신우, 이윤재 **제작** 이진영
펴낸곳 비에이블 **출판신고** 2006년 9월 25일 제406-2006-000210호
주소 서울시 마포구 월드컵북로 396 누리꿈스퀘어 비즈니스타워 18층
전화 02-6712-9800 **팩스** 02-6712-9810 **이메일** info@smpk.kr

ⓒ 이은경 (저작권자와 맺은 특약에 따라 검인을 생략합니다)
ISBN 979-11-90931-15-1 (13590)

- 이 책은 저작권법에 따라 보호받는 저작물이므로 무단전재와 무단복제를 금지하며, 이 책 내용의 전부 또는 일부를 이용하려면 반드시 저작권자와 (주)쌤앤파커스의 서면동의를 받아야 합니다.
- 잘못된 책은 구입하신 서점에서 바꿔드립니다.
- 책값은 뒤표지에 있습니다.
- 비에이블은 (주)쌤앤파커스의 브랜드입니다.

쌤앤파커스(Sam&Parkers)는 독자 여러분의 책에 관한 아이디어와 원고 투고를 설레는 마음으로 기다리고 있습니다. 책으로 엮기를 원하는 아이디어가 있으신 분은 이메일 book@smpk.kr로 간단한 개요와 취지, 연락처 등을 보내주세요. 머뭇거리지 말고 문을 두드리세요. 길이 열립니다.